JN084645

TRUTH: PERSONAS, NEEDS, AND FLAWS IN THE ART OF
BUILDING ACTORS AND CREATING CHARACTERS BY SUSAN BATSON

TRUTH ［真実］

「俳優養成」と「キャラクター創造」の技術

ペルソナ、ニード、トラジックフロー

スーザン・バトソン

青山 治 訳

而立書房

この本を、二人の偉大な教師に捧げます。

ルース・バトソン。私の母であり、人生の課題は
人類をより良い方向へと導くことだと教えてくれました。

カール・フォード。無条件の愛、勇気、自尊心、
そして夢の力を教え続けてくれる私の息子。

彼らの真実や自由への、絶え間ないコミットメントが
日々、私を突き動かしています。

TRUTH

Personas, Needs, and Flaws
in the Art of Building Actors
and Creating Characters

by Susan Batson

Copyright © 2006 by Susan Batson
Japanese translation rights arranged with Susan Batson
in care of Webster Stone, New York
through Tuttle-Mori Agency, Inc., Tokyo

目 次

謝辞 ……………………………………………………………………… 5

序文：ニコール・キッドマン …………………………………………… 7

序章 ……………………………………………………………………… 11

第1部　ニード、パブリックペルソナ、そしてトラジックフロー

第 1 章　サークル ……………………………………………………… 17

第 2 章　ペルソナ ……………………………………………………… 25

第 3 章　パブリックペルソナ ………………………………………… 29

第 4 章　ニード ………………………………………………………… 33

第 5 章　トラジックフロー …………………………………………… 37

第2部　俳 優

第 6 章　楽 器 ………………………………………………………… 49

第 7 章　子供の遊び …………………………………………………… 65

第 8 章　ニードの旅 …………………………………………………… 72

第 9 章　感覚記憶 ……………………………………………………… 94

第 10 章　個人化 ……………………………………………………… 105

第 11 章　感覚の状態 ………………………………………………… 117

第 12 章　第 4 の壁 …………………………………………………… 123

第 13 章　対象物：紛失と発見 ……………………………………… 138

第 14 章　プライベートモーメント ………………………………… 144

第3部　キャラクター

第 15 章　キャラクターの歴史 ……………………………………………… 159

第 16 章　キャラクターのプライベートモーメント　………………… 174

第 17 章　キャラクターのフォンコール ……………………………… 183

第 18 章　アニマル ………………………………………………………… 191

第 19 章　敗北の場所 ……………………………………………………… 201

第 20 章　キャラクターインタビュー ………………………………… 211

第4部　脚 本

第 21 章　"古典的な複数のＣ" …………………………………………… 225

第 22 章　脚本分析 ………………………………………………………… 241

第 23 章　サイズ …………………………………………………………… 250

第5部　ライフ

第 24 章　即興で …………………………………………………………… 271

第 25 章　リアルワールド ………………………………………………… 276

第 26 章　ゴールドダスト(砂金) ……………………………………… 285

第 27 章　EX-ER ACTOR ………………………………………………… 298

参考文献 ……………………………………………………………………… 345

映画作品目録 ………………………………………………………………… 346

訳者あとがき ………………………………………………………………… 348

<u>謝 辞</u>

妹のドロシー・バトソン・オウスに特に感謝します。私は1990年に黄色い法律用箋に本を書き始め、それをドロシーが自分のコンピューターに入力しました。彼女はその最初の試みを私に思い出させて、続けるように勇気づけてくれました。

そしてブルース・ベネットに敬意を表したいと思います。彼は私がトラジックフロー[*1]にいる時に定期的に顔を合わせ、私をコーチし、おだてて、私がこの本の執筆に必要な彼の技術と洞察を信じるように説得しました。細部や演技の歴史に対する彼の粘り強いコミットメントが、『TRUTH』を私一人で作り出すよりもはるかに優れた芸術形式の探求にしてくれました。

また、出版社のウェブストーン社にも感謝の意を示します。彼らは映画スターのゴシップのためではなく、演技について私が理解していることを求めて、私の元へとやって来てくれたのです。

ニコール・キッドマンとジュリエット・ビノシュに深い感謝を捧げます。彼女らの貢献が、この本をより良くし、彼女たちとの友情と輝きが、私の人生を豊かなものにしてくれています。

私の息子、カール・フォードのヴィジョンとリーダーシップがなければ、またグレッグ・ブラウンの忠誠、献身、強さ、知性、そして深い優しさがなければ、この本もブラック・ネクサス[*2]もなかったことでしょう。そしてまた、ニューヨークとロサ

---

*1 トラジックフロー：この本のテーマの一つ。直訳すると、悲劇的な欠陥。人生を前に進ませるのを妨げようとする、自己破壊的な癖、習性。
*2 ブラック・ネクサス：ニューヨークとロサンゼルスでスーザンが芸術監督を務めていた演技スタジオ。現在はスーザン・バトソン・スタジオに名称が変わっている。

ンゼルスのブラック・ネクサスの教師たちにも感謝しています。
──ロベルタ・ウォラック、スチュアート・バーニー、ルシール・リヴェン、ウォス・スティーブン、ジミー・アントニー、コーリー・パーカー、カースティ・カルロス・レオン、ポーシャ、マット・ウッド、ジャイミソン・ライムス。ブラック・ネクサスに最高のミュージカル部門を与えてくれたメアリー・セトラキアンには特に感謝します。彼らの貴重な才能を私に委ねてくれたすべての俳優たち（生徒もプロフェッショナルも）にも感謝を捧げます。

　私を教えてくれた偉大な教師たちの指導にも感謝します。ハーバート・バーゴフは、演技とは人間性への責任を持った根源的な芸術の形だと教えてくれました。ウタ・ハーゲンは、私の嘘やごまかしをはぎ取る厳しい教師でした。リー・ストラスバーグは、私を演技の核心であるインティマシー[*3]へと導き、私の才能に承認を与えてくれました。ハロルド・クラーマンは私の能力を抱き留め、テキストへの責任というかけがえのないギフトを与えてくれました。私を若いアマチュアとして励ましてくれた偉大な教育者たち──エルマ・ルイス、アデル・セイン、レオ・ニコール、リチャード・E・アーノルド、そしてポール・J・オースティンにもたくさんの感謝を捧げます。

─────────────────────────

＊３　インティマシー：親密さ。一番奥の、最も深い、心に秘めたものが一番近い意味。

序 文

　俳優の人生は、他の芸術家の人生と同じように長い、長い道のりです。でも、俳優はその道のりを一人で歩むのではありません。演技は共同作業です。常に、集団での努力の結晶です。もし、あなたが幸運ならその道の途中で、互いのコラボレーションが生命力にあふれ、豊かになり自然と歩みをともにするような誰かと出会うこともあるかもしれません。私にとってはスーザン・バトソンがその人なのです。

　あなたが手にしている本は Truth（真実）といいます。そして、そのタイトルはスーザンと私が一緒に行っているワークの核心を正確に表しています。真実がなければ、私は創造という行為をすることができません —— 私は真実を感じなければならないのです。スーザンは私が自分自身の中から真実を見つけることを、そしてまた、その真実が持つ純粋さ、インティマシーと素直さを使って、私が私自身の創造活動をリアルにするのを助けてくれるのです。彼女は、私自身の中の真実だけでなく、今まで演じてきた役の真実を育て、守るのを助けてくれました。私がスーザンから学んできたことは、何があろうとも真実を生き生きと保つ方法です。

　演技には、美しい神秘があります。その神秘は、私にとっては抗えないものなのです。この点に関しては、一人一人の俳優が、彼もしくは彼女なりの感情を持っていると思いますが、個人的には、私は自分自身を導管として見ています。あなたが演じている時、あなたはパイプ（管）なのです。—— あなたを超えたところにある何かが、あなたを通して働きかけるのです。それは、あなたが誰であるかということではないのです。あなたのエゴに関してのことでもないのです。真実の演技というの

は、開放されていて、いつでも使える状態であるということであり、あなたの最も深くて、暗い秘密をさらけ出して、「はい、どうぞ」と言えることなのです。それは、創造することであり、変身することであり、変化することなのです。私の中にあるもの、あるいは私の周りにあるものは何でも、ワークにつながり得るのです。それが真実である限り。

　私が初めてスーザンに会ったのは、『ピースメーカー』を作るちょうど1週間前のニューヨークでした。『アイズ ワイド シャット』の撮影では、私たちはともに1年間、ロンドンで真剣にワークしました。以来、出演したすべての映画では、ロケ地がどこであろうと一緒にワークしています。俳優の仕事は、何か特定の仕事が終わったからといって終わるものではありません。そして、私が過去12年にもわたって、スーザンと分かち合ってきた旅は決して、何か一つの特定のことを達成するためではなかったのです。演技にはより多くの何かが、創造的な成功以上にあるのです。その何かは成功よりも、濃く、深く流れているのです。そうでなければならないのです――それは私の血中を流れ、私を通して鼓動するのです。スーザンの中にも、それが流れているのを私は知っています。自分の全人生を彼女と一緒に過ごしたかのように感じるのです。

　ともに行ってきたワークの中で、スーザンは私に関してのすべての異なる境遇やアイデンティティを見てきました。娘として、母として、姉妹として、あるいは妻としての私を、彼女は知っています。スーザンは、私の人生の誰よりも、私の感情の百科事典へのアクセスを持っています。私たちは文字通り、私自身や私が演じる役柄の感覚の引き金となる言葉を手に入れ、シェアしているのです。それは美しく、導く力があり、直感的で、とても賢い人間が実現させることができるのです。スーザ

ンは、パワフルな知性と力強い感情的な生命を組み合わせるのです。彼女は知的であるのと同じくらい、直感的なのです。彼女のこの両側面は非常にバランスが取れています。私も同じバランスを、実人生でもワークにおいても維持しようと努めています。

　私たちは誰もが、自分を守る殻を持っています。人生においては、その殻を破るよう促すために出来事は起こるのです、そして他の出来事が起きて、再び殻を作り直して守ろうとするのです。本当に勇気や自信を失っている時やたぐいまれな芸術の道をスーザンと旅している時には、これは特に真実としてあてはまるのです。スーザンと過ごす時間が私の殻との付き合い方を教えてくれました。彼女との共同作業が私に俳優としてのより一層の自信を持たせ、彼女の友情が私に女性としてさらなる自信を持たせてくれるのです。何が起きようとも、私は決してくじけることはありませんでした。スーザンがそうさせないのです。

　偉大な教師は、いかなることも可能であるかのように思わせてくれます。私が憧れ、崇拝し、そして数少ない幸運な機会において、光栄にも一緒に仕事をした俳優の多くは、彼らを開放し、芸術の可能性へと導いた教師たちによって形作られ、インスパイアされました。俳優たちにとっても、リー・ストラスバーグ、サンフォード・マイズナーやジェフ・コーリーは、彼らの弟子であるマリリン・モンローやロバート・デュバル、そしてジャック・ニコルソンと同じくらい伝説的な存在です。スーザン・バトソンが演技の伝説的な教師の一人として、彼らに続くと私は確信しています。私のワークが彼女の伝説に貢献できることを願うばかりです。

　スーザンは、手紙に "Always in the Art（常にアートの中に）"

と署名します。私の俳優としての残りの旅路を、スーザンと共に、二人三脚で歩いていきます。私たちは「常にアートの中に」ともにいますし、また、私は彼女と出会えたことを常に感謝し続けます。

　そして今、この本を通して、あなたもスーザンと出会ったのです。

ニコール・キッドマン

2006年1月

序 章

――――――

偉大なる真実、火ではやけどしないし、水では溺れない。

アレクサンドル・デュマ『モンテ・クリスト伯』

事実に対する分刻みの実験による真実への道のりは、
科学者による道のりだ。険しく、感謝に乏しい。
それは詩人による道のりではない。詩人は力によって真実を理解する。
彼が理解するその真実とは、より偉大な力によっても定義されないし、
そしてそのようなより偉大な力というのは存在しないということだ。

ジョン・メイスフィールド『シェイクスピアと精神的な生命』

車 中

　私はマンハッタンのアッパーウエストサイド地区に住んでいます。毎日、セグンドという名前のドライバーが車で迎えに来て、劇場街にあるブラック・ネクサスという、息子と私が運営している演技スタジオまで連れて行ってくれます。私は常に、家で脚本を読んでいるか、スタジオで一日中仕事に埋もれているので、ダウンタウンまでの切り替えの時間が好きになりました。ウエストサイドハイウェイに乗り、少しの間、市街を片側に見るのが楽しみなのです。たとえ、普段は道のりのほとんどの間中、携帯電話で話をしていても、窓から見える水面を見つめると、深く漂うアイデアの宇宙があり、探求する人々がいるのだと気づかされます。

44th ストリートに曲がる 2，3 ブロック前に、「Two stages」[*1]
でずっと行われているヌードショーライブのビルボードの宣伝
があります。これがいつも、私を現実へと引きずり戻します。
一緒に仕事している俳優の中には、そのクラブで踊っている子
もいるし、ニューヨークやニュージャージーで踊っている子も
います。私にとってそれは、俳優が生きていくためにどんな選
択をするかという日々の現実のチェックなのです。

　セグンドはスタジオのドアまで私を連れて来てくれます。数
歩でドアをくぐって、スタジオのオフィスに入り、スタッフと
その日のスケジュールをチェックします。一緒に働くスタッフ
は皆、俳優です。彼らの中には、オフィスで働く時間を私のク
ラスでワークする時間と交換する人もいます。この交換条件に
ついて後悔したことはありません。彼らは、私のワークに対す
るコミットメント――ただ、そこに現れるだけでなく、ワーク
をする準備ができた状態で到着すること――と同じコミットメ
ントをしてくれています。このことが、私が信じていることで
す。それが、ワークをすることに関しての私のすべてです。

　そして、それは今日の私の最初のクラスに関しても同じです。
経験によらないオープンクラスで、ワークをしたいという欲求
と創造する情熱を持つものなら誰でも歓迎しています。このよ
うなオープンクラスは、その俳優がどのレベルにいるのか、そ
して、ネクサスがどうやって彼らのために役立つことができる
のかを見極めるのに役立っています。同様に、その俳優にも私
がどんな人間で、私のプロセスがどんなものかという感覚をつ
かむ機会を与えています。俳優たちは、私のスタジオが彼らに

＊１　Two stages：二つのステージ、つまり踊る場所が二つあるという意
　　味で、ストリップ劇場を示す。

とって正しい場所なのかを判断しなくてはなりません。また、本物のワークをしたくない偽物を追い払うのに最適な方法だと証明されています！

　スタジオに入ると、8歳の頃からいる世界に私はいます。そして、そこは本当に快適だと思える唯一の場所なのです。私は演技という、この労力を必要とするけれども奇跡的な芸術の形をシェアしたいのです。すべてはこの本の中にあります。さあ、ワークを始めましょう。

第1部

ニード、パブリックペルソナ、
そしてトラジックフロー

**THE *NEED*, *PUBLIC PERSONA*,
AND *TRAGIC FLAW***

第1章

サークル

我々の社会的な個性は、他人による作りものだ。

マルセル・プルースト

<u>クラス</u>

　ポータブルCDプレイヤーの再生ボタンを押すと、カーティス・メイフィールドの『ピープル・ゲット・レディ[*1]』が流れ出します。

　音楽にかき消されないように、私は声を張り上げます。

　「これから、みんなをサークルの中心に呼びます。一人ずつ。呼ばれたら、音楽に合わせて動くように。自分自身を好きなように表現していいわ。他のみんなは、サークルの外側にいて、中心の人に合わせて。それぞれの人の想像力に身を任せて、彼らのセクシャリティに、リズム感に、感情的な経験に —— 彼らのキャラクターに。自分自身を開いて、中心の人の感覚を入

＊1　ピープル・ゲット・レディ（People Get Ready）：アメリカ合衆国のＲ＆Ｂグループ、インプレッションズが1965年に発表した楽曲。作詞・作曲はカーティス・メイフィールドにより、歌詞は公民権運動を題材としている。（Wikipedia より）

れて。それじゃ、新しいキャラクターがサークルの中心に入る
わ」

ドリュー・ウィンスレット

　ドリューはサークルに入るのが待てないようで、中心に向か
いながらストリッパーのようにセーターを脱ぎます。彼女はブ
レーキのない衝動の塊——とても大きな才能の可能性がありま
す。

　彼女はクラスの他の人に与えた熱を感じていて、みんなが彼
女と一緒に動くのを楽しんでいます。サークルの外側にいる俳
優たちはみんな、注目し、動いて、100％与えています。ドリ
ューはこの注目をスリリングと感じています。

　でも、自信満々に見えるけれど、彼女が本当にしていること
は他の人を楽しませること——自分自身の本能を信じることよ
りも、他からの反応で動いているのです。唯一聞いている内側
からの声は、自分自身に対する疑い——自らの自尊心の限界を
超えるまで、自分をもっと、もっと、もっと、と追い込む声な
のです。

　「新しいキャラクターが中心を取るわ。彼に、自分自身を開
いて！」

イーストウッド・ドゥウェイン

　中心を取る前に、このハンサムで自信たっぷりの彼は、この
部屋にいる全員をゆっくりと眺めながら、ディスコステップを
踊りました。私は含み笑いをしました。彼が自分自身を笑いも
のにしたのがうれしかったのです。しかし、彼が中心にやって
来ると、自意識が彼の体を捕らえ、本当に彼を支配しているの

が何かを彼自身にわからせます。彼は足の硬直した女たらしに変身します。サークルの外側では、みんなが彼と同じように硬直して、彼のもろさを映し出すサークルの鏡に彼を直面させます。

この男性がひた隠しにしようと訓練してきたすべての弱さと不安が白日のもとにさらされます。いま彼がさらけ出している、隠されていたその恐怖が、彼にたくましい外見を身に着けるように仕向けているのです。しかし同時に、その恐怖がおそらく彼を私のクラスに連れて来たのでしょう。恐怖の反対側に創造の勇気があることを私は知っているから。

自意識には、驚くほど壊れやすい何かがあるのです。例えば、タフガイの頬が赤くなるような何かです。イーストウッドが女たらしでいようと苦戦しているのを見ながら、私は彼が彼自身の中にいる詩人に気がつくのを願うのです。

（♪カーティス・メイフィールドの『ピープル・ゲット・レディ』が流れつづけている）

「また新しいキャラクターよ！」

ショーン・ディーン
物思いに沈んでいて、暗く、陰気——サークルの外側にいる時、彼はほとんど動きませんでした。他の人のキャラクターや個性に飛び込むこと——彼自身を開いていくこと——を試そうともしませんでした。しかし、彼が中心に呼ばれると、ショーンはこぶしを握り締め、顔は歪み、膝を抱えて座り込みます。床を這いつくばりながら、涙が頬を流れ落ちます。彼の感情的な深さはとても強烈です。でも、彼は学ばなくてはなりません。

演技は感情ではなく、行動──Doingだということを。何がキャラクターを歩いたり、話をする人間にしているかということに、彼は自分自身を費やすようにしなくてはならないのです。彼自身の芝居がかった仕草にではなく。彼の力強い感情的な生命は天性の贈り物です。上手く使えれば、すばらしい俳優になれるでしょう。

「次の人！　センターに来て！」

アンジェリーナ・ラ・モンロー

　滑らかな肌、曲線的なボディライン、彼女がサークルに滑り込む時、性的なエネルギーが漏れ出ています。でも、彼女の眼は体とは違った物語を語っています。重々しい両まぶたの下からのぞく、感情を押し殺すような凝視が教えてくれるのは、彼女の美しさが承認を痛いほど願っているということです。彼女はこの痛みを野望で隠しています。その野望が、彼女を今日のスーパーモデルたらしめているのです。私は彼女の承認に対するニードに心動かされます。アンジェリーナはどうやって振り向けばいいのかは知っています。けれど、数少ない俳優のみができること──本当に人々の琴線に触れること──が可能であると彼女が知っているとは思いません。

「次、用意はいいわね！」

ピーター・フォン・セラー

　一人ひとりがサークルの中心を取った時に、ピーターは圧倒的な正確さを持って、彼らの動きを完璧に真似していました。そして、ひとりで中心に立った時、彼は今までの他の人の動き

を組み合わせています。ピーターは生来の物まね芸人で、それぞれの人物の風変わりで特徴的な要素が、彼らの似顔絵を紡ぎ出すのかを正確に理解しています。彼は、私についても風刺する図太い神経さえ持っていて、私は大声で笑います。しかし、私が疑問に思うのは、その物まね芸人は、自分自身を進んで私たちに見せようとするのでしょうか？　役に命を吹き込むためには、彼は自分自身が誰なのかを見つけ、暴露し、そして使っていかなくてはならないのです。

「さあ、新しいキャラクターが来たわ！」

ブリジット・ベリー

　彼女はほっそりとして、無表情で、スウェットに身を包んでいます。──音楽が始まるとすぐに、ブリジットは手慣れたように力強く動き出しました。サークルの内側では、この少女はとどまることを知らないのです。彼女の動きは力強く、優雅でサークルの周りの人はついていけません。ダンサー、アスリート、武道家──彼女がどんな存在であっても、彼女はコントロールされ、訓練されていて、なおかつダイナミックなのです。バレエやジムで費やした、数えきれないほどの時間のおかげです。

　ブリジットの身体へのコミットメントは称賛に値します。しかし、彼女のムーブメントには魂が欠けているのです。彼女の完璧にコントロールされ、整えられた外見の下には、噴火寸前の感情的な火山があると私は思っています。

「もう一人！　集中し続けて！」

ハリソン・コスナー

　背が高く、中西部出身の典型的な白人。彼ならカウボーイ、もしくはケネディにでもなれたでしょう。ハリソンは、ディーンのように中心に来た時に涙を流すような人々を見て、自信を失っているように見えます。サークルの内側では、彼はただ私の指示に従い、彼の性的魅力やユーモアのセンスが出てくるだけで、他には何もありません。

　サークルの外側では、強烈な感情的な表現を見てショックを受けています。内側では、自分自身の魅力の中で、安全なところで身を守っています。これらは、2本の赤旗。私には彼の複雑な精神が垣間見えるのです。ボタンで閉じられた彼の見せかけの下にある、怒りと傷心の揺らめきが。私のやるべきことは、彼に許可証を与え、その見せかけの「男」が溶け去って、彼本来の存在に表現させてあげることだとわかるのです。

<u>感　触</u>

　カーティスが歌い、俳優たちがサークルの内と外で動き、そして私は**感触**――私のクラスの人たちに関しての感覚、明瞭な直感を得るのです。私は、それぞれの人の中へと、個性が持つエネルギー、そしてサークルの中心から来るそれぞれ個人の人生経験の感覚へと、**潜り込ん**でいるのです。私はこれらの俳優が持つ防衛本能に魅了されています。そして、彼らが表出しようとしているものの強さと真実に勇気づけられるのです。

　24時間、週に7日間、休むことなく、私たちはキャラクターとして歩いたり、話したりしています。それは、私たちが生涯において、無意識にあるいは意識的に育ててきたキャラクターなのです。モデル、ウェイター、物書き、大工、弁護士、形成

外科医、主婦、会社重役——私たちは誰もが、幼児から大人へと成長する過程の中で、自分のために作り上げてきた人間像を明確にするようなふるまいを持っています。

サークルの中では、これらの俳優が共に、与えられたキャラクターという罠の一部始終を共有します。彼らはまた、自分自身のキャラクターを手放して、他のキャラクターの中に**潜り込む**ことに対してどれだけ意識的なのかを私に示してくれます。他の誰かのエッセンスに足を踏み入れる能力は、演技の芸術的形態の中でも重要な部分なのです。

演技は特殊技能です。——それは訓練された芸術の形であり、DNAレベルから、それぞれのアーティストをユニークにするためにあらゆることを使うのです。脚本に書かれたキャラクターを創造するために、あなた自身の中の良いところも、悪いところも、醜いところも、邪悪なところも、そして潜在意識も使う喜びをも発見した時、あなたはこの特殊技能を巧みに実践していく道の途中にいるのです。あなた自身を作ってきた出来事や感覚を進んでシェアするほどに、より良いアーティストになっていくのです。真実を自ら進んで伝えるほど、より芯の強い俳優になるのです。

演技はセラピーではありません。個人的な啓蒙ではありますが、セラピーではないのです。実際、私が俳優たちを励まして行わせることの多くは、セラピストなら禁止するでしょう。セラピストはあなたのふるまいや仕草を変えたり、コントロールしたり、改善するように言うでしょう。私はあなたに**使いなさい！**と言います。演技は要求するのです。あなた自身が、あなたの中にある野蛮さや罪深さや痛みにあふれた部分を祝福するようにと。すでにあなたの中にあるものをさらけ出し、芸術まで昇華させるために、想像力を使うのです。

日々の生活から情熱的に自分自身を演技の創作へと捧げることは、終わることのない責任なのです。もし、あなたがこの責任を持ち続けることができないのなら、もし自分自身の芸術に関しての意思、欲求や勇気、強さが、この責任を全うさせられないなら——田舎に帰りなさい！　あなたは芸術を追求する正しい心構えをしていません——私のプロセスがあなたに合っていないのは確かです。

　クラスにたどり着いた俳優たちが、完全に形づくられた状態で存在し始めることがないのと同様、創作上の登場人物たちが、物語の冒頭において、完全な状態で存在し始めることはないのです。過去の傷、深い恐れ、神聖な希望、行い、人生における環境、それらが私たちは何者であるかを暴き出すのです。俳優はこれらすべてのことを詳細に調査するのです——自分自身においても、自分が演じる役についても。俳優の調査は、私たちを人間にしているのは何かという要素に踏み込むのです。

　すべての脚本に描かれたキャラクターは、3つの基本的な側面を持っています。——**パブリックペルソナ、ニード**、そして**トラジックフロー**。誰にでも同じ、3つの側面があります。本当に演じるためには——脚本に生命を吹き込むためには——自分自身についてのこれらの側面を明確にし、探求していかなければなりません。

第2章

ペルソナ

荘厳と、饗宴[きょうえん]と、バカ騒ぎと
仮面を着けた、古臭い見世物と
このような光景は、若い詩人たちが夢に見る
夏の前夜の憑りつかれたような空気によって

ジョン・ミルトン『快活の人』

<u>物　語</u>

　演技は石器時代と同じくらい歴史があります。狩人の集団が火の周りを囲んで、その日の戦いや獲物について語っていた時、語り手が最初の俳優でした。時は過ぎ、文明が発達して、その輪は広がりました。中心のたき火は消えましたが、その形は残りました。その輪は丘に掘られた石造りの椅子でできた、より大きな半円になりました——古典的なギリシャの劇場です。

　俳優は偉大な伝統を重んじます。私たちは、言葉から本物の命を紡ぎだす職人なのです。その伝統は石器時代にルーツを持ち、古代ギリシャで再び生まれ変わりました。私たち俳優は、イカリアのテスピス[*2]——数百年の歴史を持つ人類の儀式を現代的な芸術に作り直した俳優——の子供なのです。

仮 面

　紀元前5世紀において、ギリシャ人は物語を伝える分岐点に
立っていました。その時代まで、彼らの儀式を伝えるコミュニ
ケーション手段は、二つのグループに分かれていました。一つ
のグループでは、叙事詩の詩人、「ゴートシンガー[*3]」が町から
町へと旅をして、長い物語の詩を独演して群衆を楽しませてい
ました。彼らは、物語を覚えることに生涯をかけました。これ
らの叙事詩の詩人は、物語を3人称で伝えていました。物語の
ヒーローに声を与えなかったし、顔を登場人物に貸すこともあ
りませんでした。ただ、ヒーローの旅路を語り、その運命につ
いて述べました。

　もう一つのグループでは、「ディテュランボス（酒神讃歌）」
という一種の儀式的な詩が、毎年春にディオニソスを祝う祭り
の時に、劇場で披露されました。一部は神聖な儀式、一部は熱
狂的な祝祭、そして一部は儀礼的な「マジック」、ディテュラ
ンボスは原始的なものと形式的なものを合体させました。50
人の表現者が集合的に声と体を使い、個人としてではなく集団
として物語を伝えました。この集団の「コロス」は神の意志あ
るいは神の気まぐれに関わる一人のキャラクターの代役を務め

＊2　テスピス：ギリシャ悲劇の創造者と言われているギリシャの詩人で、
　　　劇の俳優として舞台に立った最初の人物と言われている。
＊3　ゴートシンガー：直訳すると「ヤギの歌手」（goat singer）。ギリ
　　　シャ悲劇にはヤギの歌が関連していることが多いが、それはギリシャ神
　　　話に登場する半人半獣の精霊サテュロスに関連していると考えられる。
　　　サテュロスはワインの神であるディオニソスや牧羊神パーンと関連す
　　　ることで、ヤギと結びついている。ヤギのようなサテュロスの仲間の
　　　神をたたえる最も適した方法として「ヤギの歌」が歌われていたよう
　　　で、ヤギの歌を歌う人々をゴートシンガーと呼んでいたと考えられる。

ました。匿名の表現者で構成されたコロス全体は同一の仮面を被り、踊ったり、神々や死すべき者たちの役と声を合わせて歌ったりしました。

　これらの物語の儀式が提供するよりも、より観衆に伝えるための方法を模索する中で、詩人とテスピスという名の表現者がこれら二つを合体させました。叙事詩からは、テスピスは物語を伝えることを個人の責任にしました。ディオニソスのコロスからは、テスピスは一人称の声と仮面、そして身体表現を採用しました。長く忘れられた古代の宗教的な祝祭のために、テスピスは鮮やかな白い鉛の顔料で顔を塗り、他のコロスと区別して、自ら舞台の中央を取り、一人称の声として直接、コロスの集団とやり取りしました。

　テスピスは叙事詩の個人的なプレゼンテーションとディテュランボスのコロスによる集団の擬人化を融合しました。一個人の顔と声を使うことで、テスピスは叙事詩における詩人の記憶による物語の提示よりも、より直接的に観客に働きかけることができました。テスピスはコロスから一歩前に出た時に、コロスの象徴する集団的な性質よりも、観客にとってよりリアルな何かになりました。テスピスは**キャラクター**になったのです。そして、白塗りの仮面の下から、自らの個性が命を吹き込むことを許した意志が、彼を最初の**俳優**として認識させることになったのです。彼は現代劇を創った伝説的な改革者なのです。

　テスピスの白いメイクに倣って、彼の仲間のテスピアンと呼ばれた最初の俳優たちは、仮面を作り始め、この新しいコミュニケーションの形式が必要とする個人のキャラクターに、彼ら自身を変化させました。ギリシャ俳優の仮面は**ペルソナ**と呼ばれました。俳優の仮面に刻み込まれた表情を通して、その**ペルソナ**は観客にキャラクターの頭と心の内側を見せました。そし

て、この新しく作られた劇場のアートが育つに伴い、俳優の仮面も複雑さと多様性を増していきました。

　仮面と他の演劇的な慣習が過去のものとなっても、**ペルソナ**という用語は現代でも生きています。フロイトの弟子カール・ユングは俳優の仮面を示すギリシャの言葉を借りて、人間が生涯を通して身に着ける個性の仮面を表現しました。ユングの言う「ペルソナ」は、我々が社会に対して見せる顔であり、本当の自分自身を隠します。ユングはすべての人間は**ペルソナ**、仮面を作り出し、維持すると信じていました。その仮面は私たちが世界に見せている顔を示しているのです。

　仮面は私たちの顔に、話し方の中に、動き方の中にあります。あなたにも**ペルソナ**があります。あなたの両親も**ペルソナ**を持っています。兄弟も、姉妹も、ご近所さんも、そしてビデオ屋の店員も全員が**ペルソナ**を持っています。私たちは皆、公共の場ではプライベートの自分を覆い隠す顔を持っているのです。同じことが、脚本に描かれたキャラクターにも言えます。キャラクターの最も内なる思考、感情、そして夢が、彼あるいは彼女の被る仮面——**パブリックペルソナ**の下にあるのです。ユングの**ペルソナ**、そしてテスピスの仮面のように、キャラクターの**パブリックペルソナ**は、物語中でそのキャラクターが世界に対して見せているアイデンティティの外側の層なのです。キャラクターにとって、**パブリックペルソナ**は一つの側面にすぎないのです。

第3章

パブリックペルソナ

真実は私たちに欠くことのできないものですから、
私たちはゆっくり時間をかけて
自分自身の真実を見つけることにしましょう。
真実は、私たちに新しい自由空間を与えてくれますが、
そこに至るまでがいつでもつらいのです。

アリス・ミラー『才能ある子のドラマ[*4]』

<u>ギャングスター</u>

　たとえ私たちがキャラクターの子供時代を一瞬たりとも見せられなかったり、子供時代についての話を聞かなかったりしたとしても、ある物語、言い換えるなら人生においては、大人のキャラクターは子供時代の経験を種に成長しています。あるキャラクターがスクリーンに映し出される時に、突然卵から孵（かえ）ることはないのです。それは、ある人がキャラクターと初めて握手する時も同様です。

　私たちが意識している、いないに関係なく、個人的な障害、

＊4　『才能のある子のドラマ』：アリス・ミラー著、山下公子訳。新曜社より。

なかなか消えない痛み、そして解決されない問題など、子供時代に経験したものは、私たち自身の中に生涯残ります。この痛み、この解決されない葛藤や満たされない欲求は無意識に私たちを動かして、私たちが行う行動や、決断する選択の動機になるのです。私たちは**パブリックペルソナ**を作り、これらのもろさや弱さ、それらを意味するものすべてを隠すのです。それは脚本に描かれたキャラクターでも同じなのです。

『パルプ・フィクション』では、ヴィンセント・ベガはロサンゼルス中を車で動きまわり、パートナーのジュールスとふざけあったり、ギャングのボスが命令した人間を銃で撃ちまくったりします。ヴィンセント以上にこの仕事に適した人間はいないでしょう。なぜなら、不幸にも彼の銃の照準に当たってしまった人にまったく同情することがないからです。ヴィンセントにとっては人を傷つけることは簡単なことなのです。それは感情的なレベルで彼らの痛みを経験しないからです。

しかし、この二人の殺人者が傷ひとつ負うこともなく銃弾の雨を切り抜けた後で、ジュールスは自分が望む以上のものを感じ始めます。『パルプ・フィクション』のランダムな出来事が積み重なっていくにつれて、ジュールス（と観客）は彼とヴィンセントが、彼らの犠牲になった人たちにしていることを経験し始めます。ジュールスは共感し、成長しますが、ヴィンセントはしません。

ヴィンセントの**パブリックペルソナ**は「殺人者である」——良心のない、雇われ者の殺し屋になることです。しかし、平凡さについて休むことなく語り続けたり、ドラッグで自分を麻痺させたりすることでタフガイであると主張することは、彼が何かを隠していることを示しています。彼の**パブリックペルソナ**（「殺人者である」）は、より深いもろさを隠すための覆い、ヴ

ィンセントの外側の層にすぎないのです。

　強大なオズの魔法使いのように、ヴィンセントの**パブリック ペルソナ**は言います、「幕の後ろの男は気にするな」と。そして、オズの魔法使いのように、どんな登場人物の**パブリックペルソナ**の後ろにも、小さな人間／子供がいて、ボタンを押しているのです。隠されていて、執拗で、絶えず脈打っている力が、子供の頃からあるのです。それはヴィンセントの**パブリックペルソナ**が隠しているもの──彼の**ニード**です。ヴィンセントの**ニード**は「安全でいる」なのです。

　パブリックペルソナによって、私たちは子供時代の心の奥底にある**ニード**を、世界から隠すことができます。この**パブリックペルソナ**がなくては、幼少期から健全さや安定性を求める世界に対して、私たちは無力になってしまうでしょう。想像してみて下さい。ヴィンセント・ベガが『パルプ・フィクション』を通して、出会う人に片っ端から彼の安全を乞うているのを。バカバカしい？　もちろん。それでも、ヴィンセントの人生と『パルプ・フィクション』の物語の中で、彼を突き動かしているのは**ニード**なのです。たとえ、彼がそのことに気づいていなくても。彼の**パブリックペルソナ**「殺人者である」は、満たされない**ニード**「安全である」を超えてしまったのです。傷跡が、傷口よりも大きくなってしまうように。

　すばらしい演技は、**パブリックペルソナ**の仮面の下で行われます。それは、覆いの下に息づく親密さ──**ニード**を明らかにして、観客に伝えます。たとえ、それが何かわからなくても、観客の誰もが自分の**パブリックペルソナ**を持ち、それによって隠された**ニード**を持っているのです。観客は、それが何かと名付けることができなくても、二つの力がキャラクターの中で働いていることを感じることができるのです。キャラクターを表

面的なものよりも豊かにするためには、キャラクターが**パブリックペルソナ**を必要とするような**ニード**を、俳優は知る必要があるのです。

第4章

ニード

私たちの夢は、憧れと満たされないニードでできている。

シドニー・ポワチエ

「明日は明日の風が吹く」

　昔々、南北戦争以前のアメリカ南部の豊かな荘園のオーナーに、スカーレット・オハラという名の甘やかされた娘がいました。しかし、甘やかされていたのは単なる始まりにすぎません──スカーレットは『風と共に去りぬ』の物語中、彼女に対する気の使い方を間違えた人には誰にでも、悪だくみをしたり、嘘をついたり、だましたりします。

　スカーレットは、今まで制作されたハリウッド映画の中で最も有名なヒロインです。しかし、彼女はヒロイン的ではありません。この女性は、いとこの結婚をぶち壊そうとする「親愛なる友人」であり、父親の寛大さを知りつつ、父親が正気を失った後でしか自分を犠牲にしない娘であり、自分の子供が死んだ後になってしか愛することができない母親です。

　しかし、スカーレットの内側には満たされない場所があります。だからこそ彼女は企みを起こし、人を操る必要があるのです。それは理解できますし、むしろ魅力的ですらあります。ス

カーレットの人を巧みに操る男たらしという仮面——彼女の**パブリックペルソナ**——は欲望を隠しているのです。その欲望は、そのパワフルさと同じくらい単純なのです。

その欲望は、彼女の**ニード**です。スカーレットの**ニード**は彼女の中に存在する穴であり、それがあまりに深いので、もしも彼女がそれを隠す**パブリックペルソナ**を持たなかったら、彼女は生きていけなかったでしょう。彼女の**パブリックペルソナ**は対処メカニズムなのです。それは外の世界において彼女が生き残るために作られた個性であり、その外の世界では、深く隠された彼女の**ニード**は満たされることがないのです。

スカーレットの**ニード**は「保護される」です。彼女は自分の美しさを使って、男性からの保護的な注目を集めます。レット・バトラーは彼女の軽薄な魅力の下には深い**ニード**があると気づいて、彼女に言います。「君はキスの仕方を知っている男から何度もキスをしてもらうべきだ」と。彼は知っていたのです。スカーレットが唯一、心の平穏を感じるのは、彼女が自分自身に夢中なのと同じくらい、彼女に夢中な人の腕の中にいる時だけであるということを。

『風と共に去りぬ』の中で、スカーレットが下す選択と企てる計画のすべて——アシュレーを追いかけること、結婚生活、タラを離れ、そして帰ること、母親であること——は、**ニード**(「守られたい」)を満たすための努力なのです。彼女の**ニード**は単一のもので、簡潔で、そして彼女の**パブリックペルソナ**(「南部の社交界の花を演じる」)を必要とする根源的な力です。スカーレットの**ニード**はマーガレット・ミッチェルの原作やデイヴィッド・O・セルズニック制作の映画の中で彼女を突き動かし続けます。ヴィヴィアン・リー——26歳にして非常に熟達した女優——は恐れもなく、スカーレットのキャラクターの

最も深い次元──スカーレットの生き生きとした**パブリックペルソナ**の下にある**ニード**を暴露します。

真 実

　満たされない**ニード**は、すべてのキャラクターの心にある全世界共通の真実です。傲慢な残酷さの内側には、「大物になる」という満たされない**ニード**があります。（アロンゾ・ハリス──『トレーニング デイ』──デンゼル・ワシントン）　ルールに縛られない一匹狼の反抗的な個人主義の核には、「受け入れられたい」という満たされない**ニード**があります。（リサ──『17歳のカルテ』──アンジェリーナ・ジョリー）

　ニードがキャラクターの**パブリックペルソナ**を支配しますが、その逆はありません。一般の人同様に、登場人物たちは彼らの中にある根源的で、自らをコントロールする**ニード**に気づいていないので、キャラクターの**ニード**を見つける方法は**パブリックペルソナ**を検証することです。シンプルに彼らの**パブリックペルソナ**を見つめて、何がその**パブリックペルソナ**の逆になるだろうかと考えてみます。どんな**ニード**がこの**パブリックペルソナ**を作り出すのか？　その**パブリックペルソナ**は何を隠しているのか？

　　ハワード（『アビエイター』）── レオナルド・ディカプリオ
　　　ニード：「母性に包まれたい」
　　パブリックペルソナ：「限界を持たない」

　　レティシア（『チョコレート』）── ハル・ベリー
　　　ニード：「愛されたい」

パブリックペルソナ：「人を遠ざける」

ボブ（『ロスト・イン・トランスレーション』）── ビル・マーレイ
　ニード：「純粋で高潔である」
　パブリックペルソナ：「ペテン師になる」

機能不全

　ニードと**パブリックペルソナ**のバランスは繊細です。**ニード**は物語の初めから終わりまで、執拗にキャラクターを突き動かしていきます。**ニード**が**パブリックペルソナ**を上回る時、満たされない**ニード**がもはや否定できない存在となり、**パブリックペルソナ**が機能不全に陥る時、キャラクターの第3の側面──**トラジックフロー**が露になります。

第5章

トラジックフロー

> インディアンの女性は、毛布を織る際に、
> 織り目に隙間をあけておきます。
> 魂が解放できるように。
>
> マーサ・グラハム

カメレオン

　フランク・アバグネイル・ジュニアは裕福な家庭に育った、賢く、人好きのする10代の少年です。投資家の父親に溺愛され、戦争花嫁[*5]で美しいフランス人の母にも可愛がられています。しかし、『キャッチ・ミー・イフ・ユー・キャン』の冒頭で、フランクは2つの恐るべき真実を立て続けに知ることになります。父に米国国税局の査察が入り、母は不倫をしていたのです。フランクは、神のように慕っていた父親が実は不誠実だと知り、苦悩します。彼はまた、崇拝していた母も実は浮気をしていたと知り、同じように苦悩します。

　フランクの父は地域社会の大物ではなく、単なるペテン師で

---

*5　戦争花嫁：第二次世界大戦中に、駐留していた外国人兵士と結婚した女性。

す。母は自慢すべき異国出身の美しい花嫁ではなく、夫を裏切った専業主婦です。フランクは、家族の生活が偽りであったと知った途端に、自分が本当は何者なのか、確信がもてなくなります。

　フランクは、とてもうまく代講教師になりすますことができたので、やがて弁護士や飛行機のパイロット、医者、そのほかいろいろな職業を装って、人々を騙していきます。彼の**パブリックペルソナ**は「誰にでもなる」です。しかしフランクは、父その人ではないし、彼の母親が愛する少年でも、弁護士でも、医師でも、彼がなりすましたどんな存在でもありません。彼はアイデンティティの偽造に留まらず、小切手の偽造にも手を染めます――彼は病的な嘘つきなのです。それがフランクの**トラジックフロー**です。

　FBIの捜査の手が伸び、父が墓に入り、母が再婚するという状況で、フランクの**トラジックフロー**が表に現れます。彼の**ニード**（「彼自身のアイデンティティを持つ」）が、**パブリックペルソナ**（「誰にでもなる」）を妨害します。その結果生じた**トラジックフロー**（「病的な嘘つきである」）によって、フランクはそれまで以上に**ニード**を満たせなくなります。この**トラジックフロー**が『キャッチ・ミー・イフ・ユー・キャン』のクライマックスへとフランクを駆り立てていくのです。

犠牲者

　『モンスター』のオープニングで、アイリーン・ウォーノスはトレーラー生活という貧困地獄で育ったと話しています。だまされ、暴力を振るわれ、幼少期からのけ者にされて、彼女の満たされない**ニード**は「居場所を見つける」になりました。そ

のニードを隠すために彼女が作り上げたカバーが無法者——捕食者です。彼女のパブリックペルソナは「破壊すること」なのです。

アイリーンがセルビーのとりこになると、彼女は変化し始めます。彼女はセルビーを優しく誘惑し、自分自身をセルビーの保護者に任命します。しかし、アイリーンの連続殺人が彼女のニード（「所属する」）をパブリックペルソナ（「破壊する」）へとどんどん押しやります。アイリーンのトラジックフローは、自分自身が被害者になるのを許すことです。彼女は冷酷な連続殺人者ですが、トラジックフローによって支配される彼女は、セルビーの気まぐれの標的になり、最終的には刑事司法制度のターゲットになります。

一匹狼

匿名で、人目につかない、そしてナイーブ——『タクシードライバー』におけるトラヴィス・ビックルの生活は、都会で孤独に生きる人が抱えている、トラヴィス自身の言葉を借りるなら「病的な自意識」の悪夢です。しかし、トラヴィスが堅苦しい選挙運動員や十代の娼婦と接点を持った時から、彼の無意識のニード——「見られる」——がパブリックペルソナ——「見えなくなる」を通して姿を現し始めます。

選挙運動員のベッツィーは、ありのままの彼の「歩く矛盾」が見え、トラヴィスに近寄ろうとはしません。十代の娼婦のアイリスは彼をありのまま受け入れますが、まるで、トラヴィスがポン引きや詐欺師、あるいは他の彼が嫌悪しているクズたちの一人であるかのように、彼に自らの体を差し出します。

トラヴィスのニード（「見られる」）が一方にあり、もう一方

の**パブリックペルソナ**（「見えなくなる」）と正面から衝突します。トラヴィスの下した決断が彼の**ニード**と**パブリックペルソナ**をより大きな対立へと動かし、『タクシードライバー』は爆発的な暴力の中でクライマックスを迎えます。それらの暴力的瞬間では、トラヴィスは自分自身について、ベッツィーを保護し、アイリスを救う無敵で、理想的な救世主と思い込んでいます。その暴力こそが精神病的な誇張と相まって、トラヴィスの**トラジックフロー**となっているのです。

沸 点

　他のすべての物語と同じように、『キャッチ・ミー・イフ・ユー・キャン』、『モンスター』そして『タクシードライバー』の物語は、主人公を葛藤から危機、そしてクライマックスへと動かします。フランク、アイリーン、トラヴィスを、彼らの置かれた状況の中で突き動かす力、すべての物語の中で、すべての人物を推し進める力、それが彼らの**ニード**なのです。物語の状況が窮屈になると、キャラクターの選択の幅は狭まり、**ニード**が満たされない状況が続くので、**ニード**が解放される場所はなくなります。**ニード**は依然として前へ進もうとしますが、今やキャラクターの**パブリックペルソナ**でさえ邪魔をします。**トラジックフロー**の圧倒的な重圧で崩れそうな**パブリックペルソナ**によって、**ニード**は下敷きになっています。物語におけるクライマックスの瞬間では、**トラジックフロー**はキャラクターにとって大きな危険性をはらんでいます。もしも、その行き詰まった圧力が取り除かれれば、**トラジックフロー**は救いへの大きな可能性も秘めることでしょう。

　『キャッチ・ミー・イフ・ユー・キャン』では、フランクは

究極の決断を下します。彼は逃げ続けて、誰にでもなり続けることができるし、あるいは静かに留まって、自分を見つめ直し、自分が何者なのか——父のような詐欺師で、母のような裏切り者であること——を認めることもできます。フランクはFBIに協力することを選択し、残りの刑期の間、FBIのために働きます。彼は気に入らないのかもしれませんが、彼は自らの**ニード**——「自分自身のアイデンティティを持つ」——を満たすための一歩を踏み出しました。彼はいまや、自分が有罪判決を受けた重罪犯で、FBIの情報提供者であり、ジェームズ・ボンドでないのと同様に、パイロットでもないことを知っています。フランクは**トラジックフロー**と戦い、勝つのです。

『モンスター』の最後の瞬間において、アイリーンは自らの運命に身を任せています。「愛はすべてに勝つ。絶望の果てにも光明が。信仰は山をも動かす。愛に困難はない。すべての出来事には理由がある。生命ある限り、希望がある——まあ、勝手にほざいてな」セルビーの裏切りで心を引き裂かれ、アイリーンはのけ者にされた一匹狼のまま、究極の合法的虐待、死刑を待ちます。アイリーンは犠牲者として死を迎えます。**トラジックフロー**が勝ったのです。

新聞の切り抜きの数々とアイリスの父親からの感謝の手紙によって、トラヴィスが『タクシードライバー』のクライマックスを生き延びたことがわかります。彼は**ニード**が満たされていく道のりにいるのです。彼は新聞とアイリスの家族の心の中ではヒーローなのです。それなのに、『タクシードライバー』の最後のシーンでは、彼がベッツィーに偶然出会う時、彼女を拒否します。彼の孤独を好むマスクは部分的にですが、まだ着いたままなのです。彼はまだ自分のことをちっぽけな敗者と同じくらい壮大な救世主と思っているのです。トラヴィスは**トラジ**

ックフローの罠にはまったままなのです。

　暴力的な誇張というトラヴィス・ビックルの**トラジックフロー**は、『タクシードライバー』の中で数回爆発します。アイリーン・ウォーノスは『モンスター』の中で被害者を虐待し、彼女自身もガス室へ送られる道の途中で何度も虐待されます。フランク・アバグネイルの仮装は、『キャッチ・ミー・イフ・ユー・キャン』のクライマックスのはるか手前で、子供じみた怖いもの見たさを逸脱します。**トラジックフロー**は常にキャラクターが下す選択の中に見えるものなのです。物語のクライマックスだけに見られる場合であろうと、始めから明らかであろうと、そこにあるのです。物語の状況がキャラクターを葛藤から危機へと進ませ、その危機によってその人物が本当はどんな人間なのかを暴きます。**トラジックフロー**に沈んでしまうのか、あるいはそれを克服するのか？　これは、ほとんどの人間にとっても同様に真実なのです。

　新しい表現を作り出した古代ギリシャの劇作家にとっては、**トラジックフロー**（あるいはhamartia[*6]）はキャラクターにとって先天的なアイデンティティの一部でした。アンティゴーヌの殉教のように高潔であろうと、アキレスの誇りのように英雄的であろうと、あるいはアガメムノンの野望のように自分勝手で破壊的であろうと、ギリシャ悲劇の主人公の**トラジックフロー**は常に始まりからキャラクターの中にあり、物語の葛藤の中でフォーカスされ、物語のクライマックスにおいては、キャラクターの救済あるいは破壊の陰に究極的にあるものなのです。

＊6　hamartia：（ギリシャ語）悲劇の主人公の破滅の元になる、性格的な欠点。

オイディプス（『オイディプス王』）

　　ニード：「子供になる」

　　パブリックペルソナ：「王様になる」

　　トラジックフロー：「近親相姦的な虐待のサイクルを繰り返す」

　トラジックフローの基本的な概念は、ドラマの歴史全体においても同じことです。神話のヒーローあるいはすべての人々、どんなキャラクターも**ニード**を抱え、その**ニード**を隠すための**パブリックペルソナ**があります。そして、その**ニード**や、それを隠す**パブリックペルソナ**に対応した**トラジックフロー**があります。

ハワード（『アビエイター』）

　　ニード：「母性に包まれる」

　　パブリックペルソナ：「限界を持たない」

　　トラジックフロー：「発狂する」「気が変になる」

レティシア（『チョコレート』）

　　ニード：「愛されたい」

　　パブリックペルソナ：「ヤマアラシのように、近づいてくる
　　　あらゆる人を針で刺す」「人を遠ざける」

　　トラジックフロー：「犠牲者になる」

ボブ（『ロスト・イン・トランスレーション』）

　　ニード：「純粋で高潔である」

　　パブリックペルソナ：「ペテン師になる」

　　トラジックフロー：「自己嫌悪する」

ビビアン（『プリティ・ウーマン』）
　　　ニード：「特別な存在になりたい」
　　　パブリックペルソナ：「自分自身を他人に売る」
　　　トラジックフロー：「自分の価値を低くする」

　　アロンゾ（『トレーニング デイ』）
　　　ニード：「大物になる」
　　　パブリックペルソナ：「警官になる」
　　　トラジックフロー：「怖がらせる」

　演じている世界が古典のドラマであろうと、現代劇であろうと、映画やTVであろうと、俳優は、すべての人間がすべての登場人物のように**ニード**を持っているという事実を認めなくてはならないのです。しかし、有史以来、人は**ニード**を表現することについて嫌悪感を抱き続けています。そのため、私たちは成長するに従い、**パブリックペルソナ**で**ニード**を隠し、**ニード**を持たない誰か別人の顔を世界に見せ続けているのです。その覆いにも関わらず、**ニード**は満たされることを求め続けます。当然のこととして、**ニード**は身動きが取れなくなります。なぜなら、**ニード**は隠されてはいても、**パブリックペルソナ**に納めようとすると情け容赦なくなるからです。

　ニードと**パブリックペルソナ**の関係は概ね建設的で、私たちの人格を定義するものです。それが無意識の過程であっても、私たちの**ニード**を隠すための**パブリックペルソナ**の形成は創造的な過程なのです。**トラジックフロー**とは、**ニード**と**パブリックペルソナ**の関係において存在する、まだ表に出ていない潜在的な破壊の力なのです。もし私たちが**トラジックフロー**に気づかないままでいたなら、自ら盲目となって、通りを歩くオイデ

ィプスのように破滅するでしょう。

ツール

　ニードや**パブリックペルソナ**、そして**トラジックフロー**を使うことで、俳優は言語や時代、テーマ、あるいはスタイルに関係なく、どんな観客にも伝わるキャラクターを作り出すことができるのです。これら3つの側面を使ったキャラクター作りに熟達した俳優は、脚本から生命を生み出すことができるのです。しかし、3つの側面すべてにおいてキャラクターを生かし、呼吸させるためには、俳優である――あなた――は、自分自身の中に存在する同じ3つの側面と直面しなくてはならないのです。

　ほとんどの人にとって、**ニード**が存在すると意識的に認めるよりも嘘をつくことの方が簡単です。私たちは**ニード**の真実を認めることで、**トラジックフロー**による破壊的な機能不全から逃れることができます。しかし、それは簡単なことではありません。**ニード**が公然と生き延びることを許すことと、そのことについて責任を取ることは日々の生活の中での戦いなのです。自由で誠実に生きたいと願っている誰もが、自分自身の中にある**ニード**、**パブリックペルソナ**、そして**トラジックフロー**を発見し、探求するための挑戦をするべきなのです。

　あなた自身の**ニード**と**パブリックペルソナ**、そして**トラジックフロー**を紐解くことによって、人間としてのあなたであることのすべてを手に入れて、それをキャラクターに与えることができるようになるのです。

　もし、内面の探求に伴う恐怖を克服するだけの十分な勇気があなたにあるなら、キャラクターづくりのための必要不可欠な創造のツールを手に入れることができます。この発見の過程を

通して、人間的に自分を高めるための新しい方法や、倫理的に自分の核となるものを見極め、維持するための新しい方法を見つけられるかもしれません。

第2部

俳優

THE ACTOR

第6章

楽器

俳優は、アーティストであると同時に、
アートのためのツールなのです。
表現における俳優の存在手段は、俳優自身なのです。

ベラ・モーリー・ロバーツ

<u>熱情を導く</u>

　1947年以来、エヴァ・マリー・セイントはエリア・カザン
やアルフレッド・ヒッチコック、オットー・プレミンジャー、
ジョン・フランケンハイマー、ヴィンセント・ミネリ、ヴィ
ム・ヴェンダース、そしてブライアン・シンガーらの監督によ
る映画に、忘れることのできないワークで貢献してきました。
これらの個性の強い監督たちからの多様な要求に対して応え
ていくことは難しいかと尋ねられると、「アクターズ・スタジ
オでは、私たち俳優は楽器であり、監督は指揮者であると、リ
ー・ストラスバーグによって教えられました」と答えていまし
た。
　私は仕事において、あらゆるバックグラウンド、さまざまな
身体的タイプ、すべての考え得るレベルのトレーニングを受け

てきた俳優たちをオーディションし、評価してきました。私は
こう思うのです。俳優のトータルパッケージは、俳優が**楽器**と
して表現するものであると。その人の楽器を見つめることは、
その俳優がどれだけ素材のままであろうと、その俳優の潜在
能力を理解し、正しく評価することを助けてくれます。そして、
俳優が一歩引いて自分自身を見つめ、自分の楽器の強さと弱点
にアクセスできる時、創作に対して責任の取れる、より準備の
整った状態になるのです。

　すべての俳優の楽器には、強さと割合において差はあります
が、以下の6つの性質があります。

> **身体性（身体的特徴）**
>
> **知性**
>
> **想像力**
>
> **感情**
>
> **感覚の能力**
>
> **共感力**

　クラスの中であろうと、個人のセッションであろうと、スク
リーンの中であろうと、私が出会う俳優は、これら6つの性質
が組み合わさった楽器を持っています。ほとんどの俳優は、い
くつかの性質において他の人よりも優れています。ごくわずか
の、創作における真の天才だけが、6つの性質すべてにおいて
他を<ruby>凌駕<rt>りょうが</rt></ruby>する楽器を持っています。

<u>身体性</u>

　俳優は一人ひとり、ユニークな身体性を生まれながらに持っ

ています。真にスターの力を持つ俳優は、自分の身体能力を自在にキャラクターに合体させます。だからと言って、アドニス[*1]にならなければいけないわけではありません。ポルノ女優はその体でチケットを売りますが、それで俳優になれるとは限りません。個性派の俳優、ジョン・ウェイン（元大学フットボールのスター）やアーノルド・シュワルツネッガー（元ボディビル選手）のようなスターは、目立つ歩き方やカリスマ的な動きを持ち、すべての役に持ち込みます——しかし、他にはなにもありません。個性派俳優は、物語を飾り立てるために体を使いますが、物語を伝えるためではないのです。

　本当に強力なスターの力を備えた身体性は年齢を超越します。ウォーレン・ベイティとジャック・ニコルソンは同じ年に生まれました。彼らは二人ともすばらしい俳優で、40年以上の経験を持つ熟練した映画俳優です。ベイティには華がありますが、ジャック・ニコルソンの楽器が時代を感じさせない、野生的な資質と通じ合うのに対し、ベイティの楽器はニコルソンほどにはそれらの資質と身体的に通じ合わないのです。時が経つにつれて、ベイティは第一線から退き、俳優としては仕事をしなくなっていきます。しかし、ニコルソンはほとんど衰えていません。彼のウエストラインは太くなり、髪の毛は薄くなってきているかもしれませんが、ニコルソンの楽器は身体的に開放されたままであり、活力に満ちています。動物的な身体性が、70年代に彼を有名にしたのと同じ火山のような強烈さでキャラクターを作り続けることを可能にしているのです。

　クリストファー・ウォーケンの楽器も、時代を感じさせない

＊1　アドニス：ギリシャ神話の美青年。美しい男性の代名詞として使われる。

身体性を持っています。ウォーケンはダンサーの時に学んだ、訓練された、優雅な動きを保ち続けています。その苦労して獲得したからこそ楽にこなせる能力は、彼が演じるキャラクターたちの顕著な肉体的基礎になっています。彼の楽器の身体性は、彼のパフォーマンスのすべてを彩っています。

　演技とは、変身に関することです——一人の俳優の中からキャラクターを創造するために、演技の技術を使うことなのです。個性派俳優の変身は、衣装を替えることです。優れた俳優は、見つけられる限りのあらゆる手段で変身します。ロン・チェイニーは、1920年代のハリウッドで絶大な人気を誇ったスターでした。「千の顔を持つ男」と呼ばれたチェイニーは、『ノートルダムのせむし男』におけるカジモドのように、自分自身を身体的にキャラクターに変化させるためにどんな苦労も惜しみませんでした。演じる役に変身するために自分の肉体を使うコミットメントは非常に強く、彼自身を曲げるために使っていた紐や留め金、ベルトによって、彼の脊椎は永久に損傷を受けてしまいました。

　チェイニーは、自らの身体性の最後のひとかけらまで使って創造することに飽くことのない欲望を持っていました。彼の両親は聾唖者だったので、子供の頃はジェスチャーと体の動きだけで、家族と意思疎通を図っていました。変身し伝えるための手段として、チェイニーが楽器の持つ身体性と肉体の能力に重点を置いたことは、必要性から始まっていたのです。

　ロバート・デ・ニーロは、『レイジング・ブル』の後半で、下り坂にあるジェイク・ラモッタを演じるために、スレンダーな骨格に60ポンド（約27kg）のぜい肉を付けました。この変化によって、デ・ニーロは自分とキャラクターの間に存在していた障壁を壊すことができたのです。デ・ニーロのこの変化が、

ラモッタの人生における30年近い波乱に満ちた時代を、2時間に圧縮することを可能にしました。

　デ・ニーロが、当然のこととして、同時代の最も有名な俳優の一人であるために、彼の広く知られた増量が、第一線で活躍するすべての俳優のコミットメントと変身の基準となりました。しかし、身体性は俳優の楽器の一部分にすぎません。デ・ニーロの変身のまねをしようと急ぐあまりに、キャラクターの内面を犠牲にして、外面にばかりこだわる俳優もいるように感じます。

<u>知性</u>

　サラ・ベルナールは、19世紀の演劇における最も有名な俳優の一人であり続けています。サラ・ベルナールの日[*2]に出席する女性は、着飾ることを要求されていました。「真の」19世紀の女性は、身のこなし、完全な体形、そして抑制の効いた優雅な動きを備えていました。それが、ベルナールが観客に与えたものです。

　ベルナールは、威厳に満ちた機械のような女性性というマスクによって、男性が支配するビクトリア王朝の中で野心と抑制、

---

*2　サラ・ベルナールの日：1896年12月9日──女優の栄光を讃える「サラ・ベルナールの日」が詩人カチュール・マンデスにより企画された。パリ中から人が詰めかけ、グラン・オテル（インターコンチネンタル・パリ・ルグラン）における500人の招待客の会食ののち、テアトル・ド・ラ・ルネサンスの特別興行が催された。グラン・オテルからテアトルへの移動には200台の二人乗り馬車が仕立てられ、サラを先頭について行った。テアトルではアルモン・シルヴェストル作詞、ガブリエル・ピエルネ作曲の「サラへの讃歌」がコンセール・コロンヌにより演奏された。（Wikipediaより）

そして成功への欲求の塊となったひとりの女性を隠しました。彼女は自分が演じたハムレット像について聞かれた時、「男性的な役割は好みませんが、男性的な頭脳は欲しいです」と答えました。俳優としてのキャリアが花開く前は、ベルナールは高級娼婦として、自らの身体で生計を立てていました。そして、一躍絶大な人気を得ると、自分自身を一つのブランドにしました。彼女は自分の劇場を持ち、個人的に注文して書かせた人気戯曲のレパートリーを上演し、運営していました。

　彼女はその冷徹な知性でキャリアを築き上げたのです。彼女は自分を売り出すことにかけて天性の才能を持っていました。しかし、現代の俳優の責任は、その冷徹な知性をキャラクター作りに用いることです。俳優は、自分の演じるキャラクターやその状況、そしてその物語を豊かにするような、賢くて、具体的で、真実の選択をするために頭を使わなくてはなりません。俳優の楽器は、次々と可能性を求め、強い選択へと到達する柔軟性を持たなくてはなりません。

　『オーシャンズ・イレブン』では、ブラッド・ピット演じるキャラクターのラスティ・ライアンは、ほとんど食べ続けていました。シーンからシーン、そして次の企てへと移る中で、ライアンはビュッフェのプレートやシュリンプカクテルを貪り食べます。ピットの正確な意図が私にはわからない（台本には書かれていません）のですが、ライアンの強迫観念に囚われたような食欲を暴露することは賢い選択だと思います。彼の食べる行為はとても人間的で、リアルですし、ライアンのとてもクールな見せかけに対して演じられる、**ニード**に基づいたふるまいです。それはキャラクターに深みを与え、物語に心理学的なリアリティを加えました。

　『フレンチ・コネクション』の始まりの方で、「ポパイ」こと

ドイル刑事のパートナーは、ドイルがバーでナンパした女性とベッドに入っているところに文字通り飛び込んできました。ドイルはシーツの中でもつれてはいましたが、物語の間中ずっと着ている薄汚いコートをここでもまとっています。ここにキャラクターがあるのです。この選択が、彼にとっては仕事がすべてだと言っているのです。彼は決して、たとえ女性とベッドにいようと一瞬たりともコートを脱ぎません。ジーン・ハックマンによって生命を与えられた「ポパイ」ドイルは、どこへ行こうとも刑事であり続けているのです。これもまた、頭の切れる俳優による優れた選択です。

『ザ・コンテンダー』のために、ジェフ・ブリッジズは並外れた温かい人柄の役を作り上げる必要があるとわかっていました。彼が演じるエヴァンズ大統領は、物語が持つ現代の寓話的な性質と調和するためには、信頼に値する、親近感のある人柄でなくてはならなかったのです。ジョン・F・ケネディやハリー・トルーマン、あるいはエイブラハム・リンカーンを模倣する代わりに、ブリッジズは家族を選びました。ブリッジズは、エヴァンズ大統領のキャラクター、独特の癖や話し方のベースに、彼が人生で最も尊敬する人——彼の父親であるロイド・ブリッジズを選びました。その選択がすばらしかったのです。それだけで、ホワイトハウスはアメリカで唯一、今も誠実な人間が勝ち残る場所であるというこの映画の設定に、説得力が出たのです。

<u>想像力</u>

伝説的なブロードウェイ女優のローレット・テイラーが自身のエッセイ『The Quality Most Needed』（未邦訳）の中で、「美

しさや性格、そして人を引き付ける魅力は、想像力が持つ創造の力と比べたら、スターの資質としてはそれほど重要ではありません」と書いています。俳優の楽器は、肉体を基礎として知性によってコントロールされますが、想像力を使うことで創造するのです。あなたの想像力は一対の翼です。力強く、生き生きとした、常に働き続ける想像力は、あなた自身の経験による真実とキャラクターの状況の事実を芸術へと引き上げます。

イーライ・ウォラックは回想録『The Good, the Bad and Me』[*3]の中で、エリア・カザン監督の『ベイビドール』における、映画での初めての演技経験について語っています。鍵となるシーンでは、ウォラック演じるキャラクターが、煙がくすぶる一台のミシシッピーコットンジン[*4]の残骸を見て激しい怒りを爆発させることが求められました。カメラは彼に張り付いています。感情は真実のところから来なくてはなりません。最初、ウォラックはたじろぎました。このシーンの感情的なリアリティはどこにあるのか？　ブルックリンのイタリア人街出身のユダヤ系青年として、「ミシシッピー中のコットンジンが焼失したとして……」ウォラックは当時の考えに思いを巡らせます、「まったく気にしないな」。

そのシーンが照明によって照らされるに従って、ウォラックは必要な感情を経験する方法を探しました。「私はカメラに背を向けて考えました。"もしも、もしもある友人が妻と子供た

＊3　The Good, the Bad and Me（未邦訳）：書名は、the Ugly（卑劣漢）として出演していた『続・夕陽のガンマン』（原題：The Good, the Bad and Ugly）から。
＊4　コットンジン：綿繰りをする機械。摘み取ってきた実綿（みわた）から種子を除くことを綿繰りというが，綿の繊維は種子の表皮に生えていて，手で引き離すにはたいへん手間がかかる。（世界大百科事典より）

ちが中にいる家に火をつけたら？"と。それからゆっくりと振り返りました。私の両目は涙であふれ、私は憎悪でいっぱいになっていました」。

「もしも～だったら？」と自分自身に質問することは、想像力と交信する最もシンプルな方法です。ステラ・アドラーは、「もしも～だったら？と質問することは、あなたの想像力のスイッチをオンにします」と言っています。

演技は信念を必要とします。ハンフリー・ボガートは、「あなたはただ信じればいいだけ。あなたは、自分が演じている人物そのものであり、その人に起きていることはあなた自身に起きているのです」と断言しました。揺るぎない信念に根ざした俳優の想像力は、ほとんどすべてのことに打ち克つことができます。「一度、その信じることが深い確信に変わると、物事は起こり始める」と、モハメド・アリはかつて言ったことがあります。

私はスパイク・リー監督の『ラストゲーム』で、ミルウォーキー・バックス（後に、シアトル・スーパーソニックス）のガード、レイ・アレン[*5]と仕事をしたことがあります。デンゼル・ワシントンは多才な人ですが、レイ・アレンのような、5度もNBAオールスターに選ばれた人ではありません。彼は、セント・ジョーンズ大学[*6]でバスケットボールをしていましたが、それは70年代のことでした。彼は体形を良く維持していますが、それでもレイより20歳は年を取っています。デンゼル・ワシ

＊5　レイ・アレン：NBAの元バスケットボール選手。その後、ボストン・セルティックス、マイアミ・ヒートでも活躍。ポジションはシューティングガード。
＊6　セント・ジョーンズ大学：フォーダム大学と思われる。

ントン演じるジェイク・シャトルズワースとレイ演じるジーザ
ス・シャトルズワースの父子が、1対1で対決するクライマッ
クスの撮影中に、私は信念が引き起こす奇跡を目撃しました。
カメラが回りだした時、デンゼルの1本目が正確にゴールを決
めました。2本目も、3本目、4本目も彼のシュートは、正確に
ゴールへと吸い込まれました。そのシーンでは、ジーザスがジ
ェイクを打ち負かすことになっていましたが、デンゼルは集
中力を高め、彼の演じるキャラクターの能力を強く信じたので、
デンゼルがレイをコテンパンにしてしまいました。スパイク・
リーは、「カット！」と叫ばなくてはなりませんでした。

　「あなたにゲームの方法をコーチしなくちゃならないとは思
っていなかったわ」私はレイに言いました。

　「デンゼルの勝ちだ、スーザン」レイは答えました。

　「違うわ、レイ」私は言いました。「彼は単に、とんでもなく
すごい俳優なのよ！」と。デンゼルは信じたのです。デンゼ
ル・ワシントンは演技をしていたから──純粋な信念で動いて
いたから、誰にも止められなかったのです。ジェイク・シャト
ルズワースとして、デンゼルは底なしの意思と少しの技術を駆
使して、頂上へと昇りつめました。もし彼が、デンゼル・ワシ
ントン個人としてレイと1対1をしたなら、一瞬で打ち負かさ
れただろうと私は思います。

感情

　ジョン・ウェインは、巧みに彼のイメージを確立しました。
クラーク・ゲーブルやジミー・スチュワートや多くの他の主役
級の同業者と違い、ウェインは第2次世界大戦の徴兵招集を逃
れました。その代りにハリウッドに留まり、実際の戦場ではな

く、戦争映画の中で愛国者という**パブリックペルソナ**を完成させました。ジョン・フォード監督の『捜索者』や『静かなる男』、そしてハワード・ホークス監督の『赤い河』、演じる役が彼の性格と一致した時だけ、ウェインの無防備さは一瞬のきらめきを放ちました。『勇気ある追跡』でのルースター・コグバーン役では、ウェインは物語の間中、片目に眼帯をしていました。それが、個性派俳優が2時間もの間、無防備さを維持する方法だったのです。ウェインがオスカーを獲得したのは、彼の性格というよりも眼帯のおかげなのです。

俳優の楽器は、内側から無防備さと感情的な感覚を作らなくてはならないのです。『エデンより彼方に』でキャシー・ウィテカーを演じている時、ジュリアン・ムーアは、キャシーの**パブリックペルソナ**——郊外に住んでいる夫婦関係の冷え切ったお飾りの妻——の下にあるものを掘り進め、キャシーの**ニード**「愛されたい」という無防備さにたどり着きました。彼女がレイモンド・ディーガンに事情を詳しく述べて心から頼みながら、「誰も私たちのことを知りようがないわ」と言ってから、ムーアが流す涙は、その無防備さを暴露しています。その感情的な感覚を翻訳するムーアの楽器の能力が、物語を語ったのです。それはただ一途に願ったり、慈悲を求めたり、説明したりするよりも遥かに多くのことを伝えたのです。

一般の人は、俳優が脚本を読んで、感じることを選び、そして感情を表に出すことが演技だと信じています。しかし、演技とは感情を表に出すことではありません——演技とは**行動すること**です。俳優は感情を表現しません。テキストに書かれていることに対応する感情的な結果をつかもうとはしないのです。俳優が行うことは、感覚の持つ真実を解き放つことなのです。

俳優は、どうしたら自分自身を無理やりにでも泣かせられる

かとは考えません。その代り、準備の時に自分に質問するのです「喪失の感覚ってどんなものだろう？　今までに、いつ、どのようにして、その感覚を感じたことがあるだろう？」俳優の楽器にとって、感情は、生き生きとした感覚を作り解放するための能力なのです。あなたはその感覚を積極的に思い出し、それから解放します。もしかしたら、それは涙かもしれないし、もしかしたら、それは笑い、あるいは痛みによる叫びかもしれません――それがあなたの身近な感覚である限り、それは何にでもなり得るのです。

　俳優は、自らが演じるキャラクターを通して、自分自身を露わにする許可証を持っているということを認識していなくてはなりません。優れた身体能力や想像力を持っている賢い俳優でも、多くは感情を抑え込んで、感情的な感覚を自分に積極的に経験させたり、解放させることを許そうとしません。そうした俳優は、安心しきれないのです。ラッセル・クロウは、感情的な感覚を解放する許可証を、自らに与えることを苦にしない俳優です。彼は実際、多くの優れた俳優のように、その感覚を表に出すことこそ、観客が彼に期待していることだと知っているのです。「僕は、観客の目に本当の涙を浮かべさせたいんだ」彼はインタビューで言っています「それに、鳥肌も立たせたい」と。

　『インサイダー』の終わりで、クロウ演じるジェフリー・ワイガンドは、ホテルの部屋で一人座っています。結婚生活は破綻し、家庭も崩壊、ワイガンドは、「疲れ切って、破産して、独りぼっち」です。クロウの楽器は、完全な鮮やかさで、キャラクターの痛みを解放します。ワイガンドは一言も発しませんが、痛々しい個人的な喪失の感覚は、ラッセル・クロウの楽器からあふれ出てくるのです。

感覚の能力

レイ・チャールズのアルバム『Modern Sounds in Country and Western Music』は、ポピュラー音楽を一変させました。1962年まで、黒人歌手がカントリーミュージックのカバーアルバムを作るなんて聞いたこともありませんでした。しかし、レイ・チャールズは、エヴァリー・ブラザーズやハンク・ウィリアムズといったカントリーミュージックのスターの曲に、新しい何かをもたらしました。レイ・チャールズは、**彼自身**を注ぎ込んだのです。カバー曲を歌うことについて、レイは言っていました。「歌う時に、どこかに自分くささが出るようにしなくちゃならない」と。レイは非の打ち所がないナッシュビルの音色[*7]に、汗と不屈の精神という彼自身の層を重ねることができたのです。

日々の生活において、私たちは、自分自身が圧倒されてしまうような恐れのある匂いや味、色彩や音のほとんどを自然と排除しています。俳優は、そんな贅沢は持ち合わせていません。私たちを取り巻く肉体の世界は、レイ・チャールズの音楽が持つリアリティと同じ匂いを私たちのワークに与えるものです。キャラクターが持つ感覚の世界とつながることは、真実の演技を追求する中で、俳優に途方もない強みを与えてくれます。

『ハッスル＆フロウ』のDジェイとして、テレンス・ハワードは完全な気楽さで身体的感覚に身を委ねています。彼の南メンフィス的な押しの強さが、7月のテネシーの暑さと湿度をキャラクター作りへと向けるのです。Dジェイは、ストリートの

---

*7　ナッシュビルの音色：テネシー州のナッシュビルは、カントリー音楽の中心地であり、カントリー音楽の代名詞ともされる。

リアリズムと泥くささを持ち合わせています。なぜなら、彼の周りのどん底の世界の感覚が持つ真実に対して、ハワードの楽器が常にオープンであり続けたからです。優れた俳優の楽器は、そういった些細なことを感じられるだけでなく、肉体的感覚を蓄え、脚本の求めに応じて、それを呼び戻し、解放することができるのです。

共感力

　身体性、知性、想像力、感情、そして感覚能力は、すべての俳優の楽器に必要不可欠な要素です。しかし、共感力──批判を避ける寛容な心理──は、俳優のアートにとって極めて重要なのです。あなたの肉体という器をキャラクターと分かち合うことは、俳優の特権なのです。物語の他のキャラクターや脚本自体の物語的な観点が、あなたが演じる役をどれだけ小さくしようとも、自分が演じるキャラクターを自分で批判したり、軽んじるわけにはいかないのです。実生活では避けたり、あるいは攻撃したりするような人物を演じる時でさえ、批判を脇に置いて、役に生命を吹き込む作業を楽器にさせなくてはなりません。ホリー・ハンターは、「私が自分の演じるキャラクターの代弁者であると、私は常に感じています。私のキャラクターを守るために、私はいるのです」と言っています。俳優は、自分に与えられた「演じる人間」に対する自らの責任をもっと認識しなくてはなりません。あなたの楽器の共感力は、親密で、正確で、そしていつでも使えるものでなくてはならないのです。何であろうと、あなたがキャラクターに対して共感的なつながりを保つことを妨げるべきではないのです。

　本当に強力な共感性を備えた楽器は、意識的な批判を超越し

ます。チャーリー・チャップリンやバスター・キートンといった無声映画のコメディアンは、そのことを理解していました。彼らは、共感力が持つ輝きを周囲に放っていました。彼らの楽器は共感力に富んでいるので、多くの現代俳優たちが声を使って伝えるよりも、はるかに流暢に、真実を持って、物語を伝えることができたのです。現代の喜劇俳優たちの多くは、スタンダップコメディやスケッチコメディ[*8]の出身です。彼らは、自分が演じている人をよく理解しているので、自らのキャラクターを批判しないかもしれないし、身体的にキャラクターを肉付けする技術を持っているかもしれません。また彼らは、感情を解放したり、キャラクターを取り巻く感覚世界を呼び起こしたりできるかもしれません。しかし、もし彼ら自身がキャラクターに共感できなければ、観客がつかめるものは、そこには十分にないのです。

『セックス・アンド・ザ・バディ』のセットで、クリス・ロックは、自分が演じるキャラクターのリチャード・クーパーについて、「これは、わかるよ」としばしば言っていました。クリスと共同脚本家のルイ・C・Kは、リチャード・クーパーのキャラクターを、特にクリスのために作り上げました。そして、クリスが映画の撮影をしていく中で、クリスは自分の中のリチャード・クーパーを受け入れ、つながったのです。

リチャード・プライヤーは、共感力という天賦の才能の典型です。スタンダップ・コメディアンとして、プライヤーの知性

---

*8　スタンダップコメディとスケッチコメディ：スタンダップコメディとは、演者が一人でマイク一本でステージに立ち、客席に向かってしゃべりかけるスタイルの話芸（日本スタンダップコメディ協会より）。スケッチコメディとは、笑いを題材にした寸劇のこと。

は敵なしです。そして、俳優として、彼の身体性と知性、想像力、感情、そして感覚とのつながりは、すべて群を抜いていました。どんな人間を演じていようと、リチャード・プライヤーは、キャラクターに対して彼が持つ人間性の優しい輝きを放っていました。『ビリー・ホリデイ物語 奇妙な果実』で、プライヤーはもともと、1日だけの撮影で雇われていました。しかし、彼の楽器があまりにも整っていたので、映画のプロデューサーはプライヤーのシーンを増やしたのです。彼のキャラクターが出てくるシーンは映画全体に及びます。彼にはきちんとした名前すら与えられていませんでしたが、プライヤーの「ピアノ弾き」は登場するすべてのシーンを支配しました。それは、他の誰よりも声が大きかったり、ユーモアがあったり、多くのセリフを与えられたからではありません。全キャスト中で、プライヤーの楽器が最も共感力を備えていたからなのです。

第7章

―――――

子供の遊び

狼(おおかみ)は小羊と共に宿り
豹(ひょう)は子山羊と共に伏す。子牛は若獅子(わかじし)と共に育ち
小さい子供がそれらを導く。

イザヤ書　11章6節

真実か嘘か

　一人ひとりの個人的な過程、トレーニングあるいはバックグ
ラウンドがどのようなものであれ、俳優の責任は真実を伝える
ことです。すばらしい演技の才能を持つ人たちは皆、そのシン
プルな事実を認識していました。例えば、ジェームズ・キャグ
ニーは、どんな役を演じようとすべての俳優が従わなくてはな
らない唯一のルールがあると断言しました。キャグニーはか
つて言っていました。「言うことのすべてを常に意図しなさい。
立ち位置を確認して、相手の目を見つめて、そして**真実を伝え
なさい**」

　ロシアの革命的な俳優であり、教師、演出家であったコンス
タンチン・スタニスラフスキーは、「アートの秘密は、フィク
ションを美しい芸術的真実に変換することなのです」と書いて

います。スタニスラフスキーは、俳優がその人自身の真実の経験を使うことで、キャラクターに命を吹き込むことを理解していました。俳優の真実とは、嘘のない**感覚**の真実です。俳優の中には、直感的に真実の感覚を見つけられる人もいます。しかし、高い水準での感受性や創造的自由において、天性の才能を持たない俳優はどうすればいいのか、どうやってそこにたどり着けるのか、ということについて、スタニスラフスキーはアイデアを持っていました。

私はこれまで、演劇の歴史のなかでも最も偉大な演技教師たちの下で学んで来ました。これらの教師の何人か——リー・ストラスバーグ、ウタ・ハーゲン、ハロルド・クラーマン、そしてハーバート・バーゴフ——はスタニスラフスキーの信念と発見に、大いに影響されました。スタニスラフスキーに対する敬意を共有しているにも関わらず、これらの偉大な教師の考え方とシステムは、それぞれが全く異なるものでした。彼らは演技を同じ方法では教えませんでした。彼らは自らの生涯を捧げた芸術を説明したり、言葉で描写したりするために、同じ言葉や同じ用語すら使わなかったのです。彼らの中で共通していた数少ないことの一つは、俳優にとって真似るのではなく、創造することの必要性を理解していたことです。俳優は、真実を伝えなくてはならないのです。

これらの先駆者たちの名前は、「メソッド演技」（コンスタンチン・スタニスラフスキーの理想論によって生まれた演技方法のための包括的な用語）という言い回しと同義語になっています。しかし、ストラスバーグ、ハーゲン、バーゴフとクラーマンを合わせて、一つの「メソッド」というカテゴリーにまとめるのは、極めて不正確と言えます（ステラ・アドラーとサンフォード・マイズナーという、現代演劇における二人の輝かしい

先達に関しては、彼らと学んでいないのでここでは言及しません）。彼らと学んだことのある人なら、誰でも同じことを言うでしょう。

インナーチャイルド

　私の初めてのオーディションは、ボストン子供劇団でした。私は当時8歳で、オーディションをしているなど露ほども思っていませんでした。「私が知る中で、この人たちだけがあなたを扱えるの」と、母が私に言いました。私は、母が私を精神病院に連れてきたのだと思ったのです。ボストン子供劇団を運営していたアデル・セインは私に言いました。「指から血が出ている」と。私は無作為に指を選びました——そこから血が滴っていました——そして、私は反応しました。たとえ、私の指から本当に血が流れていなくても、私の心は母に捨てられるという考えで引き裂かれていました。私の反応があまりにも説得力があったので、アデルは劇団に参加するように求めてきました。

　子供たちが自分で作り上げたキャラクターと一体になったり、自分たちが創造した世界の感覚や法則に完全に従う方法は、大人の俳優たちが訓練してようやく手に入れる、ある種のオープンさや情熱を必要とします。子供たちは、自分たちの想像の世界に夢中になるあまり、何の努力もなしにキャラクターに変身することができるのです。そして、彼らは遊ぶことによってそれを行うのです。

過去から

　もう一つ、私が一緒にワークをした偉大な教師や監督の全員

が賛同したことは、俳優はキャラクターの心理のすべての側面について調査し、想像しなくてはならないということです。私も、私とワークするすべての俳優に同じことを求めています。俳優は、キャラクターの背景にあるすべての瞬間や肉体的な生活の詳細について知らなくてはなりません。

ハーバート・バーゴフの言葉を借りるなら「あなたは演じるキャラクターがどのようにうんこをし、おしっこをするのかだって知らなくてはならない」のです。それがどれだけ見当違いであったり、あるいは陳腐に見えても、役についての徹底した調査からすべての詳細を見つけ出すことを、彼は私たちに要求しました。そのことが脚本と関係あろうとなかろうと。

ハーバートの指示で私は考えました。もしも、キャラクターがどのようにトイレに行くのか、歯をほじったり、かゆい所をかいたり、いびきをかいたり、その他のことをどのように行うのかについて俳優が理解しなくてはならないのなら、正直な肉体的、感情的なディテールを探し始めるのに一番の場所は、キャラクターの最も自意識のない時代ではないでしょうか？

「子供は大人の父である」と、ウィリアム・ワーズワースは書きました。今日の私たちがあるのは、子供としての私たちが存在していたからなのです。このことはすべての文化において、数千年にもわたって支持されてきた単純明快な真実です。仏教図像学[*9]では、シッダールタ（ブッダ）を黄金の子供として祝います。キリスト教の芸術と神学においては、キリストの誕生とキリストの子供のイメージは、十字架にかけられることと復活を想起させるものです。

＊９　図像学：絵画・彫刻等の美術表現の表す意味やその由来などについて研究する学問。（Wikipedia より）

カール・ユングは、「神聖な子供」——純真さ、希望そして約束の力の元型的なシンボルについて書いています。神学者で哲学者でもあるエメット・フォックスは、「ワンダーチャイルド」——すべての人の内側にある限りない創造的なエネルギーの肉体化——について述べました。

　インナーチャイルドは、究極的には生き生きとした、エネルギーにあふれる、創造的な私たちの心理の一部なのです。私たちがその存在を信じたり、認めたり、使うことを嫌がったとしても、すべての創造や想像の行為は、自らのインナーチャイルドから始まっているのです。ドイツの心理学者アリス・ミラーは、自らの著書『才能ある子のドラマ』の中で、インナーチャイルドとは私たちの満たされない感情的**ニード**の管理人であると説明しています。

　ミラーの本は、長い間隠されていた子供時代の不公平感が、なぜ少しも忘れられないのかを説明しています。「どのような人のなかにも、多かれ少なかれ、自分自身にもわからない隠れた小部屋があり、そのなかにその人の子ども時代のドラマの遺物がしまわれています」と彼女は書いています。**パブリックペルソナ**のマスクの下に隠れてはいても、満たされない**ニード**は大人時代まで私たちに付きまとい、私たちがどんな人間かを定義し続けるのです。私たちは生涯を通して、満たされない子供時代の**ニード**に浸っているのです。

　『才能ある子のドラマ』という書名にも関わらず、この本は

---

*10　元型（アーキタイプ）：ユング心理学の用語。神話・物語・文芸・儀礼に見られたり、個々人の夢や幻覚・幻想のなかに発現してくる、時代と文化を超えた人類普遍的な心像（イメージ）や観念を紡ぎ出す源泉として想定された、仮説的概念。（大辞林より）

創造的な過程についての本ではありません。演技については一言も述べられていません。それでも、私はミラーの見解によって、キャラクターの効果的な創造におけるカギとなる材料は**ニード**であるという確信を得ました。初めて読んだ時、私にとってミラーの本は天啓ともいえるものでした。この本は、私とワークするすべての俳優にとって必読書です。

　俳優は、キャラクターの状況の真実——脚本に書かれている、**誰が、誰に、何が、どこで、なぜ、そしていつ**と、**俳優自身の経験**の真実の間に共通しているものを探します。そして俳優自身の経験の中で最も真実であり、最も不可欠な要素が、満たされない感情的な**ニード**なのです。

　自らの**パブリックペルソナ**の下を見つめて、自分の**ニード**を手に入れようという俳優であるなら、自分自身のインナーチャイルドを封印している大人の外見を引きはがすことができなくてはなりません。内なる子供は、真実と想像力、そしてすべての芸術の基礎である、インスピレーションの尽きることがない源泉であるということを、俳優は認めなくてはならないのです。

　私たち一人ひとりの中にいる少年や少女はまた、私たちの中で最も無防備な部分でもあります。大人になるまでに、インナーチャイルドの無防備さを隠すために、私たちは**パブリックペルソナ**を作り上げて、守ることに生涯を費やしているのです。その覆いを手放し、キャラクターにインナーチャイルドを委ね、見ている人に向かってさらけ出すことは、とても恐ろしいことかもしれません。しかし、その委ねることが、単なるいい演技とすばらしい演技の違いにつながるのです。

　真実だけを伝えることにすべてを捧げる時、俳優はインナーチャイルドの神聖な約束を、そしてインナーチャイルドの恐ろしいほどの無防備さをさらけ出します。インナーチャイルドは、

俳優の創造的強さの中心です。なぜなら、それは俳優の弱さの中心でもあるからです。トルーマン・カポーティがかつて言ったことがあります、俳優は子供であると。俳優は子供なのかもしれません。しかし、あなたが5歳だろうと50歳だろうと、真実から行動するためには、自分自身のインナーチャイルドとつながらなければならないのです。

　この後に続くアイデアとエクササイズは、あなたのすばらしさにコミットするための最初のステップです。他の困難な試みと同じように、これもまた実践の繰り返しを必要とします。しかし、あなたが自分のインナーチャイルドに敬意を払い、恐れを知らない子供の遊び心をもって楽しみながら創造するなら、良い結果を得ることができるでしょう。

第8章

ニードの旅

誰にとっても、最も長い旅というのは自分の内側への旅だ。

ダグ・ハマーショルド

ペーパー・ムーン

　1972年、ピーター・ボグダノヴィッチ監督は『ペーパー・ムーン』という映画の製作について、俳優のライアン・オニールに話を持ちかけました。この映画は1930年代の話で、モーゼ・プレイという元囚人が偶然、アディという少女と出会います。実は、アディはモーゼ自身も知らなかった彼の娘だったのです。ボグダノヴィッチ監督は、ライアンの7歳の娘テータムをアディとして共演させたかったのです。テータムは一度も演技をしたことがなく、父親と彼女自身の不安にも関わらず、親子は一緒に映画に出演することを承諾しました。

　幼いテータムにとって理解しやすくするために、ボグダノヴィッチ監督は『ペーパー・ムーン』を時系列に沿って撮影しました。最初のシーンでは、参列者がまばらな母親の葬儀の中でアディが観客に紹介されますが、それは、テータムにとってカ

メラの前に立つ最初の経験でした。数人しかいない参列者の中にモーゼがいましたが、この時はまだ自分がアディの父親であることを、彼自身もわかっていません。

　葬儀の終わりで、葬儀を取りまとめる牧師が、おそらく孤児になった少女にポンプから1杯の水を汲んで差し出します。一匹狼のモーゼは渋々ながら、アディを彼女の叔母のところへ連れて行くことに同意します。アディはこれを聞くと、何げなく牧師からコップの水を取り、カンザスの乾いた土に撒きます。これは小さいけれどもはっきりとした反抗のジェスチャーであり、牧師の求めてもいない助けに対するそっけない拒絶でした。アディの拒絶は、はぐれ者どうしの共犯関係を見事に予想させ、そのすぐ後に、彼女は元囚人の父親と詐欺を働くのです。

　そして、そのテータムの演技は、アドリブだったのです。

　生まれて初めて撮影クルーの前で、しかもほとんど脚本が読めない7歳のテータム・オニールは自分のキャラクターに命を吹き込み、物語を先に進ませる瞬間を自然に作り出したのです。「私はとてもつながっていると感じていたし、完全に冷静でした」と、彼女は回想録『A Paper Life』（未邦訳）の中で、その日のことを思い出しています。「私はこの少女のことを理解していました。私はアディの傷だらけの純真さ、鋼のような警戒心、そして何よりも立ち直る力と一つになりました。私は、彼女が生き延びるために何が必要なのかを、身をもって知っていたのです」。7歳という年齢は、テータム自身の**ニード**が形成される年齢に近かったので、**ニード**の底へと降りていくことが習性として身についていたのです。テータムは、無意識に自分の経験を埋め込み、自然にキャラクターへと**訪れたのです**。

偵察

　自分が世間に見せている**パブリックペルソナ**の背後にある感情的な**ニード**、そして、その**ニード**と**パブリックペルソナ**が**トラジックフロー**の中で衝突する時、その結果生じる矛盾したふるまいを認識することは誰もができます。俳優は、これらのことについて単に知っているだけでは不十分なのです。俳優は**ニード**を探求しなくてはならないのです。俳優は、**ニード**の誕生と人生からできる限りの詳細と手触りを探し出し、演じるキャラクターにその真実を持ち込まなくてはなりません。

　7歳のテータム・オニールのところに自然とやってきたものは、年配の俳優にとってはつかみどころのないものかもしれません。歳月が**パブリックペルソナ**を一層強固なものにしてしまうので、役とのつながりをつくったり、テータムが熟知していたような個人的な材料を見つけたりするためには、私たちは本当に自分自身を掘り下げないといけないのです。

　その掘り下げる作業の手助けとなるために、私は「**ニードの旅**」というプロセスを作り上げました。それは俳優と私が、俳優の**ニード**に戻り、**ニード**を感じ切るワークをするための方法です。それによって、俳優がキャラクターを創造するのに役立つ引き金や、自分との共通点を見極めます。

　ニードの旅は、俳優が個人的で創造的な材料という豊かな金の鉱脈をさらけ出し、それと共にワークするのに慣れていくことを助けてくれます。そして、テータム・オニールは7歳にしてその中で生きていたのです。**ニードの旅**は、俳優に自由と自信を与えます。しかしそれは、自分自身の真実を土台にして、自分でワークをすることによってのみ手に入れることができるのです。

かなわぬ夢

ニードの旅を理解するには、デモンストレーションが必要です——そこで、私がある俳優を**ニードの旅**に導き、その過程で私たちが何を学んでいるのか、途中で止めながら説明していきましょう。そうすることによって、その俳優の発見が明確になるでしょう。ここでは、架空のキャラクターに、彼が俳優であると仮定して、登場してもらいます。ロレイン・ハンズベリーの戯曲『ア・レーズン・イン・ザ・サン[*11]』から、ウォルター・リー・ヤンガーの旅を案内してみましょう。ウォルター・リー・ヤンガーは、アメリカのドラマの中で最も優れたキャラクターの一人です。3幕の舞台の間に、彼はどこの通りにでもいる、あるいは誰の人生にもいる人物と同じくらいリアルになります。

ウォルター・リー・ヤンガーは30代半ばの黒人で、実家住まい。1950年代のシカゴでお抱え運転手というだけでは、自分自身や家族の生活をほとんど賄いきれません。そんなウォルターの生活は、苛立たしく、屈辱的な日々との格闘なのです。彼は、自分と家族のためにより良い生活を夢見ています。ウォルターの家族全員——妻のルース、息子のトラヴィス、妹のビニーサ、そして母親のレナ——はウォルターが育った小さな安アパートに押し込められています。より良い生活という彼の夢の中心には、父親の生命保険から入るかなりの金額の小切手が

---

*11　ア・レーズン・イン・ザ・サン：ロレイン・ハンズベリーによる戯曲の舞台劇、またはそのテレビドラマ化・映画化作品。シカゴの黒人居住区に住む一家が、死去した父親の死亡保険金により白人居住区内の家を購入し、そこへの転居に至るまでの曲折を描いた作品。

あります。レナは、ビニーサの教育とヤンガー一家が住むことのできる家のためにと、お金の使い道は決めています。しかし、ウォルターの夢は実業家になることなのです。彼は、酒屋に投資するためにお金を使いたいのです。

ウォルターの**旅路**をたどるのに、戯曲を読んだり舞台を観たりする必要はありません。「俳優」ウォルターと私がワークするであろう、生まれてからの生活の詳細と個人的な材料が、彼にとっての現実であり、真実であると知るだけでいいのです。もしも、ウォルター・リーが私のスタジオに足を踏み入れるなら、彼は俳優が行うべき発見と探検をするために必要なすべてを持っているでしょう。これで、私たちは**ニードの旅**へと旅立つことができるのです。私がこれまで一緒に旅をした、何百人という生身の人間の俳優と同じように。

ウォルター・リー・ヤンガーが、自らの旅路でシェアする事実と詳細は戯曲に書かれています。この情報は、戯曲が書かれている時代においては真実であり、ハンズベリーが作り出した世界においての真実です。この後の記述は、**台本にはありません**。戯曲から引用している言葉もいくつかありますが、ロレイン・ハンズベリーの物語を基にした、完全に私自身の創作です。もし、「俳優」ウォルター・リーが演技を学びに私のスタジオに来たとしたら、起こりうる会話を書き起こしたものと考えてください。

> **スーザン**　ここで私たちが一緒にするワークは、**ニード**に基づいています。あなたの**ニード**はなんだと思いますか、ウォルター？
>
> **ウォルター**　金、たくさんの金。白人の金。「はい、ご主人様。いいえ、ご主人様」と言わなくてもいいのに十分な金です。

スーザン　あなたの言いたいことはわかりますよ。私たちの多く
　　は、お金を必要としています。それを状況的なニードと呼び
　　ましょう。

ウォルター　他にどんな種類のニードがあるんですか？

スーザン　あなたの子供時代の状況から生まれたニード。あなた
　　が5歳になるまでに形作られて、その頃からいままでずっと
　　残っている何か。そのニードが、今でもあなたを突き動かし
　　ているの。

ウォルター　あなたはちゃんと聴いていない。5歳になるころに
　　は、俺のニードは金でしたよ —— 俺のニード、父親のニー
　　ド、母親のニード……

スーザン　もちろんよ。でも、あなたの人生を通して、あなたを
　　駆り立てている内側の力の方が、私には興味があるわ。

ウォルター　あなたが言っていることを理解しているのか自信が
　　ない。つまり、俺が内側で感じていることを言っているんで
　　すか？

スーザン　そう。あなたは何を必要としていたの……？

ウォルター　俺は……そうだな、尊敬が必要でした。俺の父のよ
　　うに。そうだ、俺は大物に、ロックフェラーのようにならな
　　きゃいけなかったんだ。白人じゃなくて、でもそうなりたか
　　った、いや、必要があったんだ、そういったたぐいの尊敬の
　　念が。俺が本当に小さかった頃、俺の父親は尊敬を必要とし
　　ていたけど、父の歩んだ方法では得ることができないと自分
　　では思っていたみたいに。

スーザン　それで、あなたは尊敬を必要としている、「尊敬され
　　たい」の？

ウォルター　ええ、偉い人になりたい……

ステップ1 ── ニードの満たされない場所

　子供時代の**ニード**を確立したら、俳優はその**ニード**に関わる
経験や時間、そして場所を思い出して、その状況を描いていく
ことで**ニード**を探検します。

スーザン　ウォルター、この広い世界で、自分が最低の取るに足
　　らない存在だと感じた時を覚えていますか？

ウォルター　くそっ、運転手のユニフォームを着る時は毎日、そ
　　う感じていますよ。

スーザン　記憶の中で一番印象に残る出来事があるとしたら、そ
　　のことを考えて。

ウォルター　ええ……俺は6歳でした。

スーザン　一年のうちでいつごろ ── 夏、冬、秋？

ウォルター　冬です。いつも冬になるとみすぼらしく見えました
　　── 継ぎはぎだらけのセーター、わかるでしょう？

スーザン　一日のうちで何時ごろ？

ウォルター　学校が終わってすぐです。

スーザン　何を着ていたか、思い出せる？

ウォルター　ええ、そんなに服を持ってなかったですから。茶色
　　のパンツ ── 質の悪いウールで、かゆかった ── 茶色のセー
　　ター、言ったように、継ぎはぎされていました。上手く縫
　　えてはいたけど、継ぎはぎでした。小さすぎる、ボタン止め
　　の白いシャツで、毎晩自分で洗って、毎朝母さんがアイロン
　　をかけていた。本当に使い古した……

スーザン　場所は？　建物の中、外？

ウォルター　アパートの中。今でも家族で住んでいる、同じぼろ

いアパート。

スーザン　暑かった、それとも寒かった？

ウォルター　寒かった！　冬はいつでも寒いんです。今でもね！

スーザン　音は思い出せる？　匂いは？

ウォルター　どんな匂いかって？　そうですね……野菜の匂い、野菜を料理している匂いがしました。母さんが夕食を作っていました。

　私が興味があるのは、その出来事がどこで起きたのか、その場所はどんなふうに見えたのか、そして俳優がその満たされなかった場所に関する感情的経験を述べている時に思い出す、具体的で五感によるディテールです。色彩、音、音楽、着ていた服——これらのことのどれか一つだけでも、俳優の中に感覚を生み出す引き金に成り得るのです。このステップで私たちが行っていることは、感覚記憶のエクササイズです。（感覚記憶の詳しい探究は、次の章で行います。）

スーザン　その日のそのアパートについて、あなたが決して忘れないことが一つでもあるかしら？　明かり？　音？　家具の一部？

ウォルター　カーペット。明るい色——赤と茶色。当時は金持ちに見えました。今のように、隠さなきゃいけないような使い古したシミはなかったんです。母さんが働いていた家の女性がくれたんだと思います。

スーザン　いいわ！　その日、あなたは何を**必要**としていたの？

ウォルター　尊敬ですよ！　先生が俺たちに、どんな偉大なアメリカ人になりたいかって質問をしたから、俺はロックフェラーと答えたんだ。そうしたら、クラス全体が笑ったんだ、先

生もだよ。それからその女教師が言ったんだ「現実的になり
なさい、ウォルター。あなたはジョー・ルイスやジャック・
ロビンソンみたいにはなれるかもしれない、でもロックフェ
ラー？　それは絶対にないわ」って。俺は、ロックフェラー
になりたいんじゃないって説明しようとしたんだ、でもみん
なはずっと笑っていた、それで教室を飛び出した。家まで走
って、母さんに何があったのか話したんだ。そしたら、母さ
んも笑ったんだ。

ステップ2 ── ニードを満たそうとして頼ったが、応えてくれなかった人

　ニードの満たされなかった場所から、そこにいた人物、ある
いはその**ニード**が満たされないままであると俳優が考える人物
へと移ります。ここでも同じく、私たちは思い出した記憶の細
部の中にある感覚を探しています。

　スーザン　あなたのお母さんの最も印象に残る外見的特徴は？

　ウォルター　母さんが人を見るときの見方、俺を見るときの見方。
　　　目です。

　スーザン　一番強い、人としての性質は？

　ウォルター　人としての性質？

　スーザン　彼女が部屋に足を踏み入れる時に、何を放っているか。

　ウォルター　神への信仰です。時々思うんです、神への信仰が強
　　　すぎて、俺に対しては残っていないんじゃないかって。

　スーザン　あなたのこと笑ったのよね？

　ウォルター　ええ。それで、俺は死んだんです。自分の内側が崩
　　　れ落ちて、死んだんだ。

　スーザン　何か言いたかったけど言わなかったこと、したかった

けどやらなかったことって、何かある？

ウォルター　俺は、俺がなりたいものになんでもなれる！　なれるんだよ！　いつか偉大な男になるんだ。俺には夢がある！

（ウォルターは顔を覆って、流れ落ちる涙を隠します）

ウォルター　最低だ —— この世界は最低なんだよ —— 男には夢がある、でも、できないんだ……できないんだよ……。

スーザン　何ができないの？

ウォルター　夢に近づくことすらできない。誰かに話す気にもならない。なぜって、笑われるからさ……

スーザン　お母さんから何を**必要**としていたの？

ウォルター　尊敬だよ！　母さんの尊敬が**必要**だったんだ、笑いじゃなくて。

スーザン　尊敬してもらいたいから、お母さんのところへ行ったのね。あなたは、お母さんがあなたの**ニード**を満たしてくれると思っていた、そうでしょ？

ウォルター　そうさ。

スーザン　そのことについて、お母さんが言ったことは、何かある？　あなたが決して忘れないような何か？

ウォルター　母さんがなんて言ったか、教えますよ。母さんはこう言ったんですよ、「そんなもの、私のリストにはいらないわ」。俺が自分の夢について話そうとしたり、シェアしようとする時はいつでも、「そんなもの、私のリストにはいらないわ」って言う。神様とつけてる帳簿があるんだ。そんな感じの何かが。

スーザン　何かお母さんに言いたいこと、言いたかったけど今まで言わなかったことってある？　あなたの正面のすぐそこにお母さんを立たせて。彼女に話しかけて……。

ウォルター　母さん、俺のことを信じてくれよ、信頼してくれ

よ！ いまは俺が家長なんだよ！ 父さんよりもちゃんと面倒
を見るから。商売が動き出したら、みんなの面倒も見るから。

ステップ3 ── ニードが満たされないことへの関与

　ステップ3では、俳優が自分のふるまいを検証し、自分が行
動すること（あるいはし損ねること）で、自分の**ニード**が満た
されるのを妨げていることを見極めます。俳優自身の生活にお
ける個人的な障害や葛藤を見つめることは、俳優がキャラクタ
ーの中に同じような特徴を見極めることを習慣づけます。

　スーザン　どうしてお母さんに伝えなかったの？
　ウォルター　俺のことをバカって呼んだり、また笑ったりするに
　　決まっているから。学校や近所で尊敬されないだけで十分で
　　しょう？　自分の家でもそれを求めなくちゃいけないんです
　　か？　男には何が必要なのか、母さんは知ってるべきだし、
　　実際知っているんだよ。たとえそれが少年でも。近所の人た
　　ちが、ヤンガー一家は「お高くとまっている」って陰口をど
　　んなふうに言っているのか、母さんはいつも言っているくら
　　いだから。なんで俺が誇りをもって行動するのを許さないん
　　だよ？
　スーザン　今まで一度もそう伝えたことはないの？
　ウォルター　知ってるべきなんだ！　知っているんだよ！

　志があり、賢く、そして能力もありながら、ウォルター・リ
ー・ヤンガーは、自分の**ニード**「尊敬されたい」を満たす力は
ないと言っています。しかしウォルターは、自分が尊敬を渇望
する人たちが、彼の**ニード**を認識して、それを満たすようにと

期待しているのです。意思の疎通を図らないこと、彼を愛する人たちに理解できる方法で心の内を話さないことによって、ウォルターは、彼の**ニード**が満たされないことに関与しているのです。多くの人々（そして多くのキャラクター）のように、彼の満たされない**ニード**は、無意識のうちに自己保全されるのです。

<u>ステップ4</u> ── トラジックフロー

すべての人生には、個人の**パブリックペルソナ**とそれによって隠されている**ニード**の間に、絶え間ない緊張があります。そして、その両者が機能不全に陥った時に噴出する**トラジックフロー**を、誰でも最低一つは持っています。ステップ4では、何が機能不全に陥っているのか俳優が発見するよう促します。

> **スーザン**　あなたの**ニード**「尊敬されたい」を追い求められない時に、何が起こるの？　その**ニード**を満足させられなかったり、無視した時には、どんな感じがする？　**ニード**がブロックされる時、私はそれを**トラジックフロー**と呼んでいるの。
>
> **ウォルター**　トラジック（悲劇的）は正しいね。フローはどういう意味？
>
> **スーザン**　失敗、エラー、間違った選択……
>
> **ウォルター**　わかった、ウイスキーだ！　ボトルに話しかけるんですよ。グリーンハットというパブでぶらぶらして、ほろ酔いでいい気分になる。下らないことを話したり、それで気が休まる……翌朝まではね。
>
> **スーザン**　つまり、アルコール依存症なのね？
>
> **ウォルター**　違う。俺はアル中なんかじゃない！　俺にはそんな

金はない……朝、昼、夜とバーにいるような、そんなクズ野
郎じゃない！

スーザン　それでは、何があなたの欠点なの？　どうしてグリー
ンハットで酔っ払って、時間を無駄にしているの？

ウォルター　それの何がいけないんだ？　あなただって、生きて
る間ずっと踏みつけられたり笑われたりすれば、そうするで
しょう？

スーザン　あなたは犠牲者ってこと？

ウォルター　ああそうですよ、俺は犠牲者ですよ。親父のように
ね、いかにも聖人ぶった母さん、妻……

スーザン　もしかしたら、それがトラジックフローね……

ウォルター　何が？

スーザン　犠牲者でいること。無力感と人種差別の社会に囚われ
ていると感じていること。

ウォルター　うーん……

　30代半ばで結婚もしているのに、ウォルター・リーはまだ
実家に住んでいます。そこでは、妻を落胆させ、母親と口論し、
そして妹が自己実現しようとする試みをバカにする。ウォルタ
ーは仕事の間も、夜ごと地元のバーに逃げ込んでいる間も、だ
らだらと夢遊病者のようにふらついて、ほとんど誰の役にも立
っていない。ウォルターの**パブリックペルソナ**は「良い子にな
る」で――このペルソナは卑屈で目に見えません――白人の人
種差別者による黒人の概念なのです。その**パブリックペルソナ**
は、彼の強い**ニード**「尊敬されたい」を隠し切れないのです。
彼はほとんど常に**トラジックフロー**の中にいるのです。ウォル
ターの**トラジックフロー**は、犠牲者でいること。彼は、実際に
自分自身で築いた人生において、自分ではコントロールできな

い力を責めています。彼が逃したチャンスやくじかれた野心は、自分ではなく誰か他の人の落ち度なのです。ウォルターは、自らの魂を押しつぶす人種差別的な社会に降伏し、無力な**パブリックペルソナ**「良い子でいる」ことを選んだのです。

ステップ5 ── 子供

ニードが満たされない子供は、最も複雑な大人のふるまいという表層のすぐ下に隠れています。内なる子供と大人の俳優の間に安全な結び付きを確立するために、私は俳優に、自分自身のインナーチャイルドをイメージしてもらいます。

> **スーザン**　OK。あなたの前に、5歳の子供を置いてもらえる?
>
> **ウォルター**　トラヴィス、俺の息子の?　あの子は5歳より年上だけど……。
>
> **スーザン**　そうではなくて、5歳のあなたという意味よ。あなたの内側にいるその子。5歳ごろの子供の自分が見える?
>
> **ウォルター**　ああ、わかりました。ええ、見えています、見えます。俺だ。
>
> **スーザン**　その子の最もすばらしいことは何?
>
> **ウォルター**　カッコいい、本当にいい顔している!　いや、待ってください、夢があるんだ、そう、大きな夢が……。

私は、俳優が自分自身の子供に誓いを立てることによって、インナーチャイルドは個人的な弱さではなく、芸術家としての強さだと認識するように俳優を勇気づけます。

> **スーザン**　その少年に誓いを立てるとしたら、どんな誓いになり

ますか？

ウォルター　どういう意味？

スーザン　彼とどんな約束をする？　彼の身を守り続ける、それとも幸せにする？

ウォルター　俺は彼が夢を持てることを、彼の夢が実現するのを手助けするって約束します。

ウォルター・リーは、自らの内なる子供とその子の夢を守ることを誓います。この約束はシンプルな承認なのです。この承認によって、俳優自身のインナーチャイルドの無防備さは、創造のためだけに安全にアクセスされるのであって、ある種のセラピーとして示されるのではないということを俳優が覚えておけるのです。

<u>ステップ6</u>── ニードが満たされることの個人化

ニードが満たされなくなることに関係する人がいるのと同じように、たとえそれが一瞬でも、**ニード**を実際に満たす人がいます。

スーザン　ウォルター、あなたの**ニード**が誰かによって満たされたと感じた時が、今までにあったかしら？

ウォルター　満たされた？　つまり、俺が誰かから尊敬されたことがあるかってことですか？

スーザン　そう。そんなふうに感じた時のことを覚えてる？　誰かによって、あなたが尊敬されたと感じた時は？　たとえ、それが一瞬のことであったとしても。

ウォルター　そうですね、学校の子供たちが俺のことを笑ったの

と同じ日、母さんは、それを冗談の種にしました。でもその後で、母さんが寝ていた時、父さんが帰ってきたんです。俺はその話をしたんです。父さんは酔っ払っていました、でも俺に1ドルくれて、貯金しておけって言ったんです。そしたら、俺が大人になった時に本当にロックフェラーになるだろうって。

スーザン　1ドル？

ウォルター　ええ、銀の1ドル硬貨です。父さんは、一瞬だけ理解してくれたんです。ほんの一瞬だけ、俺のことを未来の俺として、尊敬に値する人物として見てくれたんです。

ウォルター・リーは、その人物の最も印象的な身体的特徴や人間的性質に関わる感覚や記憶を通してつながります。また、自分の**ニード**を完全には満たしてくれなかったその人物に関連する言葉やフレーズを通じ、つながりを見出します。

スーザン　あなたのお父さんの最も印象に残る身体的特徴は？

ウォルター　両手です。小さい頃は、とても強かったんです。力強い両手。でも、それは弟が死ぬまでのことで、それからは酒におぼれたんです。その後、両手はいつも震えていました。

スーザン　最も強い、人間的な性質は？

ウォルター　うーん……嘆き。父さんは悲嘆に暮れていたのを知っていたから。

スーザン　お父さんが言ったり、行ったことで、絶対に忘れないことはある？

ウォルター　「神様が黒人に与えた唯一のものは、夢とそれをかなえるための子供だ」

スーザン　お父さんが生きている間に、言いたかったことってな

にかある？

ウォルター　あります、父さんが泣いたり、笑ったりするまで、俺が父さんをつかまえて、抱きしめる勇気があったらって、ずっと願っていました。

スーザン　尊敬されたいというあなたの**ニード**は、今でもあなたを動かしているの？

ウォルター　狂ったみたいに……俺は母さんから盗むことを考えるし、妹を殺すことだって考えてる……狂ってるよ……誰かを傷つけたくなるんだ……すみません……。

スーザン　いいえ、悪いなんて思わないで！　それはすべてすばらしいことなのよ！　それらのことは俳優として、あなたが使えるものなの！　もし、あなたがオセローを演じるなら、完璧よ。想像してごらんなさい、オセローの**ニード**「尊敬されたい」を。彼は黒人でありながら白人の女性と結婚し、白人の軍隊を率いているのよ。

<u>ステップ7</u>──ニードが満たされる夢

　最後のステップは、俳優が自分自身の想像力に没入し、感じることをアートに変えられるかという挑戦なのです。あなたの**ニード**が満たされている世界を想像できますか？

スーザン　それじゃあ、もう少し先へ進むわ。もし、あなたの**ニード**が満たされたら、どんな人生になるか想像できるかしら？

ウォルター　もしも、俺が尊敬されたら？

スーザン　そうよ。

ウォルター　母さんは新しい家を手に入れ、妹は医科大学に通っ

ています。トラヴィスは間違いなく大学に通い、そしてルースは頼れる夫を手に入れる！　俺は、自分の名前が付いたチェーン店を経営しています。そして俺は、白人の車を運転する代わりに、店から店へと俺を乗せていく運転手を雇っている……。

　ウォルターの夢は、彼が渇望する尊敬を手に入れること。その世界では、**パブリックペルソナ**の下の少年が隅々まで光り輝いている。ウォルターの**ニード**が満たされる夢は、一獲千金のもうけ話が成功するというファンタジーなのです。彼は、家族に必要なものを提供し、成功者として知られ、家族や地域での尊敬を集めるのです。

　ウォルター・リーは彼の夢が満たされるのを、すぐにはっきりと思い描きました。しかし、どれだけ多くの俳優が、この最終段階でもがき苦しみ、つまずいたことか。それを見るのは心が張り裂ける思いがします。私たちの大多数は、自分の**ニード**がどんなものなのかわからない生活に慣れているのです。私たちは、自分たちの内なる子供に関心を寄せず、**パブリックペルソナ**が私たちのすべてであるかのように、日々を過ごしているのです。

　スーザン　あなたのお父さんがくれた1ドル硬貨は、まだ持っているの？
　ウォルター　えっ、そんなわけないでしょう！　次の日にキャンディと漫画本を買ったんです。子供だったんですよ、わかるでしょう？
　スーザン　もちろんよ。

ウォルターの**ニードの旅**において、光に照らされたものは、どんな俳優の旅においても暴露されるのと同じものです。俳優の過去にいた人物、感情、肉体的な感覚、物、言葉、そして音、俳優が思い出すすべてのものは、俳優がその後でキャラクターを創造するために使う、生命力にあふれる材料になるのです。

　二人として同じ人間がいないように、同じ場所を同じ道で移動できる旅も、二つとしてないのです。それぞれのステップは道標であり、次にどこに向かうのかという導きなのです。この旅に単一の目的地はありません。旅そのものがあるだけです。

　もし、共鳴の少ないステップを早めに進んで他のステップに進む方が、より掘り下げられると感じれば、私は先へと飛ばします。もし、ある俳優が7つのステップのうちの一つにとてもつながっていると感じれば、そこに留まり、そのつながりが何かを見つけ出します。俳優と1対1でワークしながら、私は自分の本能と直感に従い、最も多くの素材を生み出しているものと一緒に進むのです。そして、それは「俳優」ウォルター・リー・ヤンガーと同じなのです。

　私たちは、その人物の生活におけるすべての葛藤を説明するような決定的な証拠を探しているのではありません。**ニードの旅**は、厳格な質問形式で7つのステップを進まなければならないわけではないことを覚えておいてください。どれだけ深く、そして誠実に、俳優が**ニードへ足を踏み入れる**のかということに対して、私はより興味があるのです。そして、俳優がそれぞれのステップにおいて、どのようにワークするか、あるいはどう抵抗するかに興味があるのです。私たちが覆いを外して明らかにしていることは、多様なキャラクターを養っているのです。そして、それを代価として俳優で生計を立てる人もいることを、私は常に意識しています。

<u>ワーク</u>

　演技は、ワークがすべてです——調査、準備、リハーサル、そして成果。私のプロセスにおいては、**ニードの旅**はワークの出発地点です。俳優の創作に関しての責任の一部は、ある種の精神的な記憶情報の棚をメンテナンスすることです。俳優にとって、日々の生活の中で浮かび上がる記憶や感覚は、キャラクター作りに使える経験なのです。**ニードの旅**は、その蓄えを作ったり、豊かにしたりするための一つの方法なのです。

　もちろん、この情報は極めて個人的なものです。それは、俳優がより良いワークをすることを可能にするために使われるもので、監督や作家、あるいは他の出演者との議論に勝つために使われるものではありません。私たちが**ニードの旅**で一緒に掘り起こすものは、あらゆる点で必要不可欠であっても、その秘密は完全に守られなければならないのです。

　俳優がその過程に慣れてくれば、それぞれの段階が持っている役割について理解し始めます。例えば、ある俳優がステップ3から得るものは、俳優個人あるいは演じる特定のキャラクターにとって、ステップ6よりもつながりが深いのかもしれません。その道の途中で、俳優は自分の**ニード**、あるいは具体的なキャラクターの**ニード**につながるために頼れる段階を一つか二つ、見つけるかもしれません。**ニードの旅**は、**ニード**が個人の中でどのように旅をするのか指し示す、道標を提供するのです。

　ニードの旅は、楽な道のりではありません。多くの俳優が避けることを選びます。彼らは、自分自身の**ニード**を取り囲む出来事を再び生きることで生じる副産物、つまり暴露される物事から隠れようとするのです。しかし、もしあなたが演技の創作に身を捧げ、キャラクターの創造という奉仕に自分自身を差し

出すことをいとわないのであれば、あなたは自分自身の偉大さにたどり着くための、創造的な発見や悟りへの旅を始めるでしょう。

　サークルのブリジット・ベリーを覚えていますか？　細身で、ゴージャスで、ジャネット・ジャクソンやブルース・リー、そしてアンナ・パブロアを足したような動きをする彼女を？　それは見事なものですが、サークルの中で彼女が映し出す**パブリックペルソナ**は、明らかに満たされない**ニード**を暗示しています。彼女の動きには魂が欠けていました。彼女が自分の**ニード**をどう考えているのかを質問するのは、興味深いことでしょう。

　「何も**必要**としてないわ」と彼女は言います。

　「何も？」私は聞きます。

　「ええ、何も**必要**としないことを学んできたの」、彼女が冷静に答えます。

　私は、少し深く掘り下げます。「本当に？　絶対に何もないの？」

　「私が欲しいものなら、手に入れるわ。他のことなら、例えば……」

　「例えば、何？」

　「例えば愛や理解すること、生きることはハードなの。そういったことは、考えないことにしている。自分自身の面倒を見ないと」

　「すばらしい俳優になりたいの？」私は質問します。

　「もちろんよ。そのためにここにいるのよ。だけど、私に**必要**なことと何か関係あるの？」

　彼女はわかっていないのです。「OK。すばらしい俳優になるには、何が必要かしら？」無邪気なふりをして私は聞きます。

　「良いパッケージよ。私は賢いし、欲しいものは手に入れる。

ああ、そうね、私はそう決めてるの」彼女は椅子の背にもたれ、意図的に長い足を組みます。

「あなたは、スターになるために必要なものは持っている。それは確かだわ」彼女に伝えます。「あなたが俳優になるために必要なものを持っているかは、まだわからないわ。俳優は、決心と同じくらい、インスピレーションが必要がなの」

「ニード、インスピレーション —— 私には少し芸術的すぎるわ」

「芸術に反対する何かがあるの？」彼女に聞きます。「私たちがここにいるのは、そのためじゃない？」

「私はここに、純然たるワークをしに来ているの」彼女が言います、「いい、私はぜんそく持ちで育ったの。毎日ずっと、呼吸できることを願いながら目を覚ましたの。呼吸よ —— ぜいぜいと息を切らすのではなく、パニックに陥るのでもなく、吸入器や注射を探し回るのではなく、ママが私を見て泣いて悲しむのを見るのでもなく。母には助けてくれる人がいなかったの、男の人もいないし、保険もなかった。**ニード**があったのは、母よ。母には、私が病気にならないことが**必要**だった、わかる？　わかってよ —— 私はあえて**必要**としなかったの。私はただ、息がしたかったの。理屈じゃなくて現実なのよ、本当に。私は一日一日を、一瞬一瞬を生きていたの。私はただ呼吸したかったの。それが、いま私が**必要**としているすべてよ……」彼女が言います。涙が、彼女の両眼からこぼれています。

私は微笑み、彼女にティッシュを差し出します。「あなたは嘘をついていないわね」私は言います。「あなたは本当にワークをするためにここにいるわ。"呼吸する"こと、それがあなたの**ニード**よ」

「そうね」鼻をかみながら、彼女が言います。

第9章

感覚記憶

膨大な過去の集積から学んだ──
それがいかなる方法で得られた、どんな経験であれ。

ボブ・ディラン

もし、すべてのことを理解するつもりなら、
その始まりと成長を観察しなさい。

アリストテレス

革命

　19世紀の演技では、役をつくるということはほとんどあり
ませんでした。当時のギリシャ悲劇の舞台俳優は、儀礼のよう
なポーズを取り、セリフを暗唱するだけでした。形式張った台
詞回しでやり取りし、機械のような正確さで舞台上を整然と動
き回る俳優のスキルを、観客は称賛したにすぎません。しかし、
20世紀初め、科学の進歩によって演技は暗黒の時代を脱しま
す。最初にガス灯、次に電気照明、そして最後には映画が発明
され、そのチカチカと光る明かりが、19世紀の演劇の硬さと
大仰さを暴き出したのです。

　それと同時に、ヘンリック・イプセンやアウグスト・ストリ

ンドベリ、アントン・チェーホフといった作家が、劇作を近代
的な、心理学的にリアリティのあるものに作り直しました。こ
れらの新しい劇作家は創作の上で、当時の批評家が言う「張り
詰め、疲弊し、神経質な、手探りの、落ち着きのない、われわ
れの時代」に後れを取ってはならないと感じたのです。

　観客も、生身の人間の物語を経験する準備、人物の夢や恐怖、
感情を分かち合う準備ができていたのです。物語を語ることは、
外見だけではなく、人々の内側の命に光を当てなければならな
かったのです。その責任は、俳優に課せられました。

　「熱弁するな！　芝居がかるな！　形にはめるな！」イプセ
ンはある若い出演者に宛てて書きました。その役者は、イプセ
ンが書いた最も複雑なキャラクターの一つと悪戦苦戦していた
のです。「どんな心情も、観る者が信じられる、自然な方法で
表現しなさい。身の周りの生活をよく観察し、リアルで生きた
人間をみせるのです」

　演劇が前に進むためには、演技は内側へと掘り下げる必要が
ありました。エレオノーラ・ドゥーゼという、明確なヴィジョ
ンを持った俳優は、その道を前へと進め、そしてまた内側へと
導きました。彼女は真に自然な演技をする、世界で初めての俳
優でした。ドゥーゼの登場の後、演技の技巧は一変しました。

<u>神秘主義者</u>

　エレオノーラ・ドゥーゼは1858年、イタリアの旅劇団の家
族に生まれました。伝統的な19世紀の舞台で育てられたにも
かかわらず、ドゥーゼは分厚い化粧やパントマイムのジェスチ
ャー、子供時代に学んだメトロノームのような発声を嫌いま
した。ドゥーゼは、俳優をキャラクターから遠ざけてしまう動き

の硬い、時代遅れの演技スタイルを脇へと追いやりました。

　「彼女のテクニックは、純粋で生きた真実の真髄だ」イタリアの劇作家、ルイジ・ピランデッロはドゥーゼについてこう書きました。古典やシェイクスピアのヒロインから、特別に彼女のために書かれた現代劇まで、ドゥーゼは「彼女が演じているヒロインの魂と彼女自身の魂の最も深い部分が一致しているような真実をもって、役を生きていた」と彼女を崇拝する同僚は言いました。

　ドゥーゼは、すべてのキャラクターには観客一人一人と分かち合える、人間としての普遍的な核が存在すると信じていました。ドゥーゼは自らを生身の小道具とは考えておらず、誰の中にもある欠かすことのできない人間性を導くものとして考えていました。「すべての俳優の中でもドゥーゼだけが、キャラクターに象徴的な性質と同様、人間性を与える方法を知っている」とミラノの新聞は称賛しました。

　観客も批評家も、ドゥーゼの揺るぎない決意と技術の前にはなすすべもありませんでした。「たとえ彼女が観客に背を向けていても、彼女の感情の影には確たるものがある」とヨーロッパのジャーナリストは記しています。ドゥーゼがブロードウェイデビューをした時、ニューヨーク・タイムズ紙は「彼女のアートは完全に内側で生きている。精神の発露だ」と賛同しました。

　エレオノーラ・ドゥーゼの才能は彼女をスーパースターにしました。チャーリー・チャップリンは彼女を「今まで出会った中で、最も偉大なアーティストだ」と宣言しました。ヘンリック・イプセンは彼女の名前をとって、『人形の家』のヒロインに名付けました。1923年、66歳で亡くなる2年前に、ドゥーゼは雑誌『タイム』の表紙を飾る初めての女性になりました。

　ドゥーゼの優れた才能はまた、議論を巻き起こしました。彼

女のレパートリーには、伝統的なフランスのカリスマ女優サラ・ベルナールによって有名になった古典も含まれていました。ドゥーゼの名声がベルナールの名声に影を落とし始めると、二人はライバルになりました。芝居好きの人たちは、ロンドンやパリの通りで、どちらのアーティストが最高なのか、そしてどちらのスタイルの演技が最高なのかを賭けて、殴り合いのケンカをしました。ドゥーゼの創造的行動を「演技」と呼ぶのかという議論を、ヨーロッパ中の批評家たちや観客がしていました。

　しかし、共産主義になる前のモスクワで発展していた演劇の集団においては、エレオノーラ・ドゥーゼの持つ深さとリアリズムはロシアの作家や俳優の新しい世代にとっては判断基準になりました。アントン・チェーホフは、全くイタリア語を知らなくても彼女のパフォーマンスのすべての言葉を理解したと主張しました。ロシアの演劇学生のアリサ・クーナンは、ドゥーゼを初めて見て感じたことを要約しました。「もし、彼女のように演じることができなければ、演劇を諦めるしかないわ」クーナンの仲間の一人は、より感銘を受けていました。その人の名前はコンスタンチン・スタニスラフスキーです。

スタニスラフスキー

　初めてエレオノーラ・ドゥーゼに注目した時、スタニスラフスキーは新しい劇団、モスクワ芸術座を編成している最中でした。この新しい小劇団は、スタニスラフスキーが演技や演出、そしてロシアで教えることに費やした数十年で学んだことのすべてを取り入れたものになりました。エレオノーラ・ドゥーゼの自然主義はスタニスラフスキーの意欲をかき立てました。彼は、ドゥーゼが舞台にもたらした、力みのないさりげないリア

リズムは、すべての俳優のゴールであるべきだと信じていました。もし、心理学という新しい科学が人間のふるまいに名前を付けて、定量化できるなら、ドゥーゼが生まれながらに持っている演技の才能を抽出して、体系化できるはずではないか？

　それにしても、ドゥーゼは劇的な舞台のリアリティの中で、どうやって一瞬一瞬を奇跡的に生きることができたのでしょうか？　ドゥーゼはいくつかの秘密を明かしてくれました。ドゥーゼは、自分の責任は「自分自身のアートを生きることであり、コメントすることではない」と言っていました。多くの先駆者同様、ドゥーゼは自らの究極の目的は神の意志であると信じていました。ドゥーゼの友人であり、伝記作家であるエヴァ・ル・ガリエンヌは、「彼女は神秘主義者であり、彼女のワークの中で、あるいはワークを通して神を探し、仕え、崇拝した」と書いています。技術と精神性はドゥーゼにとっては一つであり、同じだったのです。ドゥーゼは、彼女のアプローチの秘密を解き明かそうとするどんな試みに対しても抵抗しました。偉大なマジシャン同様に、彼女も秘密を明かすことを拒んだのです。

　ドゥーゼは、彼女の驚異的な能力の背後にあるプロセス、あるいはシステムについての直接的な手がかりをほとんど提供しませんでしたが、時折、友人や彼女に憧れる若い俳優たちには秘密を打ち明けました。「私は心の中で、キャラクター全体を作り上げるのです」と、ある手紙の中で彼女は明かしました。ドゥーゼによると、彼女のプロセスは、「記憶の中にあるものすべて、魂の中で息づいているものすべてを使い」、「中心にあるものを呼び出し、最も秘められた物事の核心へと旅する」ことなのです。

　同じ頃、フランスの心理学者テオデュール・リボーは偶然にも、ドゥーゼの告白は戦略として機能すると示唆しました。彼

の本『感情の心理学』（未邦訳）では、人間は感情と肉体的な感覚を、それらの感覚を作り出した出来事と共に保管するとリボーは述べました。記憶と意識は複雑であり、常に移り変わるメロディである。そして、そのメロディは、感情や感覚、それに私たちが現在経験している出来事に対して対となる過去の出来事から構成されているとリボーは述べています。リボーは「感情の記憶」という新しい用語を作り、私たちが現在のこの場で似たような出来事を経験している時に、私たちの脳がどのようにして、過去の傷や、恐怖、喜び、そして情熱の記憶を再び訪れて、絶えず再構築しているのかについて述べました。

　1890年代に感情の心理学がロシア語に翻訳された時、スタニスラフスキーは、俳優が心の自然な傾向を使って、過去と現在の感情に橋を架けることができると確信しました。俳優は脚本の事実（会話の言葉、いつ動くのか、そしていつ話すのか）を意識的に思い出すために俳優自身の記憶を使うと、スタニスラフスキーは理論上想定しました。それなら、なぜ俳優は自分自身の感覚を同様に思い出して、使うことができないのだろう？

　「時間は思い出される感覚にとって、すばらしいフィルターだ」スタニスラフスキーは、自らの草分け的な教本『俳優修業』の中で書いています。「それは浄化するだけでなく、痛々しい現実的な記憶を詩へと変換してくれる」スタニスラフスキーは、感情の記憶を新しいモスクワ芸術座とスタニスラフスキーシステムの概念的な基礎となるものにしました。

　スタニスラフスキーシステムに基づいていようといまいと、すべての演技の「メソッド」はキャラクターの経験と可能な限り多くの人間的な真実をもって交流することに基づくのであり、模倣によるものではないのです。ドゥーゼのような、貴重

で幸運なごくわずかの人だけが、自然にこのことをできるのです。そういった天賦の才を持たない他の人のために、俳優の真実——彼ら自身の経験、記憶、想像力、そして感覚——をキャラクターの「真実」につなげるのを助けるテクニックとエクササイズが存在するのです。

二人の巨人

　スタニスラフスキーから受け継がれた多くの原理が、修正され、適用され、3世代にわたって変化し、今日では、名前や定義がごちゃまぜになっています。「感情の記憶」、「感情的な記憶」、「分析的記憶」、これらすべては**感覚記憶**について述べている用語です。——感覚記憶とは、俳優が自分自身の経験を使って、キャラクターの本物で、真実の感覚の引き金を引くプロセスのことです。

　スタニスラフスキーのコンセプトに刺激されて、シェリル・クロフォード、リー・ストラスバーグ、ハロルド・クラーマン、そしてエリア・カザンが1931年、ニューヨークでグループ・シアターを設立しました。リー・ストラスバーグとステラ・アドラー、アメリカにおける二人の著名な演技教師は、グループ・シアターでワークする間に、俳優と演技に対するそれぞれのアプローチを発展させました。

　優秀な学生から俳優に転向したストラスバーグは、スタニスラフスキーによる心理学と演劇の技術の科学的で実証的な実験に惹かれました。ストラスバーグ自身はスタニスラフスキーに会ったことがなく、個人的に学んだこともありませんでしたが、真実の演技は俳優自身の個人的な歴史に結び付いていると確信していました。グループ・シアターの解散後、自分に感銘を与

えたスタニスラフスキーの教えである内側への探求を推進して
いくために、ストラスバーグは自らの生涯を捧げました。

　ストラスバーグは自分の教師や仲間の考えと、彼自身の考え
をはっきり区別しようとする取り組みの中で、自らのアプロー
チを「私の演技メソッド」と最初に述べました。この「メソッ
ド」という言葉が固定されてしまいました。これによって、ス
トラスバーグが最初にアクターズ・スタジオで、そして後にス
トラスバーグ・インスティテュートで、自らの道の探求をする
数十年の間に、俳優がキャラクターに仕えるために俳優自身の
経験を使うことを勇気づけるようなプログラムやプロセス、あ
るいは人物が、「メソッド演技」と誤解を招くようなレッテル
を貼られてきたのです。

　ステラ・アドラーは、個人の歴史に強いフォーカスを置くス
トラスバーグの方法に異議を唱えました。アドラーは、俳優の
経験はその人個人のことだと感じていました。俳優の感情的な
生活を創造の過程の中心に置くことは、俳優のプライバシーに
対する侵害であり、俳優にとって潜在的に心理的リスクを負わ
せるとアドラーは感じたのです。

　ドゥーゼと同様に、ステラ・アドラーは劇場に生まれました。
アドラーは自らの全生涯を舞台上で過ごしました。若い頃、ア
ドラーは自分自身を導くためのシステムや原則を使いませんで
した。ストラスバーグは、優れた理論家であり、まとめ役でし
た。アドラーはまず何よりも俳優だったのです。

　さらにアドラーは、最終的にはスタニスラフスキー本人と
直接ワークしました。数週間における、1対1のワークの中で、
アドラーはロシアのマスターが実際には、技術に対して柔軟で
遊び心に富んだアプローチを持っていることを発見しました。
スタニスラフスキーは、創造的な課題に対する究極の解決方法

は、その時うまく機能したものだと信じていました。

「スタニスラフスキーは、俳優が自意識に縛られない膨大な想像力を持たなくてはならないということを明確にしてくれました」と、パリでの経験の数十年後にアドラーは書いています。アドラーが教師になった時に、彼女は俳優の過去の経験ではなく、想像力こそが脚本からリアルなキャラクターを創造するための鍵になると主張しました。一方で、ストラスバーグは俳優自身の真実の経験やリアルな感情の宝庫を、他の何よりも重んじました。何十年もの間、アメリカにおける二人の「メソッド演技」の巨人は、感覚記憶と俳優の想像力の使用について議論しました。

しかし、今日の視点からすると、彼らの議論にはあまり価値がありません。俳優自身の生活における真実——視覚、聴覚、感じること、感覚、思考、そして内側に抱えている夢——は記憶を保管するものであり、想像力の燃料でもあるのです。俳優自身の生命エネルギーや真実を創造活動に役立てないのは、俳優が持つ個人的な資源の無駄なのです。それに、もしも俳優が自らの経験を想像力によって引き上げなければ、それは芸術になり得ないでしょう。感覚記憶は想像力を補うものであり、想像力に取って代わるものではないのです。想像力には、それ自体を育てる事実と経験が必要です。感覚記憶は、想像力を育てるための鍵となる材料を提供することができるのです。

私のアプローチは、ストラスバーグの感覚記憶のプロセスを取り入れています。アクターズ・スタジオにおいて、ストラスバーグは一連のリラクゼーションエクササイズから始めました。それから、個々の俳優にたくさんの質問をして、俳優が過去を探求することの助けとしました。それは非常に長い過程でしたが、多くの俳優にとって有益な情報を生み出しました。

アクターズ・スタジオは当時（そして現在も）、「演技の研究所」であり、学校ではないのです。私のような俳優は「メンバー」であり、学生ではないのです。私たちはクラスではなく、「セッション」に集まり、そこでは教師ではなく、「モデレーター（司会者）」から指示や意見を受け取ります。そこは、私たちが芸術を探求できる安全な聖域であり、単に舞台経験を積んだり、演技の技術を習得したりするための場所ではないのです。一方、映画のセットは演技の研究所ではありません。85人ものクルーは、俳優が古典的な感覚記憶の探求をするのを待ってはくれないのです。

　私はどんな俳優でも自分自身で使えるように、感覚記憶を11のステップに簡素化しました。これらは脚本で与えられた状況と自分自身の経験という力強いツールの間につながりを作るための、実践的で限定された質問です。「俳優」ウォルター・リーの**ニードの旅**のステップ1（78頁参照）において、あなたは感覚記憶をすでに見ています。

　始めるために、俳優は自分自身の記憶を振り返り、脚本にあるのと同じような感情的な感覚を含んでいる出来事を思い出します。それから、その記憶に関して、以下の質問をしなくてはなりません。

　　1．どのくらい前に、その出来事は起きたのか？
　　2．それは一年のうちで、どの時期だったのか？
　　3．一日のうちで、どの時間だったのか？
　　4．私は何を着ていたか？
　　5．その瞬間に、私は何を**必要**としていたのか？
　　6．その場所はどこ？　室外、室内、気温、匂い、音は？
　　7．その場所について、絶対に忘れない一つのことは？

8．重要な人が一緒にいたか？

    a．その人の最も印象的な身体的特徴は？

    b．最も強い人間的性質は？

    c．その人物が言ったり、行動したことで、絶対に忘れないことは？

    d．それらに対して言いたかったけど、言わなかったことは？

9．私が繰り返してしまう決まったふるまいがあったか？

10．その時に言いたかったり、行動したかったが、しなかったことが何かあるか？　いま、それを解き放ってください。

11．なぜ、その時に私は言わなかった、あるいはしなかったのか？

はっきりとさせておきたいのですが——感覚記憶のゴールは**感覚**——感情を発生させる、はらわたで感じる直感的反応——の引き金となることであり、単なるアイデアあるいは感情、それ自体の表現ではありません。もしもあなたが、感情はどのように見えるべきか、ということで自分を外側から見るようなら、それは真実ではありません。最初に感覚が来ます。感覚が強くて、正直であれば、俳優は自然とその感情とつながるでしょう。感覚が先——他のすべては後なのです。

感覚記憶は正確なアンケートでも、調査でもありません。それは俳優がアイデアや選択を生み出すために使う、自分自身で導くための準備なのです。俳優が、自らの個人的な経験をキャラクターと共有できると明確に知っている時、俳優が持つ人生の感情的な出来事は新たな力と価値を獲得するのです。感覚記憶によって、俳優の人生の出来事が自らのワークに明確な意味を与えるのです。

第10章

個人化

たった今、顔を見たんだ
忘れられるわけがない
その時、僕らが出会ったその場所を

ジョン・レノン&ポール・マッカートニー『夢の人』

<u>宿命</u>

　俳優とキャラクターは何か運命的なものによってめぐり会う
と、私は信じています。名作映画での数々の演技が、キャラク
ターの状況と俳優自身の人生の間に明確な類似点を持っている
のは、不思議なことです。

　シャーリーズ・セロンが『モンスター』でアイリーン・ウォ
ーノスを演じた時、彼女のコミットメントは信じられないほど
でした。セロンは肉体的に、自分自身を役へと変身させました。
セロンは自分が演じるキャラクターに関して、一瞬たりとも批
判せず、少しの隔たりも見せませんでした。すべてのシーンで、
彼女はすべてを与え、少しも自分自身を隠しませんでした。

　セロンは、演じる役が彼女のものであることを知っていまし
た。彼女の中にある何かがアイリーンを真実でリアルなものに

することを知っていたのです。子供の頃、シャーリーズ・セロンは母親が正当防衛で父親を殺すところを見たのです。私はシャーリーズ・セロンを個人的には知りませんが、この映画を観ました。彼女の個人的な真実はスクリーンにあふれていました。

　デンゼル・ワシントンの母親は14歳の息子をミリタリースクールに入れました。彼女は息子に何かを期待していたのではなく、ミリタリースクールなら少なくともデンゼルが非行に走るのを遅らせてくれるのではと考えていました。

　『グローリー』では、デンゼルはトリップという、戦闘を通して自分の価値を証明していく黒人兵士役を演じました。『グローリー』でキャスティングされるまでに、彼は人生を通して自分自身を証明してきたのです。デンゼルは学生時代から、戦争と軍の歴史について知っておくべきことはすべて知っていました。ワシントンはトリップ役に彼自身を注ぎ込んだので、トリップ役はプロフェッショナルとしてのブレイクスルー、突破口となったのです。

　『ファイブ・イージー・ピーセス』は、ジャック・ニコルソン演じるボビー・デュピーが、父親と和解らしきことを試みる、悲痛なシーンでクライマックスを迎えます。ボビーが家族を拒絶し、家を捨ててからの年月の間に、父親は麻痺の原因となる発作を起こしていました。そのシーンの始まりで、放蕩息子のボビーが、昏睡状態に陥っている父の車いすを夕日の見える丘へと押していきます。彼は父親に大丈夫かどうか尋ね、それからお互いにとって何か意味のある言葉がないか探します。

　「父さんが俺について、俺の人生について何か聞きたいかどうかはわからない」とボビーは話し始めます。「そのほとんどは全部足したところで、父さんが認めるような生活として話せるようなものじゃないんだ。あっちこっちに移り住んだよ。

それは何かを探しているんじゃなくて、本当に、俺がそこにいると状況が悪くなるということから、逃げていただけなんだ。幸先のいい始まりさ、わかるだろう？」ボビーは父親の反応のない顔に返事を探し、そして続けます。「俺はさ、この会話の半分、つまり父さんが言うことも考えようとしてるんだよ。俺の感覚では、もし父さんが話せたら、俺たちは話をしていないだろうと思うよ」

　1年前の『イージー・ライダー』でのブレイクに続いて、『ファイブ・イージー・ピーセス』でのニコルソンの役、そして特にこのシーンは、彼を一気にスターダムへと押し上げました。この映画の他のシーンはキャロル・イーストマンによって書かれましたが、父と子の独白はニコルソンが実際に書いています。ニューヨーク・タイムズに、『ファイブ・イージー・ピーセス』のクライマックスシーンでは自分の養父を思い描いていたのか、と聞かれた時、ニコルソンは簡潔に「答えは、もちろんそうだ」と答えました。ジャック・ニコルソンの父親不在の少年時代とボビー・デュピーの家族との離別は、俳優と役が共有している悲劇的な真実であり、それはアメリカ映画の分岐点となるシーンの一つになり、そしてまた最も偉大なアメリカ人俳優の一人であるニコルソンのキャリアを決定づけた瞬間の背後に存在しているのです。

分離不安

　ローレンス・オリビエがハリウッドのプロデューサー、サミュエル・ゴールドウィンから、エミリー・ブロンテの『嵐が丘』の映画化に主人公ヒースクリフとしての出演オファーを受けた時、彼はこのチャンスに飛びつきました。監督、プロデュ

ーサー、脚本家と原作、すべてが一流でした。『嵐が丘』は威信をかけた映画——オリビエのアメリカ映画デビューとして、これ以上はない作品だったのです。

　1938年、『嵐が丘』の撮影が始まる頃には、オリビエは母国イングランドでは誰もが知る有名人になっていました。しかしアメリカでは、まだほとんど無名に近い状態でした。実は、オリビエは5年前に、『クリスチナ女王』でグレタ・ガルボの相手役としてハリウッドからスカウトされていました。不運にも、映画制作の最初の週に、オリビエはガルボによって解雇され、役はガルボの恋人ジョン・ギルバートに替えられたのです。

　『嵐が丘』の撮影が始まった時、オリビエはヒースクリフにあふれる情熱と圧倒的な運動量を投じました。それは、オリビエがイギリスにおいてセンセーションを起こしたハムレットの解釈だったのです。しかし、前日に撮影した未編集フィルムを見た後で、プロデューサーのゴールドウィンはオリビエの演技を「芝居がかって」、「陳腐で」、そして最悪なことに、「一瞬たりともリアルでない」と罵倒しました。

　監督のウィリアム・ワイラーも同様に不満足でした。批判ばかりで、十分な提案を与えることもなく、ワイラーは同じシーンを何十回も撮り直しました。テイクの間にオリビエに与える意見は「もっと上手に！」だけでした。誇りと苛立ちで、オリビエは監督に激しく食ってかかり、「こんな無気力で表現方法がない状態では、いい演技はできない！」と言い放ちました。ワイラーと、熟練した彼のハリウッドクルーが笑い出したので、彼はすぐに後悔しました。

　オリビエと共演者のマール・オベロンは、すぐにお互いを毛嫌いするようになりました。彼らは19世紀の文学において最も有名な恋人同士を演じているのに、セットでは絶え間なく喧

嘩や口論をしていました。オベロンは、オリビエがラブシーンの間に彼女に唾を飛ばしてくると言って責めました。オリビエは、オベロンを「アマチュア」だと面と向かって言って、相手にしませんでした。

　撮影に入って数週間足らずで、『嵐が丘』は大惨事へと向かっていました。30歳になり、オリビエは注目を浴びる2度目の解雇を自分のキャリアに加えるわけにはいきませんでした。再びハリウッドで働きたいのであれば、ゴールドウィンが要求するようにヒースクリフを「リアル」にしなければならなかったのです。しかし、どうすればヒースクリフのキャシーへの愛は不滅で、永遠に続くと観客に思わせることができるのでしょうか？　オリビエが共演者を嫌い、一緒に作品を作る人の笑いの種になっているこの状況において。

　答えは彼の中にありました。

　ゴールドウィンと契約する数か月前に、イギリスのタブロイド誌は、若くて華麗なスター、ヴィヴィアン・リーとオリビエのスキャンダルで賑わっていました。双方ともに結婚しているにも関わらず、二人はどうしようもないほどの恋に落ちてしまったのです。リーは乳児の娘さえ放棄し、オリビエと一緒になったのです。

　オリビエは『嵐が丘』の撮影のため、ヴィヴィアンの25歳の誕生日にイングランドを発ちました。彼は毎日ラブレターを書いて、彼女への熱い思いと二人で分かち合った情熱をヴィヴィアンが忘れないようにしました。オリビエは単に離れていることの恋しさだけでなく、自分が不在のうちに、リーが世間の圧力に負けて、夫と子供の元へと帰るのではないかと秘かに恐れていたのです。「純粋で、駆り立てられる、抑えきれない、情熱的な愛」から初めて離れることで、オリビエは孤独と虚し

さ、そして彼の言葉を借りるなら「みじめさで目も見えない状態」を味わっていました。

　オリビエが、ヴィヴィアンと離れていることの苦悩とコミットメントに関する不安は、ヒースクリフのものと同じでした。地理的に、またスキャンダルによって引き離されていたにもかかわらず、男としてのオリビエは、ヴィヴィアンの愛を渇望していました。そして、キャラクターのヒースクリフも、二人の身分の差や彼女の結婚にもかかわらず、キャサリンを心から求めました。手の打ちようもない状況から抜け出すために、オリビエは二つが一つになるままにさせました。数十年後にはオリビエは「メソッド演技」を否定するようになるのですが、この時はヒースクリフを徹底的に再構築したのです。

　「マールと私はお互いにずっと文句を言っていました、本当に憎み合いながら」オリビエはブレイクスルーとなる作品を振り返りました。「私は本当に深くヴィヴィアンを愛していたのです。他のことはほとんど考えられなかったのです。ワイラーは突然、私たちにラブシーンをさせました。それはすばらしい出来で、テイク1で済みました」オリビエはキャラクターを生み出したのです。後に続くキャシーとのシーン、そしてキャシーの不在によるかんしゃくのシーンのすべてにおいて、オリビエはヒースクリフに自らの生活の中にある深く恋焦がれる思いとフラストレーションを注ぎ込みました。

　映画の中盤で、社会的に成功し裕福な男となったヒースクリフは、愛する人と再会します。しかし、彼の喜びはほんの一瞬でした。彼が「キャシー」と声をかけ、キャシーが密かに結婚していた男を視界に捉えた瞬間のオリビエの顔に浮かんだ表情は、心の奥底から湧き上がってきたものでした。ヴィヴィアンに対する彼の感覚——つまり男としてオリビエが痛感していた、

恋い焦がれる思いと癒えない別離の痛み——は、鮮明で紛れもない真実なのです。

　拷問のようなレッスンでしたが、オリビエが学んだことは彼の財産となりました。後年になってオリビエは、『嵐が丘』が「どうやってリアルになるかを教えてくれた」と述べています。それはまた、「個人化」という核となる演技のコンセプトをわかりやすく提示しているのです。個人化を使うことで、ローレンス・オリビエが直感的に行ったことを、俳優は意図的に行うのです。

個人的なこと

　セットの上で喪失感を味わうために、あなたの人生にある愛から離れる必要はありません。どんな映画、どんな予算でも、映画制作の現実は、最も優れた俳優でさえ、想像できる限り最も制限された状況の中でワークしなければならないこともあるのです。

　想像してみてください。クライマックスにおいて、あなたの演じるキャラクターともう一人のキャラクターとが感情的に身をよじらせるようなやり取りをすることを、脚本が要求しています。監督はまず、同じフレームに二人の役が一緒に入るツーショットを撮り、それからペアのクローズアップを一人ずつ、同じ会話の部分で撮影することにします。

　ツーショットはうまくいきます。あなたは宿題をやってきました。脚本と、キャラクターと、自分自身と、そしてもう一人の俳優とつながります。今度はクローズアップの撮影です。もう一人の俳優、オスカー受賞者あるいはプロが先です。あなたの肩越しにカメラが撮影します。あなたの顔は見えません。し

かし、あなたは持てるすべてを捧げます。共演者は3つの異なる、中身の充実した複雑なテイクで続けざまに応じます。

満足した監督はカメラを回して、あなたに向けます。あなたのクローズアップの順番です。しかし、共演者はトレーラーに戻りかけています。「ごめんね、君」ウインクしながら、あなたに言います。「さっきの3テイクですべてを出し切ったんだよ。悪気はないんだ」

助手が照明のスタンドをセットし、撮影のアシスタントが共演者の目線の高さに色の付いたテープで×印を付けます。これが、あなたのクローズアップでのシーンパートナーです。あなたは、世界で最も優れた、生きている俳優と一緒にいるかのように、鉄製のスタンドに対しても同じように真実でなくてはならないのです。

たとえ、あなたがほとんどリハーサルをしていなくても、あるいは一緒にワークする俳優と実質的につながりが持てなくても（カメラスタンドやブルースクリーンの標的は言うまでもなく）、個人化を使うことで、絶対的に真実でいられるのです。あなたの人生には、あなたが強い感情的な感覚を持っている人々がいます。個人化を利用することで、あなたはその感覚を使って、気を散らすような実際的な現実を乗り越え、キャラクターの感情や状況を真実にすることができるのです。

個人化が強ければ、カメラスタンドでさえ感覚や存在を得ることができます。個人化は感覚記憶のように、俳優が自らの人生の経験とキャラクターの状況に共有できるものを作り出すことを可能にします。

A.　あなたの人生の中で、あなたの満たされない**ニード**に関係する人をじっくりと調べることから、個人化のエクササイズ

を始めます。思い出すために、自分自身に尋ねてください。

1．その人物の最も印象的な身体的特徴は？
2．その人物の最も強い人間的性質は？
3．その人物が言ったり、行動したことで、私が決して忘れられ
　ないことは何かあったか？
4．自分がその人物にずっと言いたかったり、したかったけど、
　決して言えなかったり、行動できなかったことはあるか？

　1において、最も印象的な身体的特徴は明確で、簡潔でなく
てはなりません。目、口、手、髪——名称は簡単に出てくるは
ずです。2は、その人物がどんな印象を与えているかを聞いて
います。——温かさ、恐怖、不安、愛——その人物から感じら
れることは、何と名付けられるでしょうか？　3は、あなたが
その人物から何を**必要**としていたのか、について質問していま
す。真実の感覚を生み出すのは、その答えなのです。あなたは
自分で扱えて、使うことができる感覚を探しているのであり、
単に探求し、それについて思索するためではないのです。**ニー
ド**はある種のエネルギーを内包しています。4では、自分自身
の個人化の対象に対して、言っておけばよかったと願う確固と
して、生き生きとしたことを考えます。実際に言う必要はあり
ません。あなたが言うべきことがあったと知っているだけで、
焦点を当てることができるのです。

B.　あなたが選んだその人物が、あなたの中でどんな感覚を作
り出すか、自分自身に尋ねて下さい。部屋の中で、その人物が
あなたの目の前にいると想像して下さい。それから、次の短い
文章を完成させる形で、直接話しかけて下さい。「私には、あ

なたが……に見えます」そして、できる限り多くの感覚で名付けて下さい。ウォルター・リーが父親を個人化として使うなら、「私には、あなたが無力に見えます。私には、あなたが私を愛していないように見えます。私には、あなたが私を怖がらせるように見えます。私には、あなたが酔っぱらいに見えます。私には、あなたが自分の未来に見えます」などと言うかもしれません。オリビエが、ヴィヴィアン・リーを個人化のエクササイズに使ったとしたら、彼なら「私には、あなたが唯一の望みに見えます。私には、あなたが信じるべき人に見えます。あなたは、私が失うのを恐れている人です」などと言ったかもしれません。

C. その人物から何を**必要**としていたのか、自分自身に尋ねて下さい。次の短い文章を完成させる形で、大声でそれを言って下さい。「私は……が**必要**です」例えば、ウォルター・リーなら、「俺のことを見てほしいんだよ。俺にはあんたの尊敬が**必要**なんだ。俺は、父さんが俺のことを愛しているって知る**必要**があるんだよ。俺は、父さんに俺の夢を信じてもらう**必要**があるんだ」と言うかもしれません。オリビエなら、「僕が愛しているのと同じくらい、あなたにも愛してもらう**必要**がある。僕は、あなたが決して私の元を去らないと聞く**必要**がある。僕はあなたに、僕で駆け引きしないでほしい。僕は、僕たちがいつも一緒でいると知る**必要**がある」と言うかもしれません。

D. 最後に、自分自身に尋ねて下さい。あなたについて、そしてあなたがどんな人なのかについて、その人物に理解してほしいこと、知ってほしいことは何でしょうか。あなたが感じている感覚の名前を使い、「私は……です」という文章を完成さ

せるように、大きな声でその人物に言って下さい。「俺は悲しい。俺は怖い。俺は父さんの息子だよ。俺は尊敬に値する人間なんだよ。俺も父親だ。俺は父さんのようにはならない」これらはウォルター・リーが言うかもしれないことです。「僕は君の恋人だ。僕はあなたが僕の元から去るのが怖い。僕は寂しい。僕は怒っている。僕は心もとない。僕は忠実だ」これらはもしかしたら、オリビエの経験の一部かもしれませんし、彼が実際に個人化として行ったことかもしれません。

あなたは感覚を探しているのです。演技とは行動すること——つまりは活動です。繰り返します。**感覚**——生き生きとした瞬間において、俳優が内面で、直感的に経験するもの——が観客と交流し、物語を前へと推し進めるのです。もう一人の俳優の顔に、誰か他の人の顔を重ねて想像しても、感覚を創り出しはしません。感じることで遊んでいても、観客には届きません。

個人化を機能させるためには、感覚を生き生きと体験するだけでなく、**その感覚に名前を付ける**ことが必要です。感覚記憶と個人化の両方において、あなたは信念体系を作り出すワークをしています。そしてすべての信念体系は、言語に依存しています。あなたがある感覚に名前を付ける時、あなたはそれを獲得します。名前は地に足を付けて、感覚を具体化させる手助けになります。だからこそ、繰り返されるテイクや本番で、何度でもアクセスすることができるのです。個人化は綿密でなければなりません。綿密であるからこそ、可能な限り多くの感覚を手に入れることができるのです。あなたがその感覚に名前を付けると、その感覚は単なる感じていることや記憶ではなく、ツールになります。名前は能動的な選択なのです。名前は、あなたが実際の人物の感覚——あなたにとってどんな意味を持つか、

そしてあなたにどんなふうに感じさせるのか——を使えるよう
にするハンドルであり、それは物語にしっかりと関わるためな
のです。

第11章

感覚の状態

私の感覚はあらゆる物事において、無限を発見した。

ウィリアム・ブレイク

人の人生は、ただ生きているということだけで、なんとすばらしいのだ！
すべてのこころと魂と感覚が永遠に
喜びに仕えるようになっているなんて！

ロバート・ブラウニング

スタイルを貫く

　リー・ストラスバーグが1979年の『お達者コメディ／シルバーギャング』（原題："Going in Style"）にジョージ・バーンズとアート・カーニーと一緒にキャスティングされた時、彼の映画への出演歴はたったの5年でした。半世紀もの間、演出や演技教師をしていたため、ストラスバーグの映画デビューは73歳だったのです。それは、アル・パチーノが『ゴッドファーザー PART II』でハイマン・ロス役をするように説得した時のことです。

　『お達者コメディ／シルバーギャング』の脚本ではジョージ・バーンズが演じるキャラクターのジョーは、最近亡くなっ

たルームメイトが所持していた箱いっぱいの古い写真に目を通さなくてはなりませんでした。ジョーは悲嘆に暮れています。そして同時に、老いが彼を裏切ります。ジョーが友人のために泣いている時に、赤ん坊のようにおしっこを漏らしてしまうのです。

その極めて重要なシーンの撮影をすることになった時、ストラスバーグはバーンズの演技プロセスが簡潔かつ効果的であることに感心しました。人工的にお漏らしをする「装置」をつけられている間、バーンズは全く騒ぎませんでした。彼は疑問を挟むことすらしませんでした。カメラが回り、監督が「アクション」と声を掛けて、特殊効果の技術者にキューを出しました。それから、バーンズはそのシーンでの演技をしました。「もし、真実を偽造することができるなら、演じることもできるさ」と、バーンズは気の利いたことを流暢（りゅうちょう）に言いました。しかし、そのシーンにおける肉体的な現実に対してのバーンズのコミットメントは偽りなく全くの本物でした。彼は自分がやらなくてはならないことを知っていました。バーンズは脚本に書かれている肉体的な現実についての俳優の責任を当然のことと思い、そして実行したのです。

俳優は、キャラクターの感情を通して物語を伝えるだけではありません。俳優はまた、脚本の肉体的な世界に対するキャラクターの反応と応答に対しても責任があるのです。すべての脚本は、それぞれのシーンにおいて描写される肉体的な現実に対して、具体的な指示を与えています。イグルー（イヌイット族の氷の家）、砂漠、ジャングル、あるいは図書館——それはページに書かれているのです。俳優の創造の一部は、そのシーンがどこで、あるいはどのようにして撮影されるかに関係なく、シーンの肉体的現実——**感覚の状態**——を大事にして、維持す

ることなのです。

　俳優は、脚本に描かれた現実的な世界を自らの技術を使って翻訳し、観客に伝えるのです。あなたは、あなたのキャラクターの肉体的経験——そのシーンにおいて、そのキャラクターが五感で感じていること——を自分の肉体を通して伝えるのです。ジョージ・バーンズは、東海岸でも西海岸でもボードビル[*12]やTV、そしてラジオにと、半世紀以上にわたって出演していました。バーンズは、絶え間ない多岐にわたる仕事を通じて探求や自己調査を数十年行ってきました。彼は意識的に何かを翻訳する必要がなかったのです。脚本で要求されている肉体的な感覚の状態についての彼の理解や表現は、バーンズにとってはすでに習得したものだったのです。それが、ともするとどれほど恥ずかしいことだったのかは、どうでも良かったのです。事実、バーンズが伝えた恥の感覚は、その瞬間をさらにすばらしいものにしました。

　脚本の現実的な世界に対するコミットメントを持続するのが難しいと感じる俳優がいます。その理由がなんであれ、多くの役者はあまりに抑制されていて、脚本に書かれている環境を信じることができないでいます。こうした俳優にとっては、熱や冷たさ、疲労、喉の渇きなどの脚本に描かれた状況は、日常生活にある単純で普通の感覚状態ではなくて、捉えにくい抽象的な概念になっているのです。こうした俳優は、脚本に描かれた現実的な状況を、彼らが毎日経験している肉体的な感覚と同じ真実を持って表現するために、自分の身体を使うことができないのです。

＊12　ボードビル（vaudeville）：17世紀末にパリの大市に出現した、歌・踊り・黙劇などが間に入る風刺的風俗劇。

ストラスバーグならこの障害に、リラクゼーションテクニックや感覚のエクササイズで対処するでしょう。俳優が脚本の感覚的な世界に抵抗する時は、その俳優は肉体的にリラックスする必要があるとストラスバーグは信じていました。しかし私は、俳優が自分のキャラクターのために感覚の状態を経験できないことと、リラックスしていることにはなんの関係もないと信じています。もしも、俳優が自分自身の肉体に存在しなければ、自らに感覚的な要素を感じる許可を与えようとはしないでしょう。

　どんなにリラックスしていても、自分自身の官能的で、性的な部分とつながることはないでしょう。どんな呼吸のエクササイズによっても、あなたが無意識に四六時中締め出そうとしている感覚の世界の扉を瞬時に開くことはないのです。エレオノーラ・ドゥーゼが言ったように、それは「官能性が精神性へと進化する」ということなのです。俳優自身の鮮明でリアルな経験が、キャラクターの肉体的な世界において揺るぎない信念を持続させることを助けるのです。自分の肉体に快適に棲むことのできる俳優が、シーンのあらゆる種類の感覚の可能性に対して、自分自身を開き続けるのです。

一般的

　文化や国籍は異なっていても、人間が経験すること ── 感覚、思考、信念の根底にあるもの ── は同じなのです。時代やどんな社会集団であるかは関係なく、私たちは皆、本質の部分では同じ人間であり、相手もやはり同じ人間であると認識しています。

　自分自身のリアルな経験を包み隠さずすべて、キャラクター

に明け渡す俳優も、その認識を持っています。俳優が、俳優自身やキャラクターのために、感覚記憶、個人化、感覚の状態の真実を経験する時、その真実は見ている人に伝わるのです。それはどんなジャンルでも、スタイルでも、時代でも違いはないのです。──真実は言語を超えるのです。

　演技の技術には、感情的そして感覚的に探索する作業が含まれていますが、演技の芸術は、あなたが集めてきた生々しい素材から選んだあなたの選択にあるのです。俳優は**具体的**でなくてはなりません。私の母の言葉を引用するなら、「一般的であることは、頑固な偏見を育てること」なのです。感覚記憶と個人化、そして感覚の状態を使って、自分の人生とキャラクターの人生における共通点を注意深く、誠実に準備する俳優は、演技を一般的にはしません。そうした俳優は「感じることを演じる」ことはしません──怒り、悲しみ、罪悪感などを。そういった俳優は、酔っ払っている状態、疲労困憊、暑い、または寒い状態の「ふり」をしません。感覚記憶、個人化、感覚の状態は、俳優が自分自身の真実で具体的な感覚を、キャラクターの状況や物語自体に具体的に適用させるように強く働きかけるのです。

　感覚記憶と個人化と感覚の状態を使うことは、あなたが自分の内面を掘り下げることを求めます。これらの原則を用いることで、否が応でも自分自身の経験を、一般の人にはできないくらい鮮明に見つめることになるでしょう。この種のワークには、中途半端な妥協などありえません。真実の演技はあなたが、**自分自身**を提供することを要求します。それはチャレンジであり、贈り物でもあるのです。キャラクターづくりのためでなければ隠したり、無視したりするであろうものをあなたが使う時、最低でも自分自身へのなにかしらの洞察を、必然的に手に入れる

ことでしょう。

　これらの考えやテクニックに関して、スタニスラフスキーの言葉で終わりたいと思います。「自分自身の方法（メソッド）を創り出しなさい。私の方法に奴隷のように依存しないこと。あなたに効果を発揮する何かを作り上げなさい！　しかし、慣習は壊し続けなさい、お願いです！」

　　　　　　　　　第2部　俳優

第12章

第4の壁

「二階席の手すりに視線をもっていきなさい。
でないと、こちらからあなたの顔が見えない」
言われたとおり、私は手すりを見上げました。
演技どころか、もっと観客を意識してしまう結果になりました。
ウタ・ハーゲン『リスペクト・フォー・アクティング』[*13]

舞台と映画

　舞台の演技とカメラの前での演技には違いがあると言うベテランがいます。20世紀における最も偉大な舞台演出家であり、映画監督でもあるエリア・カザンは、映画と舞台では俳優に求められるものが異なると信じていました。「目立つ役者の多くは、ふりやうわべだけの演技、感情を示すことで舞台上をうまく切り抜けている」、「カメラの前で何かを偽って逃げることは、不可能ではないにしても難しい」と彼の自伝、『エリア・カザン自伝』（朝日新聞社刊）の中で記しています。

　私の考えでは、両者の演技スタイルに違いはありません。カ

[*13] 『リスペクト・フォー・アクティング』：フィルムアート社刊、シカ・マッケンジー訳。

メラのレンズが俳優の鼻先3cmにあろうが、完売したアリーナの数千人の観客の前であろうが関係ないのです —— 真実は真実です。それがどんな表現手段であろうと、俳優の仕事は真実を持ってその物語を伝えることです。

「INTO-ME-SEE」（私の奥底を見せる）
イントゥ・ミー・シー

　俳優とキャラクターが分かち合う真実は、インティマシー（親密さ）の真実です。私たちが防御を外し、交流可能な状態の時に、インティマシーに到達します。インティマシーは開放されている状態を必要とするのです。インティマシーの中では、ずる賢さは全くありません。自意識も全くありません。私たちが自然に、生き生きと、真実に感覚を解放する時、結果を気にする考えは存在しないのです。

　俳優の無防備な親密さは、俳優の感覚が自分の演じるキャラクターのために働くことを可能にします。そのインティマシーこそが観客の興味をそそり、共感を得るのです。「もしあなたが本当に、自分自身と観客を満足させる俳優になりたいのなら、」ジャック・レモンがかつてこう見解を述べました「あなたは無防備になる必要があります。あなたは観客の目の前に、感情的に丸裸で出ていくことができる、情緒的かつ知的なレベルにまで到達しなくてはなりません」。それは「私の奥深くを見せる」（"into-me-see*14"）ということだと考えてみてください

＊14　intimacyとinto-me-see：インティマシーは、他人が近づいて、自分のすべての秘密や隠された場所を見るままにさせることを暗示します。親密な関係は、防御を手放して、すべての私たちのもろさや弱さも含めた自分自身を他人に見せようとする —— 私の奥底を見せる（into-me-see）—— ことを意味します。

——演技の創造においては、俳優が自分自身を解放し、キャラクターを通して本物の感覚をさらけ出すことが求められるのです。

　インティマシーは、安心感があるところでしか存在しません。親近感や信頼があるところで保つことができるのです。これらの感覚は舞台上や映画のセットでは不足しているものです。まったく見知らぬ人とオープンなインティマシーを分かち合うことですら、とても難しいことです。ましてや劇場いっぱいの知らない顔、あるいは照明やクルーで混みあったセットの中央に構える瞬きもしないカメラの前では、言うまでもありません。アル・パチーノやクリストファー・ウォーケンは、精力的にインティマシーを守ります。彼らは視線が見物人と重ならないようにと要求します。俳優にとって、カメラのレンズ付近とつながるための焦点が視線です。俳優は機材スタッフや音響係、カメラクルーがいることには耐えなくてはなりません。しかし、気の利かない見物人がいては気が散るし、カメラと俳優の間の密接なつながりを壊してしまう恐れもあります。

　舞台ツラ^{*15}やフットライト越しに見える、批評するかのような観客の目は、何世紀もの間俳優を怖がらせていました。嘘を見破るカメラレンズも同様、威嚇的であり、俳優の演技の邪魔をします。こうした理由で、観客やカメラによって、多くの俳優の中から美しいだけの壁の花^{*16}や人の言いなりになる気弱な俳優が作り出されてきたのです。

＊15　舞台ツラ：または舞台面。舞台の前方を示す演劇・舞台用語。
＊16　壁の花：ダンスパーティーで誰にも相手にされずに独りぼっちで壁際にいる人。

強い防御

　見聞きされる必要性がある中で、親密であり、真実であるという、一見すると矛盾する要求を、俳優はどうやって満たすのでしょうか？

　スタニスラフスキーは、俳優が背負うこのような二重の責任を認識していました。彼は「注意の円」と呼ぶ、キャラクターの目の前の環境を定義するものを考え出しました。俳優が「注意の円」を使う時、その俳優はキャラクターの世界とそれを超えた観客の世界の真ん中に留まります。

　リー・ストラスバーグは似たような考えを持っていました。アクターズ・スタジオでは、俳優とキャラクターを取り囲む「感覚の輪」があると言われていました。もし、俳優の意識が観客に向かってしまったら、ストラスバーグは「感覚の輪」——キャラクターの現実と舞台上の現実が交わる身体的な境界——の中に留まるように伝えていました。

　ウタ・ハーゲンは明確なヴィジョンを持った教師であり、HBスタジオ[17]の共同設立者でしたが、これらの概念をもう一歩先へ進めました。彼女は、生徒たちに「第4の壁」を使うようにと教えました。第4の壁とは、シーンのリアリティが終わり、観客のリアリティが始まるところです。劇場では舞台ツラが第4の壁になります。映画では、カメラのレンズや他の装置、そしてクルーが物語のリアリティを遮るところになります。

　ハーゲンは、舞台の足元、あるいは映画のセットでは欠けて

＊17　HBスタジオ：1945年に、俳優のハーバート・バーゴフによって設立された、ニューヨークにある演劇学校。彼のイニシャルを取って、「HBスタジオ」と名付けられた。

いる部分のギャップを埋めるために、私たちに想像力を使うように促しました。ハーゲンは、物語のリアリティの終わりと、観客あるいは視聴者のリアリティの始まりの仕切りを明確にする役目を、俳優に与えたのです。ハーゲンは私たちに、実際に欠けている壁や天井、あるいは風景を想像できるか、そして、もし必要であれば、私たち自身の人生から詳細を思い出せる、対象物や人物、または場所と置き換えるように求めました。

私は、ウタ・ハーゲンの第4の壁をさらに発展させました。彼女の第4の壁のコンセプトを試していく中で、第4の壁の強さは**感覚**にあると気づいたのです。その俳優が選んだ思い出やイメージのディテールではなかったのです。私たちの記憶の中には、ある人々や場所、そして物事が鮮明にあり、それらについて話をする時、その感覚を呼び起こすことができるのです。「彼が今、私とまた一緒に部屋にいるみたい」とか、「まるで自分がそこに立っているみたいだ。よく覚えているよ」とか、「私の手の中に、ほとんどそれを感じられるのに」——決まり文句ではありますが、案外、軽い気持ちから出る言葉ではありません。私たちは皆、過去の記憶に引きずられながらも、「いま」「ここ」に対する意識を保つ能力を持っているのです。

第4の壁を使うカギは、人を引き付ける記憶の力だということがわかりました。もし私が、自分にとって思い入れの強い人や物、あるいは場所を選んだら、その人物や物、あるいは場所の感覚によって私は引き付けられ、それが自分に及ぼす力を第4の壁に感じることができたのです。もしも、私が選んだ人物や対象物、あるいは場所がニードに結び付いていたら、それは私の集中を第4の壁へと引き付けるリアリティと引力を持っているのです。私はその対象物や人物にくぎ付けにはならないし、執拗に場所を描こうともしませんでした。私はただ、自分の身

体の中を流れる感覚を自分に経験させたのです。——私が第4の
壁に置いたものが何であれ、それと一緒にいたいという感覚を。

壁

　このことを説明するために、私は第4の壁の感覚と誘いかける
力を探索するエクササイズを導きます。このエクササイズだ
けのために、俳優には自分と関わりのある強い印象を持つ人物
や物、そして場所を思い浮かべてもらいます。その人物は、あ
なたの人生の中にいる、満たされないニードと結び付いた人
でなくてはなりません。「俳優」ウォルター・リーなら、**ニー
ドの旅**に基づいて彼の父親を使うでしょう。その対象物は、**ニ
ード**の感覚と同じ感覚を抱えている物であるはずです。その人
物からの贈り物、何か分け合ったもの、おもちゃ、手紙、衣類
——例えば、ウォルター・リーの父親が彼にあげた銀の1ドル
硬貨。第4の壁における、3つ目、最後の要素は場所です。人
物や対象物と同じように、その場所もあなたの中に感覚を作り
出すものでなくてはなりません。ウォルター・リーには、彼の
父親の椅子が置いてあった自宅アパートのリビングを使うよう
に提案するでしょう。

　第4の壁のエクササイズにおいては、部屋の片側が舞台ツラ
になるように、あるいはカメラや照明が来る場所になるように
指示します。そしてあなたに、その面——第4の壁に向かい合
うようにしてもらいます。それから、あなたにその3つの要素
——人物、物、場所——について一つずつ、その名前を言って
から描写してもらいます。まず人物から始めますが、感覚記憶
や個人化で探検するために使ったのと同じような質問をします。
この人物はあなたにとって、どんな**ニード**をもたらすのか？

その人に対してどう感じるのか？　彼らは何を着ているのか？　その人に関わるどんな色や手触り、そして音や匂いがあるのか？　あなたが知っている肉体的な感覚や、その人に関して抱えている感情を述べていく中で、あなたの前にある第4の壁の中央にそれらの感覚や詳細を集中するようにしてもらいます。

　次に、あなた自身が選んだ対象物の感覚を探求してもらいます。第4の壁の中央に置いた人物とその物のつながりは何か？　その物の感覚は？　熱いのか、冷たいのか？　最後にそれを見たのはいつか？　これらの質問に答えるにつれて、その対象物の感覚とそれが持つ**ニード**が、俳優の答えの中に出てきます。私は俳優に、第4の壁の中央に置いた人物の右側に、それらの感覚を集中するようにしてもらいます。

　それから、場所についてワークします。それはどこなのか？　その場所の詳細は？　色は？　聞こえる音は？　そこは明るいのか、それとも暗いのか？　温かいのか、それとも寒いのか？　その場所から何か音や匂いを思い出すか？　第4の壁の中央の人物や右側の対象物とのそれぞれのつながりは何か？　その俳優が、場所に関しての十分な感覚を第4の壁の左側に想像できるまで、こういった質問をします。繰り返しますが、これは引き付ける力の問題なのです。その対象物を思い出せますか？　それと関係する**ニード**とそれによって誘発される十分な感覚を呼び起こすことができますか？　その場所も、その人物やその物のように、あなたを引き付けて、偽りのない感覚を経験させるものでなくてはなりません。

　古い冒険活劇映画『血闘（スカラムーシュ）』において、フェンシングの指導者が、弟子にフェンシングの剣の持ち方を説明します。「剣を鳥だと思いなさい」と彼は言います。「握りが強すぎると絞め殺してしまう。軽すぎると逃げてしまう」第4の壁の感覚も同

じように、バランスの取れた取り扱いが必要です。第4の壁の
エクササイズでは人物や物、そして場所のイメージが、まる
であなたと観客の間に浮かんでいるかのように、鮮明に描こう
とはしないのです。そしてまた、それら3つの要素や満たされ
ない**ニード**へのそれぞれの関係について、感じることや思いを
巡らすこと、そして詳細についてのすべてを分類しようとはし
ないのです。このエクササイズは、それら3つの要素によって
引き起こされる肉体的、感情的な反応を感覚的に**味わえる**よう
にデザインされています。実践すれば、その感覚を少し味わう
だけで、インティマシーを隠そうとする本能からあなたを引き
離すには十分ですし、さらには、観客に近づいて媚びを売ろう
とすることも抑えるのです。最初は恐ろしいと感じる俳優もい
ます。俳優は、常に3つの要素すべてを、自らの前に正確に描
くためにすべてのエネルギーを使わなくてはならないと誤解し
ているのです。しかし、第4の壁においては、ほんの少しの感
覚でいいのです。あなたが第4の壁の感覚に完全にコミットし、
その感覚を少しでも得ている限り、それは生きていて、十分で、
そしてあなたの身体の中の感覚としても利用できるのです。

　その俳優の選択によって、感覚や引き付ける力の強さや大き
さは異なります。ウォルター・リーなら、父親からもらった1
ドル硬貨よりも、父のリビングルームの感覚の方が、より強く
引き付けられるかもしれません。あるいは、実際にやってみた
ら逆かもしれません。演じることの喜びは、創造と遊びの喜び
です。俳優は常に、事実と想像を組み合わせる自由があります。
大事なことは、あなたの経験を源とし、あなたの想像力によっ
て使われる、感覚と引き付ける力とインティマシーの多様な質
を探求するために、第4の壁のエクササイズを使うということ
です。

電話をかける

　第4の壁のさらなる探求のために、俳優には第4の壁で使った人物との電話を即興で行ってもらいます。その人が生きていようと亡くなっていようと、俳優にはその人に聞かせたい言葉があるのは疑いようのないことなのです。

　電話のエクササイズ（以下、フォンコール）では、その俳優が第4の壁に置かれた人物から感じる感覚と100%相互に交流することが要求されます。電話の間中、その俳優は、緊急性のある**ニード**を持ちながら話すことがどんなことかという経験をします。それは、俳優がインティマシーに**飛び込む**能力と意思の強さを明らかにするテストなのです。フォンコールでは、俳優が現実の生活の中で絶対に相手に言えないことを、真実を持って言うために、想像力を使うことを要求されます。

　一般的には、人が電話で話をする時、みな無意識に頭を下げて受話器を顔に押し付けています。もしも、第4の壁からの感覚が俳優にとって引き付けられるくらい十分であれば、電話をしている間中、その俳優は頭を上げたままで顔が見られるでしょうし、俳優自身が観客ではなく、その電話自体に集中し続けるでしょう。フォンコールや第4の壁はともに、俳優は常に見聞きされ、それでいて親密であり、開放されている責任があるということを気づかせてくれます。

　ウォルター・リーは、父親を第4の壁の人物に使ったので、彼にはまたフォンコールの相手に父親を使ってもらいます。

ウォルター　父さん……なの？　ああ？　元気だよ、父さん……いや、元気じゃない。父さんが必要なんだよ。そう、必要なんだ、だって俺、ちゃんとできないんだよ。父さん……俺、

たくさんの人を傷つけてるんだよ。そのつもりはないけど、そうなんだ。

　ウォルターは瞬時に**ニード**へと入り、そして**ニード**から**トラジックフロー**へと移ります。

　ウォルター　父さん、言ってたじゃないか、「神が黒人に与えた唯一のものは、夢とそれを実現させるための子供たち」だって。そうだよ、俺にだって夢はあるさ。それに父さんの息子だ。夢を実現させようと必死なんだよ。でも、母さんが、母さんが夢を持つことを許さないんだ。母さんのリストには俺の夢は不要なんだよ。母さんが言うには、最後の審判の日まで取っておく、何かのリストなんだってさ。

　ウォルターのインティマシーは明白です。彼の父親と母親、二人の感覚をそれぞれ感じるごとに、彼の声や表情、姿勢まで変わっていきます。

　ウォルター　ねえ、父さん！　辛いんだよ、本当に辛いんだよ。人を裏切ったり、嘘ついたり、盗んだり、殺したくなったりするんだよ。俺には家族がいるんだ。とてもいい息子だよ。でも、俺たち一家はボロボロのひどい建物に住んでいるんだ！　同じフロアの他の住人と、まだバスルームをシェアしているんだ。

　ウォルターの言葉は依然として彼の**ニード**につながっていて、**ニード**に結び付いた強い感覚があります。

ウォルター　父さんは俺にあの家をくれた。いったいどんな男だったんだよ？　父さんにも家族がいた。でも、いつも酒を飲んでいたし、女もたくさんいた。それに、どこかの独裁者のように俺たちを支配した。それから、あんたはあきらめたんだよ、父さん。赤ん坊のクロードが死んだ時に、諦めたんだ。それからは、影のような存在でしかなかったよ。それで俺たちはどうなった？　母さんはいまだに白人の家の便所掃除をしているし、俺はあいつらの運転手だ。母さんには家を買う夢がある。みんなが快適に暮らす夢だ。でも、母さんは男の夢を理解してくれないんだよ！　俺は、意地悪で、欲深いどうしようもない男なんだよ。なんでって、俺には夢があるからさ。俺の家族は俺のことを憎んでいるんだ！

彼の痛みはリアルで、でも彼はそこから逃げません。第4の壁にある父親の感覚が、感情的な解放を明確に保っているのです。

ウォルター　でも俺はあんたのようには死なないよ、父さん！恥と苦悩でいつも頭を垂れ、ひび割れた天井を見上げることも、はい回るドブネズミやゴキブリを見つけることもできない乞食のような死に方はしない。男のするべきことって何だよ？　すでにくたびれ果てた自分の女房を裏切ることか？子供を無視することか？　立てなくなるまで飲んだくれることか？　自分の母親や妹を憎むことなのか……？　それが男のやるべきことなのか、父さん？　父さんは俺にしるしを残していったんだよ、夢を持つ人のしるしを！　夢追い人でるっていうのは危険なことだって知らないのか？　自尊心を失うかもしれないし、おそろしくて孤独だってことを知らな

いのか？

ウォルターは繰り返し、彼の**トラジックフロー**にぶつかります。

> **ウォルター**　俺は怒ってるんだよ。だって、あんたはどうやってこの世界に出て行って物事を成し遂げるかを見せてはくれなかった。でも、そうじゃない、父さん —— 俺にとっては、いっぱいもらえるものがあったのに —— そう、いっぱい —— でも、それは全部酒瓶の中に消えてしまった。父さん、俺はそんなふうにならないって言ってくれよ —— おれの息子はそんなふうにはならないって。

父親の負の遺産が自分の息子に受け継がれる恐怖が、ウォルターの中に表れます。

> **ウォルター**　夢はかなえられるっていうサインをくれよ —— アメリカに住む黒人だろうと関係ないって。将来、俺は自分のトイレで小便するって、母さんも嫁さんも、白人のためじゃなくて自分が用を足した後だけ掃除するって言ってくれよ！
> 　夢追い人の呪縛を解いてくれよ！　解いてくれれば、俺は男になれるし、自分の人生を生きられるんだ。そうすれば、息子もリビングルームのソファーで寝なくてもよくなる！　頼むよ、父さん、お願いだから……心の痛みや人を傷つける性格、酒飲みや頑固さのほかに、俺に何かをくれよ……新しく受け継ぐものを残してくれよ！　そうしてくれたら、良いことだけを思い出すように努力するから、父さん。そうするよ。父さんがしてくれた特別なこと全部、何にもないところ

から作り出してくれたものを。嘘や飲んだくれたこと、母さんの心をズタズタにしたことじゃなくて。約束するから、父さん……。

ウォルター・リーのフォンコールは、彼の**ニード**、**パブリックペルソナ**、そして**トラジックフロー**にしっかりと根を下ろしていました。彼は父親にある種の承認や尊敬を懇願すると同時に、自分自身をけなします。彼の「良い子」の**パブリックペルソナ**よりも、夢をかなえられない自分の無能さに対して感じる、怒りとフラストレーションが優位になります。彼の**トラジックフロー**は、死後も同様、生きている間もウォルターの志の達成を助けられなかった男との約束を、救いようがないまでに果たそうとさせるのです。

フォンコールにおいて俳優が言わなくてはならないことは、とても個人的なことです。あまりに個人的なので、実際、フォンコールのエクササイズを続けていく中で尻込みする俳優もいます。必然的に「向こうが切った」とか「父（または母、義理の姉妹、元夫）とは絶対にそんなふうには話しません」とか「聞いてくれないんです、今までだって聞いてくれたことがないんです」などと百万通りの言い訳をする人もいます。フォンコールに抵抗するということは、想像の喜びに抵抗することなのです。あなたはようやく、ずっと言いたかったこと、言う必要があったことをすべてぶちまけられるのです。それも、なんのリスクもなしに。本当に感じることをさらけ出す許可を自分に与えることで、想像力の力を経験するのです。

物まねがうまい喜劇俳優の、ピーター・セラーズを覚えていますか？　最初の数週間のクラスを通して、私はピーターが真に才

能があり、単なる模倣を超えたところに行けることを発見しました。**ニードの旅**において、彼は恐れ知らずでした。私は、第4の壁のフォンコールで彼が何をするのか、見るのが待ち遠しかったのです。

ピーターのフォンコールエクササイズが始まると、彼は机の上に足をのせて座っています。1月のニューヨークにもかかわらず、彼はこのエクササイズのために露出度の高いランニング用のショートパンツに着替えました。受話器を取る前に、ピーターはゆっくりとバナナにしゃぶりつきます。クラスの誰もクスクス笑いすらしません —— 実のところ、私たちみんな、動くのさえ怖かったのです。

ついに、ピーターが受話器を取ります。

「やあ、父さん？　ああ……なんだと思う？　いいや、演技の仕事を取ったんじゃない……ほら、当ててみなよ！　違うよ……ところでさ、覚えてるかい、父さんがどれだけこのホモ野郎とかあのホモ野郎とか、言っていたのか？」

彼はいったん話を止めて、バナナを味わいます。

「そうだよ、言ったんだよ。父親としてはよくなかったね、父さん……なんだと思う？　俺はホモセクシュアルなんだよ！　同性愛者！　いいや、父さん、神様と俺は問題ないさ。自分自身に祈りなよ。神様は同性愛に関しては疑問を持っているかもしれない —— でも、神様は醜いのが好きじゃない、そしてあんたは醜い頑固者だ」

ピーターの表情から、父親が電話を切ったことは明らかです。ピーターがかけ直します。

「2度と切るなよ！　そうだよ、俺があんたに指示するんだ。俺にはできるんだよ。なぜなら、俺はすべての可能性を自由に探求できる世界からあんたに電話をかけているんだ。あんたに愛し

ていると言うことだってできる。そうさ、父さん、愛しているんだ。父さんを失いたくないんだ」

　ピーターは泣き始めます。スタジオは、針が落ちる音さえ聞こえるほどです。涙ごしに彼が笑います。

　「スカッとしたよ。あんたに殴られるか、ホモ野郎と呼ばれずに泣く必要があったんだ。父さん？　いや、父さん、泣かないでよ。俺はここにいるから。話をしよう。大丈夫だから、でも罪悪感はお互いにとって何にもいいことないよ。いや、俺に悪いと思わないで。俺は、その罪悪感を使うことができるんだ。神様のお陰だよ。そう、神に感謝するのさ。でも、父さん、父さんはどうするつもりなの？　それを使わなきゃ、何とかして、それを創造のために使うんだ。じゃなきゃ父さんは変わらないし、ずっと醜い偏屈な男のままさ！　俺は父さんが憎いし、愛してもいる。父さんを殺したいし、助けたいんだ。俺はスタンリーでも、ブランチでも演じられる！　なによりも、愛しているよ、父さん。ようやく自分が何者か分かった今になって、父さんを失いたくないんだ。父さん、おれは恋をしているんだ。俺には好きな人がいて、彼も失いたくないんだ！」

　ピーターは電話を切りながら、再び泣いています。彼の正直で、心を打つ感情のジェットコースターの旅は終わりを迎えたのです。

第13章

対象物：紛失と発見

『わたしと一緒に喜んでくれ。
失われていたわたしの羊を見つけたからだ！』

ルカによる福音書　15章6節より

箱の中身

　『フォレスト・ガンプ／一期一会』は大ヒット映画でした。そして、1994年のアカデミー賞で最優秀映画賞、最優秀主演男優賞、そして最優秀監督賞を受賞しました。しかし、私はその作品からたった一つのこと——チョコレートの箱、しか思い出せません。『フォレスト・ガンプ』における他のすべてのことはぼんやりとしているのです。

　フォレストがチョコレートの箱を持つ、その持ち方には何かがありました。愛おしそうにチョコの箱を膝の上に優しく抱きかかえ、その箱の上に両手を添え続けている様子には何かがあり、それはフォレストが箱について述べているどんな言葉よりも、私にとってははるかに雄弁だったのです。人生は一箱のチョコレートのようなものだ、しかし、フォレストの箱はトム・

ハンクスの両手の中で、単なる隠喩以上のものを含んでいました。そのチョコレートの箱は**ニード**を抱えていたのです。

フォレストは、自分の子供時代を肉体的に思い出させるものとして、チョコレートの箱を優しく撫で、大事にします。フォレストの母親は、辛抱強く彼を守っていました。彼女はフォレストに、足の矯正器具や平均よりも低い知能という不利な状況を克服して、どうやって生きていくのかを教えました。「僕は賢い男じゃない」とフォレストは後に、生涯を通して想いを貫いたジェニーに伝えます。「でも、僕は愛がどういうものかを知っているよ」と。彼は愛が何かを知っているのです。なぜなら、母親が教えてくれたからです。

フォレストのチョコレートの箱は、フォレストというキャラクターだけでなく、トム・ハンクスという俳優にとっても同じくらい強い何かを抱えていたと私は信じています。その箱が出てくるシーンでは、ハンクス自身の子供時代の何かが、彼の中ににじみ出てきたのです。意識的なのか、それとも無意識的なのか、ハンクスはその箱に、自らの**ニード**「母親に保護してもらう」を**付与**したのです。

私はトム・ハンクスに会ったことがありませんし、彼と仕事をしたこともありません。どんな準備が彼の演技につながったのかはわかりません。でも、これだけはわかるのです。私はその箱のことを決して忘れないでしょう。なぜなら、その箱は**ニード**を与えられていたからです。

すばらしい俳優は、キャラクターに命を吹き込むのと同じように、物や小道具にも命を吹き込みます。『ケイン号の叛乱』において、ハンフリー・ボガート演じるキャラクターが法廷で証言する時に、彼のキャラクターが執拗に鉄製のベアリングを握りしめているシーンより、鮮明に思い出せる瞬間はないの

ではないでしょうか？　『真夜中のカーボーイ』で、ジョン・ボイトが房飾り付きのジャケットを振り回して帽子を整える仕草や、『タクシードライバー』でのロバート・デ・ニーロが、鏡に向かってどのように空砲を打つかを考えてみてください。『17歳のカルテ』と『女優フランシス』において、ウィノナ・ライダーとジェシカ・ラングは二人とも、キャラクターの日記をまるでそれが自分自身の一部であるかのように扱っていました。これらの俳優の手の中で、その対象物自体がキャラクターと同じくらい**ニード**を抱えているのです。

尋ねよ、さらば見出さん

　対象物に**ニード**のエネルギーと必要性を付与する方法を学ぶために、私は俳優に「紛失と発見」と呼ばれるエクササイズを行ってもらいます。私はその俳優に対象となる物を選んでもらいます。その対象物は、もしそれをなくしたら急いで見つける必要があるとすぐに想像できる物でなくてはなりません。それから、その物をなくす簡単なシナリオを作ってもらいます。

　家賃を払わなくてはいけない、けれど小切手帳が見つからない。親戚が病気で病院にいる、けれども車の鍵が見つからない。飛行機が1時間以内に離陸する、飛行機のチケットはどこ？どんなシナリオであっても、その対象物を探す5分間の探索を維持するために十分な説得力を持ち、かつシンプルでなくてはなりません。

　しかし、探索を実践していく状況において、俳優はなくなった対象物に自分自身の**ニード**を付与しなくてはなりません。俳優は、自分の探索に**ニード**を持ち込むために、自らの個人的な素材、**ニードの旅**で見つけ出したものを使うのです。俳優はそ

のニードと、なくした対象物を見つけることでニードが満たされると信じることに、コミットします。

　小切手帳は、「安全でいる」というニードを抱えているかもしれません。車の鍵は、「母親に守ってもらう」というニードを担っているかもしれません。飛行機のチケットは「自由になる」というニードを持っています。このエクササイズの物語の構成（起承転結）――何がなくなっているか、なぜ見つける必要があるのか、そしてあなたが授けることを選択したニード、これらを知っていること――は重要です。しかし、エクササイズの対象となる物は、単に物語を伝えるだけではないのです。

　紛失と発見がうまくいく時は、そのシナリオの進行とともに、俳優が自然と真実のふるまいをするのです。仮定された状況における一般的で、焦点の定まらないふるまいではなく、何かをなくした人間のとてもリアルなふるまいであり、ニードを伴った探索に対する反応なのです。

　長年にわたって私がワークしてきた俳優の多くが、紛失と発見の対象としてお金を使いました。例えば、「俳優」ウォルター・リーなら、母親が生命保険金の小切手をどこに隠したか探すことを選択するかもしれません。その小切手は、ウォルターが酒店を購入するのに取っておいたものなのです。

　私は「俳優」のウォルターに、小切手の代わりになる一枚の細長い紙切れを取ってもらい、スタジオ内に彼が準備した、家のアパートのセットに隠してもらいます。エクササイズが始まると、彼はその小切手がなくなった設定で、5分の持ち時間で探します。ウォルターは行方のわからない小切手に、ニード「尊敬されたい」を与えることに集中します。5分間の捜索の間、その物を見つけるまで、彼のニードが満たされることはないと、信じなくてはならないのです。

ウォルターの探索をリアルにするものは、彼の**ニード**です。単に５分という時間をかけて、母親の寝室のタンスの一番上の引き出しに隠してあった小切手を、あたかも奇跡のように見つけ出したところで、彼の探索はリアルにはならないのです。小切手が紛失したままでは、彼には尊敬されるチャンスは得られません。それは、彼がいやというほど知っている感情的な感覚であり、彼は想像力によってその感覚を信じてしまうのです。

　ウォルターのような俳優がこのシナリオにコミットし、**ニード**が持つ強い感覚をエクササイズに持ち込む時、興味深いことが起こります。俳優が探索するにつれて、その俳優のふるまいは、**ニードの旅**のそれぞれの段階を映し出し始めるのです。

　その最初の瞬間、ウォルターは小切手を持っていないことに気づきます。彼は、自分の切望する尊敬が手の届かないところに行こうとしているのを感じながら、**ニード**へと**降り立ち**ます。同時に、母親ならどこに隠すだろうかと考えています。ウォルターが捜索を始める時、彼の目の前の空間が、彼の目にはとてつもなく大きくなったように見えます。一瞬前までは何の変哲もない部屋であったものが、今や感情的な大きさと「**ニード**が満たされない場所」としての引力を持っているのです。

　次に、否定が入り込みます。違った場所を探したり、ふらふらと歩きまわり、彼の周りにあるものを横に倒したり、ひっくり返したりしながら、ウォルターは自分の**ニード**が満たされないことを実感します。彼は小切手を隠したことで母親を罵り、最初に原因を作った父親を罵倒します。

　それから彼の捜索は、より切迫した様相を呈してきます。ウォルターは**トラジックフロー**に入り込み、一瞬にしてどうすることもできない状態へとはまります。彼は無力感と不当に扱われている感覚に苛（さいな）まれながら、うんざりしてさじを投げます。

もしかしたら、誰かが、あるいは何かが自分に対して陰謀を企てているのか知りたいと要求したり、この苦境について、自分以外のすべての人を責めたりしているかもしれません。

　ウォルターの自滅的なふるまいは、より子供じみてきます。彼には、自らのインナーチャイルドに向かうほかに、どこにも行くところはないのです。そのインナーチャイルドと一体になることで、ウォルターは自分自身から外へ向かう道を見つけることができるのです。彼は、過去において自分の**ニード**を満たした人物から、何らかの前向きな言葉を想起するかもしれません。彼の自尊心は回復し、ウォルターは偶然かのように、小切手を見つけます。その対象物が見つかることで、彼の**ニード**「尊敬される」は満たされるのです。

第14章

プライベートモーメント

「プライバシーと静寂の中で、我々が公に公開する義務がある
その残酷な貞節を補填しようじゃないか。」

マルキ・ド・サド

ワンマンショー

　『アメリカン・ビューティー』における主要なキャラクター
には、彼らがそのシーンに一人でいたり、一人でいると信じて
いるシーンが最低でも一つはあります。レスター・バーナムは
鏡の中の自分をじっと見つめながら、自尊心と格闘しています。
レスターの妻キャロラインは、顧客の到着を待つ間、狂ったよ
うに「私は絶対にこの家を売る」と自己暗示のマントラを繰り
返します。レスターとキャロラインの娘のジェーンは、寝室の
鏡の中に、生きていくためのアイデンティティを探します。こ
れらのシーンのどれもが、そのシーンのキャラクターについて、
深く個人的でプライベートな何かを鮮明に暴露しています。

　これらの役を演じる俳優は、自分たちの役を細心の注意を払
って準備し、リハーサルしています。彼らは自分の役柄を大勢
の技術スタッフの前で演じています。それにもかかわらず、そ

れらの一人でいるシーンの間中、レスター、キャロラインそしてジェーンは、自然に振る舞っているように見えるのです。まるで彼らが本当に一人でいるかのようなのです。彼らがあまりにもプライベートに振る舞っているので、見ている人はのぞき見をしているように感じてしまいます。ケビン・スペイシー、アネット・ベニング、そしてソーラ・バーチが、『アメリカン・ビューティー』のそうした瞬間において到達したものは、スタニスラフスキーが「公の孤独」と呼んだものなのです。

人前で孤独に存在する

　スタニスラフスキーは、最も真実なパフォーマンスにおいては、俳優はそのキャラクターが一人だけで、誰にも見られていないという錯覚を作り出すと述べました。その俳優は、**人前で孤独**に存在しているのです。リー・ストラスバーグは、スタニスラフスキーの「公の孤独」の概念に特に触発されて、俳優が人前でプライベートに存在することの準備や心構えをさせるようなエクササイズを作り上げました。ストラスバーグは、彼の作り上げたものを「プライベートモーメント」と呼びました。

　ストラスバーグのプライベートモーメントのやり方は比較的シンプルでした。俳優は各々、実生活の中から、もし人に見られていると知っていたら決してやらないであろう行動を見つけて、選びました。そして想像力と詳細な記憶を使って、スタジオの中に、その行動を行うプライベートな場所を再現しました。それから、まるでそのプライベートな場所にいるかのようにして、その行動を行いました。

　ストラスバーグの俳優たちは、一人でダンスを踊ったり、独り言を言ったり、恐ろしく音痴な歌を歌ったりしました。それ

はまるで、私たちが自分の家のリビングにいるかのようでした。自分のアパートのバスルームという作り出した感覚の輪の中で、歯をほじったり、眉毛を抜いたりもしました。俳優たちには見えていた、そしてワークを見ている人も感じることができた玄関で、熱狂的に祈ったり、泣いたり、笑ったりしました。この方法で自分自身をさらけ出すことによって、幾層にも重なる抑圧と自意識の皮を剝くことを学んだのです。そして、その抑圧と自意識の層こそが、人前（舞台上、あるいはカメラの前）で、プライベートである（本当に親密である）ことから私たちを遠ざけているのです。

　プライベートモーメントこそが、リー・ストラスバーグの最も偉大な演技への貢献だと私は考えています。そして、それは最も議論の的となるエクササイズでもあります。その理由は、俳優が他人によって観察されるスタジオという環境の中で、俳優自身のプライバシーをさらけ出すので、プライベートモーメントはしばしば、パフォーマンスと勘違いされてきたからです。最高のプライベートモーメントは、その中で俳優が真の公の孤独に達するもので、それは観るにはとても不快なものでした。パフォーマンスとして見ると、プライベートモーメントはやりたい放題の、趣味の悪い露出のようなもの――その俳優をまったく知らない人にとっては、受け入れるのにあまりにも個人的な情報に見えるのです。

　しかし、プライベートモーメントは決してパフォーマンスではありません――**エクササイズ**なのです。ストラスバーグは、プライベートモーメントを俳優の能力を高めるために作り出しました。物語を伝えたり、誰かとコミュニケーションを取ったりするためではないのです。プライベートモーメントは、それを見ている方が恥ずかしくなるようなものであるべきです。そ

れがすべてです。それ以下のところで妥協する俳優は、本当の
プライバシーにはたどり着けません。

　ストラスバーグの批判者たちは、プライベートモーメントは
潜在的に危険だとも言っています。監督されていない、制御の
効かないサイコドラマ[18]と見なしている人もいて、それによって、
壊れやすい俳優の人間性が、まるでトランプで作った家のよう
に壊れてしまうと考えています。それはまったくのナンセンス
です。ストラスバーグは注意深く、俳優をふるいにかけました。
彼は私たち全員に、これは実験的なワークであり、自己尋問や
自己顕示、あるいは何かの告白でもないことを周知しました。

　初めてプライベートモーメントを学んだ時、どれだけ安全な
のかが私にははっきりしていました。そして、私は長年の間、
プライベートモーメントをやっていたのだと気づいたのです。

閉ざされたドアの向こうで

　子供の頃、私には自宅のバスルームで、いつも内緒で遊んで
いたゲームがありました。バスルームの鏡の中で、私は有名で
セクシーなブルースシンガーに変身したのです。私は、姉妹や
他の同い齢の子供のようにモータウン[19]には興味がなかったので
す。ダイアナ・ロスになりきる代わりに、私はエラ・フィッツ

＊18　サイコドラマ：心理劇とは、演劇の枠組みと技法を用いた心理療
　　　法。クライエントの抱える問題について、演技すなわち行動を通じて
　　　理解を深め、解決を目指してゆく集団精神療法で観客もまた重要な役
　　　割を果たす。
＊19　モータウン：1959年にデトロイトで誕生したレコードレーベル。
　　　ソウルミュージックやR&Bを中心に、ポップチャートでも大成功を
　　　収めた。

ジェラルドかダイナ・ワシントン、ビリー・ホリデイになり切っていました。

　同時に、子供が持つ絶対的な信じる力で、自分はバックバンドを持っていると自らに信じ込ませました。彼らは皆、私が知っている男の子か、近所でふだん見かける男の子でした。私は彼らを私のバンドミュージシャンに見立てました。その子たちと私は、何時間もぶっ通しでリハーサルをしました。それは、私のグループでした。私がボスで、曲を決めていました。私は、彼ら全員の注目の的でした。私が指を鳴らすたびに、バンドの子たちが私の決めたテンポについてくるのを想像しました。彼らが私の一挙手一投足を見ているのを確かめていたのです。

　もし誰かが、私が歌手として歌うこのルーティンを見たら、恥ずかしさのあまり消えてしまいたいと感じていたでしょう。私がそこに存在しない人に向かって語りかけたり、歯ブラシをマイク代わりに歌ったりしているのを誰にも見られないように、何度も外を確認しました。

　センチメンタルな片思いや失恋の歌を歌う、セクシーな女性シンガーになるゲームは、男性の興味を引くことについて私が理解していたことを探求する、小さな子供としての私なりの方法だったのです。当時の年齢で、私はどうやって性的に魅力的な存在でいられるのか、対処する方法をまったく知らなかったのです。私の母は、性的なことや生物学についてはかなりざっくばらんでしたが、初歩的な性教育の背後にある気持ちや態度についてはきちんと話し合ってはいませんでした。バスルームで一人きりになっている瞬間において、私は恐怖をどうにかしようとしていました。男女間のことを理解し、上手にやっていくには母の助けが必要だったのです。私は恐怖を感じていたし、母の導きを必要としていました。

私たちは年を重ねるにつれて、より自意識が強くなります。しかし、人生の中では一人きりの時間を持つことがあります。もし、そうした瞬間のいくつかを人に観察されているとしたら、私たちはより真実の自分をさらけ出しているでしょう。そしてそれは、もし私たちが見られていると知っている時に見せるよりも真実の自分なのです。こういった時のふるまいはプライベートなのです。なぜなら、フィルターにかけられていないからです。私たちの**ニード**とこの世界の間に、**パブリックペルソナ**の仮面が存在しないからです。

　そこがストラスバーグの発明の天才的なところです。俳優が**ニード**に達した時、その俳優の**プライベートモーメント**は成功します。**プライベートモーメント**が本当にうまくいっている時、つまり俳優がスタニスラフスキーの公の孤独に到達する時、その俳優は**ニード**の中にいて、**ニード**のエネルギーを本当に経験しています。どんな観客も、その俳優のプライバシーに侵入することはできません。

　私はチャームスクール[20]にも通いましたし、児童劇団にも在籍していました。アクターズ・スタジオに来た時には、たくさんのミュージカルシアターの技術を身に着けていました。プライベートモーメントは、それらが**パブリックペルソナ**の一部であり、**ニード**ではないと教えてくれました。それらは私に自信を与えてくれましたが、必ずしも真実を与えてはくれませんでした。もし私が、キャラクターの**ニード**の心の奥底からのリアリティに本当に存在したいのなら、私自身の**ニード**をさらけ出し、探検できるようでなくてはなりません。

＊20　チャームスクール：女性に美容、エチケット、マナーなどを教える学校。

個人のプライベートモーメント

　ストラスバーグの最も輝かしい功績の多くが、レニー・ブルース[21]が過激なジョークを話すことで収監された時代に行われていたのを覚えておくのは、重要です。当時の魔女狩り的な精神状況を意識してか、ストラスバーグは彼のプライベートモーメントエクササイズの本当にプライベートな性質を秘密にしていました。彼は時折、俳優たちのふるまいが真実に個人的なのと同じくらい習慣的であることを許していました。私はストラスバーグの輝かしい発見を、**ニード**を踏まえて作り直しました。私はそれを「個人のプライベートモーメント」と呼んでいます。

　ニードへと至る道は、その俳優自身のインティマシーを経験することです。インティマシーこそが私たちが求めるものなので、個人のプライベートモーメントにおいては、その俳優が考え付く中で最も心の奥底からのふるまいを行うように求めます。マスターベーションや排泄行為以外は、どんなものでも対象になります。

　俳優がバスルームの鏡に映る自分自身に優しくキスしたり、ベッドルームで、まるでスタジアムにいるかのように半狂乱でエアギターを演奏していたり、こうした個人的なプライベートモーメントの中で、私は**ニード**がくっきりとさらけ出される

---

*21　レニー・ブルース：ユダヤ系アメリカ人のスタンダップ・コメディアン。1950年代後半から1960年代前半にかけて、それまでタブーとされていた政治、宗教、人種差別、同性愛、中絶、セックス、麻薬、広告批判、貧困などアメリカ社会の抱える矛盾をテーマに過激なトークショーを行い人気となるが、言動を問題視した当局に目をつけられた1961年以降、公然猥褻（わいせつ）を理由にたびたび逮捕され、1964年有罪判決を受けた。（Wikipediaより）

のを見てきました。女性の服装に身を包む男の俳優もいました。俳優が神に語り掛け、神が返答するのを確かに聞いているのも見ました。俳優がアルバムに収められた家族写真を確かめるように見ていくにつれて、孤独と断絶による深い絶望が叫びだすのも見ました。これらの行動の一つひとつは、抑圧や自意識という鎖から俳優を解き放ち、**ニードに降り立つ**のに役立ったのです。

　また私は、彼らの個人のプライベートモーメントを、同じクラスの俳優の仲間たち全員の前で行うようにしてもらっています。これによって、彼らがプライベートな行いをする場所の感覚を作り、維持することができるか本当に試されるのです。第4の壁をしっかりと作らなくてはならないし、自分自身のためにもその環境をリアルにする必要があるのです。そしてまた、プライベートモーメントはその俳優にパフォーマンスをしないように要求します。「観客」に細かいところまでじっと見られている時に、正真正銘のプライバシーを達成するのは、俳優にとってとてつもない挑戦なのです。

　私は俳優に、個人のプライベートモーメントのための私的な行動を3つ準備してもらいます。もし、最初のプライベートな行動で公の孤独に行き着かず、**ニードに降り立つ**ことができなければ、2つ目に移ります。また、それが十分に強いものでなければ、3つ目に移ります。3つの行動のうちのどれかは俳優をプライバシーへと解放して、**ニード**へとたどり着かせるものでなくてはなりません。

　「俳優」ウォルター・リーなら、3つのプライベートな行動を考え出すのに苦労するかもしれません。ウォルターは彼の生涯を、同じ狭苦しいアパートで過ごしました。彼は私のようにバスルームの中で妄想しながら大人になりませんでした。なぜ

なら、彼の家族は同じ階の他の住人たちとバスルームを共有していたからです。

しかし、皆が外出していた時もあったはずです。母親は教会に、妻は仕事に、妹や息子が学校へ行っている間に、ウォルターはおそらく、彼の持つほんのわずかのプライバシーを楽しむチャンスを享受したでしょう。彼は多分、自分と張り合う想像上の事業家仲間と話をしたかもしれません。もしかしたら、彼の輝くような前途について、想像上のジョン・ロックフェラーと話をしたかもしれません。

もしそれがウォルターを、彼の「尊敬されたい」という**ニード**やプライベートな孤独まで到達させなければ、彼は他のことを試さなければいけないでしょう。もしかしたら、ウォルターは大成功した酒屋チェーンの中で、一番新しいお店をレポーターに見せて回るかもしれません。はっきり言って、彼の**ニード**まで本当に到達するには、もっと深くまで行く必要があると私は思っています。

私は息子のカールをアッパーウエストサイドのメゾネットアパート_{*22}で育てました。それは1950年代の南シカゴの借家とはあらゆる意味で違っていました。しかし、私たちのアパートでも多くのプライバシーはありませんでした。

下の階のバスケットボールの試合の音が聞こえてくることもありました。私は選手たちや、ボールをドリブルする音、応援する群衆、ショットクロック_{*23}を聞きながら、それについて全く

＊22 メゾネットアパート：住居内が上下階に分かれているアパート。
＊23 ショットクロック：バスケットボールにおけるショットの時間制限を示す時計。ボールを所有する攻撃側が一定時間以内にショットをし、ゴールするか、そのボールがリングに触れなくてはならない。

気にしていませんでした。私は階段の手すりにもたれて、カールが試合のすべてを身振りで演じ切っているのを視界に捉えていました。私がTVだと思ったのは、息子が群衆の歓声をあげたり、バスケットボールの動きをしたり、想像上のボールをバスケットに入れるマイケル・ジョーダンになっていたのだとわかりました。子供の想像力に支えられて、カールはその試合を自分自身で作り出したのです。

　それが、本当に有効なプライベートな行動として私がウォルター・リーに提案したであろうことです。ウォルターの子供時代は1930年代です。彼はボクサーのジョー・ルイス、当時のマイケル・ジョーダンみたいな存在に憧れていたに違いありません。私は想像してみるのです。個人のプライベートモーメントの中で、ウォルターはジョー・ルイスの試合の一つを最後まで演じるでしょう。息子のカールがマイケル・ジョーダンをバスケットボールの試合で演じたように。

　彼個人のプライベートモーメントでは、ウォルター・リーは、ジョー・ルイスがドイツ人ボクサーのマックス・シュメリングと再試合の末に勝利を飾った試合を再現するでしょう。ナチス[*24]

＊24　ジョー・ルイス対マックス・シュメリング戦：ジョセフ・ルイス・バローは、アメリカ合衆国のプロボクサーで、元WBA（当時はNBA）ボクシング世界ヘビー級王者。第二次世界大戦間近の1938年、ドイツのアドルフ・ヒトラーから「アメリカのボクサーを叩きのめせ」という命令を受け、かつてジョー・ルイスと対戦し12回KO勝ちした、元世界ヘビー級王者マックス・シュメリングが送り込まれてきた。「第二次世界大戦前哨戦」と銘打たれた決戦の前に、時のアメリカ大統領フランクリン・ルーズベルトはホワイトハウスにジョー・ルイスを招待し激励した。試合は124秒の間に3度のダウンを奪ったジョー・ルイスの勝利に終わり、ジョー・ルイスが人種の壁を越えて米国の国民的英雄となった。（Wikipediaより）

によるプロパガンダマシーンは、1936年のルイスのシュメリング戦での敗北を、アーリア人が劣等なアメリカ黒人に対して勝利したと大げさに宣伝しました。シュメリングとの2度目の対戦で、ルイスは母国のために戦いました。そして彼は、白人の国のアメリカの、黒人チャンピオンになりました。

　ルイスがシュメリングを打ち負かす124秒を演じ切る時、ウォルター・リーはルイスのコンビネーションパンチを繰り出すでしょう。そして、1936年に敗北を喫した時とは違い、決して左のガードも落とさないでしょう。また、ウォルターは多くの声援の中に混じっていた、ルイスのキャリア中ずっと付きまとってきた人種差別主義者の白人ボクシングファンによる侮辱も忘れないでしょう。もし、ウォルター・リーが自分の生の**ニード**「尊敬されたい」にまで達したなら、シュメリング戦の勝利の陰にあるルイスの複雑な感情を経験するでしょう。

　私たちのサークルの中にいる、アンジェリーナ・ラ・モンローを見てみましょう。彼女個人のプライベートモーメントが始まると、彼女はクラス全員の前に裸で立っていました。彼女の眼が眼前の一点を見つめている様子から、彼女が第4の壁に作られた想像上の鏡の後ろに引きこもっているのは明らかでした。彼女は左手にカミソリを持ち出します。彼女がカミソリを裸の太ももに押し当てる瞬間、クラス中がはっと息をのみます。危うく、そのエクササイズを止めるところでしたが、カミソリの刃がテープで切れないように細工してあるのに気づきました。アンジェリーナは、繰り返しカミソリで太ももを切り付けます。一切り一切りが彼女の心の奥底へと、深く導きます。その感覚は彼女にとってはリアルでした。そして彼女の率直さが、私たちを彼女の中へと引きこみました。彼女は言葉にできなかったことを伝えるために自傷行

為を使いました。彼女が自分自身をより容赦なく切り付けるにつれて、彼女の子供時代が解放されていきます。そのプライベートモーメントは見るに耐えられなくなり、私はそのエクササイズを止めました。彼女の他のプライベートな行動が何であったか知る必要がなくてよかったと、私は感謝しています。彼女の最初の選択は完璧に機能しました。アンジェリーナのワークが本物であることを私はとても喜んでいます。それは痛ましいものでした。そして、それはそうであるべきなのです。

第3部

キャラクター

THE CHARACTER

第15章

キャラクターの歴史

正しい歴史などいうものは存在しない。ただ、個々の歴史があるのみだ。

ラルフ・ウォルド・エマーソン

批判をしない

「俳優は、自分たちが演じる人々に対して責任がある」とフィリップ・シーモア・ホフマンは言っています。「あなたは自分が演じる人間を、どんなことがあっても最終的には愛さなくてはならないのです」。その愛は、絶対的なもので、無条件のものです。そして、無条件の愛には批判をする余地がないのです。

デンゼル・ワシントンによると、『トレーニング デイ』で彼が演じた策謀家のアロンゾ・ハリスは「傲慢な泥棒で、嘘つき、人殺しで病的なまでに自己中心的」で「心を持たない、異常で病んでいる男」です。しかし、記者会見でハリスについて話すために使われたこれらの言葉は、ワシントンによる愛情からの言葉なのです。『トレーニング デイ』において、デンゼル・ワシントンは、アロンゾ・ハリスを一瞬たりとも批判しませんでした。彼の言葉通りに言うなら「警官のハリスでなく、男と

してのハリス」に憐れみを感じたのです。ワシントンは、アロンゾ・ハリスという人間を堕落させた環境の感覚を、すべての言葉とすべてのしぐさを通して、自分自身のものにしたのです。「狼を捕まえるには、狼が必要だ」ハリスは、新人のパートナーに言います。「まず街を見て、匂いを嗅いで、街を味わうことから始めろ」。

　『トレーニング デイ』が封切られ、デンゼル・ワシントンがアカデミー賞を受賞した後、『トレーニング デイ』の中で、どうやって彼が悪者を演じたのかについての取材がありました。デンゼルは『トレーニング デイ』までに彼が演じてきた、正しいけれど欠陥のあるヒーローたちと同じ人間性と生真面目さをハリスに授けたのです。ハリスの正義はひねくれていて、その欠陥は非常に根が深いのです。

<u>冷血</u>

　フィリップ・シーモア・ホフマンは、『カポーティ』におけるトルーマン・カポーティ役でアカデミー賞を受賞しましたが、その役作りを膨大なリサーチから始めました。役作りにおいて、常に細部まで行き届いた準備を行うホフマンは、カポーティの書いたものを味わったり、カポーティの人生や作品についての思い出をシェアしてくれる、カポーティの友人や仕事仲間に会ったりすることに数ヶ月を費やしました。ホフマンは、メイスルズ兄弟による1966年制作のドキュメンタリー『A Visit with Truman Capote』やカポーティがニューヨークでリーディングをしている映像、そしてカポーティ本人がさまざまなTVや映画に出演しているものを研究しました。

　ホフマンは小柄な作家に体形をより似せるために40ポンド

（約20kg）の減量をしました。それ自体が信じられないほど困難なタスクです。それでも、1960 〜 70年代の文壇を代表するセレブリティの一人であるカポーティの外面を細かく研究するだけでは、ホフマンでも太刀打ちできなかったのです。実際、トルーマン・カポーティを演じることは、単なるテクニックの実践をはるかに超える挑戦だったと、フィリップ・シーモア・ホフマンは告白しています。映画のタイトな撮影スケジュールのかなりの期間、彼はカポーティを演じることに悪戦苦闘しました。親しい友人やすばらしい俳優たちとワークをしていたにも関わらず、カポーティの製作は彼の人生で最も困難な時期だったとホフマンは言っています。

　フィリップ・シーモア・ホフマンは父親であり、彼の劇団の主宰者であり、そして政治問題に取り組む団体の支援者でもあります。彼は、演劇における競争の最前線からうまく身を引くことができました。一方、トルーマン・カポーティは性的にだらしなくて、平気で人を操る人であり、極めて自己破壊的な人でした。彼は59歳の時に、複数の薬物摂取による肝不全で亡くなりました。検視官の報告には、十年以上にわたる「複数の薬物中毒」と書かれていました。

　トルーマン・カポーティに、実在した鮮やかさで、生き生きとした呼吸する命を吹き込むために、フィリップ・シーモア・ホフマンは自分自身の中にある最も暗い場所を詳細に調べたり、再び訪れたりしなければなりませんでした。自分でも気づかなかった野望、性的嗜好、依存的なふるまい。これらはほとんどの人々が自分の中に認めたくないたぐいの事です。撮影の期間中に、ホフマンは自分の抵抗を打ち破ることができました。「それは単なるコピーではなかったのです」とホフマンはインタビューで言いました。「それはただの形態模写ではなく、キ

ャラクターを創作することでした」ホフマンの創造活動は、彼の言葉によると、「彼自身をトルーマンに引き渡す」ことを必要としました。最終的に、それはまさに彼が行ったことなのです。

ホフマンは、不寛容な時代における悪びれないゲイの男という、偶像的な**パブリックペルソナ**をしっかりと捉えた演技を巧みに作り上げました。ホフマンは「受け入れられたい」という計りしれない**ニード**と自己嫌悪を発掘したのです。その耐え難い自己嫌悪こそが、カポーティに自己破壊を続けさせ、早死にへ導いていく**トラジックフロー**なのです。自らの魂をむき出しにすることで、ホフマンはトルーマンのキャラクターに魂を与えたのです。

歴史の教訓

ここまでで、俳優自身の人生経験の真実が、生きた創造の源として必須であるということを、あなたは理解しなければなりません。**ニード**、**パブリックペルソナ**、そして**トラジックフロー**は架空のキャラクターのドラマチックな生命の基盤であり、俳優自身の人生の土台でもあります。これら3つの力が、脚本に描かれたキャラクターの形を作ります。なぜなら、それらは実人生での人間のふるまいに働いている力と同じだからです。

すべてのキャラクターは、脚本に描かれている状況によって形作られます。そういった（キャラクターを）特徴付ける状況の多くは、脚本の物語が始まるずっと前から生じています。脚本によって限定された物語の世界に生きるどのキャラクターにも、人生とその背景にまで広がっている歴史があります。観ている人は、キャラクターの歴史における決定的な瞬間が起きる

のを見る必要はありません。観客はキャラクターの**ニード**、**パブリックペルソナ**、そして**トラジックフロー**の裏にある正確な出来事を知る必要はないのです。しかし、そのキャラクターを描く俳優には知る必要があります。

すべてのキャラクターには歴史があり、俳優はその歴史を知る責任があります。キャラクターが調査可能な伝記のある実在の人物に基づいていてもいなくても、フィリップ・シーモア・ホフマンがカポーティの経歴を知っていたのと同じくらい、自分が演じるキャラクターの歴史を知ることは、すべての俳優の仕事なのです。その俳優が『ロー&オーダー[*1]』で一行の会話しかない日雇いでも、あるいはエイブラハム・リンカーンとしてひとり芝居に出ていても違いはないのです。俳優の内的世界とキャラクターの内的世界に共通するものを発見し、確立し、そして維持するためには、俳優がそのキャラクターについてすべてを知る必要があるのです。

究極的には、俳優の仕事は物語を伝えることです。しかしながら、今のところ、私たちのキャラクターワークは、その責任については触れません。キャラクターの歴史を俳優の歴史に結び付ける原動力をよりよく理解するために、脚本の世界の外側のキャラクターを見てみましょう。次の章からいくつかの章では、俳優の真実をキャラクターの真実と結合させることに特に焦点を置きます。

俳優の真実をキャラクターの真実と結合させるために、ここでは架空のキャラクターではなく、歴史上の人物を使います。これは『カポーティ』におけるトルーマン・カポーティや、

---

*1　『ロー&オーダー』：（原題：LAW & ORDER）　アメリカで1990年9月から2010年5月まで放送された刑事・法廷ドラマ。

『TINA ティナ』でのティナ・ターナーということではありません。どちらの映画もドキュメンタリーではないからです。これらの映画におけるキャラクターは、実在の人物に基づいており、注意深い、十分なリサーチによって書かれています。しかし、作家はトルーマンやティナを、作家自身が作った、全く異なる物語の旅人として再構築しているのです。これらのキャラクターはさらに、役を演じるホフマンやアンジェラ・バセットによって、それぞれの脚本の登場人物として解釈されたのです。それは、トルーマンやティナの実際の生涯における事実からの解釈ではないのです。

リサーチの役割と、俳優が役とつながる過程をより理解するために、物語から自由になった「キャラクターたち」を見てみましょう。ここでは、彼ら自身の生涯の歴史によってのみ定義される実在の人物を使います。これらの実在の「キャラクターたち」は、今後取り組んでいく脚本化されたキャラクターのための補助輪になるでしょう。実在の「キャラクターたち」は、前のセクションで俳優に置いたフォーカスと、次のセクションで注目した脚本のテキスト自体との中間地点にあります。

歴史学者や伝記作家は、歴史上の人物の性格や生涯を修正したり、再評価したりする傾向があります。エイブラハム・リンカーンの性格に関しての最近の見解には、歴史学者ジョシュア・ヴォルフ・シュネックや小説家ゴア・ヴィダルによるリンカーンの鬱的性質を強調したものから、ドリス・カーンズ・グッドウィンやデビッド・ハーバート・ドナルドによる、人間の性質に対する鋭く繊細な鑑定家としてのリンカーンの描写まであります。クラレンス・アーサー・トリップはリンカーンの結婚はごまかしで、第16代大統領は公にしていない同性愛者であったと断言しています。

キャラクターとしてエイブラハム・リンカーンを探索する俳優にとって、これらの解釈のどれが妥当なものかは分かりません。俳優の本能次第です。リサーチをする間に、俳優は手探りで探し、自分自身が**ニードの旅**を通して掘り下げたくらい深くまで、そのキャラクターの人生と事実の中へと掘り進めなくてはなりません。もしもあなたが、リンカーンやマイケル・ジャクソン、ジョセフィン・ベイカー[*2]、マーガレット・バーク＝ホワイト[*3]、カート・コバーン[*4]、ドナルド・トランプ、あるいはマリー・アントワネットについて、徹底的に研究するなら、個人的なつながりは明らかになるでしょう。一度、十分な事実が発掘されれば、創造が始まります。

「あなたもそうするかもしれない」

　俳優は、脚本のキャラクターや隣に住む人、姉妹、あるいは兄弟を批判しないのと同様に、歴史上の英雄や悪者を批判できません。もちろん、アドルフ・ヒトラーは怪物であり、彼の行った身の毛もよだつ恐ろしい犯罪はいまわしく、人の道から外れたものです。しかし、ヒトラーをキャラクターとしてリサーチする上で、絶え間ない肉体的虐待と、誰からも育むような愛情を受け取らなかったことが、ヒトラーの子供時代を特徴づけたという事実を認めないのは不誠実と言えるでしょう。ドイ

＊２　ジョセフィン・ベイカー：アメリカ・セントルイス出身のジャズ歌手・女優（1906―1975）。
＊３　マーガレット・バーク＝ホワイト：アメリカを中心に活躍した、女性報道写真家、戦場カメラマンの草分け（1904―1971）。
＊４　カート・コバーン：アメリカのロックバンド「ニルヴァーナ」のボーカリスト兼ギタリスト（1967―1994）。

ツの保護者であり、救世主である「総統」という**パブリックペルソナ**は、ヒトラーが非常に効果的に世間に広めたものですが、彼の**ニード**「守られたい」がどれほど底なしで満たされていないかを反映しています。それは、彼の怪物的でありながら、矛盾しない**トラジックフロー**――社会病質人格障害[*5]のふるまいを軽減したり、矮小化(わいしょうか)することは決してありません。

　良くも悪くも、誰もが満たされない感情的な**ニード**を持ち、**パブリックペルソナ**がそれを隠し、そして**トラジックフロー**は**ニード**と**パブリックペルソナ**が機能不全に陥る時に噴火します。どれだけ良いことをしようと、どれだけ洗練されていたり、信念が確固たるように見えたり、清廉潔白に見えたとしても、誰もが自分自身の内に働いている、同じキャラクターの3次元を持っているのです。

　ローザ・パークスは、1955年にアラバマ州モンゴメリー市の人種差別された市バスで、白人に席を譲ることを拒否したことで知られています。彼女の反抗的行動とそれにつづく逮捕は、アメリカ市民権運動の存在を世界中に気づかせることになりました。それらはアフリカ系アメリカ人のバス乗客によるモンゴメリー市バスへの乗車拒否へとうまく飛び火しました。モンゴメリー市のボイコットで、マーティン・ルーサー・キング・ジュニア牧師が初めて公衆の目前に立ったのです。このボイコットが最終的には、アラバマ州の人種差別法を廃止に導いたのです。

＊5　社会病質人格障害：反社会的な行動や気質を特徴とする精神疾患（パーソナリティ障害）。行動遺伝学者デビッド・リッケンによると、社会病質的人格(ソシオパス)は親の育て方などによって後天的に獲得され、遺伝や元来の気質など先天的なものによるサイコパス的人格と分けられている。

人種的分離主義のアラバマ州において、人種差別者に屈しようとしなかった、慎み深く、敬虔な女性の裁縫職人の物語は語り草となっています。1989年、中国の天安門広場において、抗議運動の参加者が、たった一人で中国陸軍の戦車に対峙している写真をニュースカメラが報道した時、ネルソン・マンデラは「ローザ・パークスの瞬間」だと宣言しました。

　一般的な歴史では、ローザ・パークスを天使のような殉教者としています。彼女と同世代の人々はその評価に賛同します。人種平等会議のジェームズ・ファーマーは「ローザには不思議な、敬虔な輝きがありました。ある種のキリストの光のハミングのようで、それが彼女に独特の威厳を与えました」と思い起こしています。2005年、ローザ・パークスが亡くなった時、ミシガン州の連邦議会議員ジョン・コニャーズは、23年間、ローザがどのように彼のために働いていたかをありのまま語りました。コニャーズは言いました「ローザに対して敬意を持って接しました。なぜなら、彼女はとても寡黙で、穏やかな──とても特別な人だったからです」。

　しかし、ローザ・パークスも肉体を持つ女性です。彼女の長い人生は、多くの痛みと困難とで傷ついていました。彼女はアラバマ州のタスキーギで生まれました。しかし、大工の父親がローザの母親レオナ・エドワーズと二人の幼子を捨てた時、レオナは両親と共に、アラバマ州のパインレベルにある、床の汚れた掘っ立て小屋に移り住みました。

　幼い子供時代を通して、ローザは年齢のわりに小柄で、風邪や扁桃腺炎に苦しみました。ローザは、母親が別の街の学校で教えている間、パインレベルで祖父母の手に預けられていたのです。年齢や、体の小ささ、虚弱さにも関わらず、ローザは綿花畑で他の小作人の子供たちと同じように働き、弟のシルベス

ターの面倒を見ていたのです。

　彼女の自叙伝『ローザ・パークス自伝』（潮出版社）の中で、彼女が思い出す、もっとも幼い頃の二つの記憶が綴られています。最初の記憶は、いい子にしていたことで祖父からとても褒められていたことです。主に祖父母に育てられた多くの子供のように、彼女も子供でありながら大人のように行動することを期待されました。二つ目の記憶は、クー・クラックス・クラン[*6]が自宅に襲ってきた場合に備えて、祖父が膝の上にショットガンを抱えながら近くの揺り椅子に座っている間は、眠りにつくように努めていたことです。生涯において不眠症に悩んでいたのも、無理からぬことです。

　ローザは、子供の時に弟の面倒を見ていました。それから、病気療養中の祖母、アルコール依存の夫レイモンド・パークス、そして母親が病気になると、母親のレオナの面倒を見ました。ローザは全生涯を他人の面倒を見て過ごしてきたのです。アメリカの歴史から思い起こされるだけでなく、ローザ・パークスを知る人たちも思い浮かべる聖人のようなイメージは、彼女の**パブリックペルソナ**――聖人／世話をする人――なのです。

　早く成長することを期待され、父親不在で過ごし、そして全生涯を他人の弱さの重荷を背負わされて生きてきた、ローザ・パークスの**パブリックペルソナ**が隠している**ニード**は、彼女自身が「世話をしてもらいたい」でした。聖書の中のローザのお気に入りの部分の一つ、詩篇第27篇の部分が示しています。

　　　それは、悩みの日に

---

*6　クー・クラックス・クラン：アメリカの秘密結社、白人至上主義団体。（通称：KKK）

主が、私を隠れ場に隠し、

　　その幕屋のひそかな所に私をかくまい、

　　岩の上に私を上げてくださるからだ。

　彼女の生涯にわたる教会に対しての献身、信仰心、そして教会が与える所属感は、その**ニード**に対する鎮静薬でした。

　ボイコットの当時、ローザ・パークスという黒人の小さな裁縫職人がアメリカの歴史を不用意にも変えたのは、あまりに疲れていてバスの席を譲らなかったためだという、完全に間違った決まり文句が白人のマスメディアによって広められました。1955年に彼女が逮捕される時まで、ローザは全米黒人地位向上協会（NAACP）会長のエドガー・ニクソンの秘書として12年間、アラバマ州の公民権運動において活動していました。彼女は、投票者同盟のメンバーであり、スコッツボロー事件[7]や他の人種差別主義による不当な行為の犠牲者のために精力的な活動を行う人でした。

　しかし、ローザの公民権活動は常に表立つことはありませんでした。ミーティングを企画したり、ノートを取ったり、電話をしたりしていました。彼女は決して、実際の市民による不服従には参加しませんでした。ローザ・パークスの**トラジックフ**

＊7　スコッツボロー事件：1931年、アメリカのアラバマ州で起きた黒人少年に対するでっち上げ裁判事件。13歳の年少者を含む9人の若い黒人が、貨物列車内で2人の白人女性を強姦した容疑で逮捕投獄され、直ちに死刑判決を受けた。この裁判を人種差別体制を象徴する事件と考えた共産党は、全国黒人地位向上協会とともに無罪釈放運動に取り組み、国際的な問題にした。「被害者」自身が強姦の事実を否定、連邦裁判所が裁判のやり直しを命じ、大統領が釈放を要請したにもかかわらず、結局、アラバマ州裁判所は最高99年という長期刑を言い渡した。しかし、50年までには全員が釈放された。（日本大百科全書より）

ロー、「世話をしてもらいたい」という**ニード**と世話をする人という**パブリックペルソナ**の袋小路は、怒りです。表立った生活において、彼女がその怒りに囚われることがほとんどなかったという事実は、彼女の歴史における神秘性の一部となっています。

そして、運命のバスに乗った際について言えば、怒りが彼女を歴史の一部分にしました。1955年12月、ローザ・パークスがそのバスに乗車した時、彼女は疲れていて、うんざりしていました。12年前に、モンゴメリー市のバスから強制的に降ろされたのと同じバス運転手と対峙した時、彼女の非暴力による消極的な抵抗は、受動的攻撃性[*8]と一体化しました。確かに、彼女は疲れていました。しかし、彼女を威嚇している、武装した白人のバス運転手が12年前に彼女を降車させた同じドライバーだとわかった時、彼女は頑として席を譲りませんでした。

ローザ・パークスのキャラクターを吸収するために、俳優であるあなたはこれらのことすべてとそれ以上のことを知らなくてはなりません。ローザの**ニード**、**パブリックペルソナ**、**トラジックフロー**という装備を身に着けて、重要な出来事、肉体的詳細、そしてローザ・パークスの人生を形成する人々を発見し、チャート（年表）を作り始めるのです。あなたはローザの回想録だけでなく、ダグラス・ブリンキーによるローザの伝記、反人種差別主義者バージニア・デュールの、ローザとの親交について書かれた回想録や、他の多くの資料も読む必要があります。

---

*8　受動的攻撃性：英語でpassive aggressiveness。心理学用語。怒りや不満などの否定的な感情を直接的には表現せず、沈黙・無視・サボタージュなどの消極的かつ否定的な態度・行動を取ることで、相手を攻撃しようとする心理。

ローザ・パークスは、人種差別的なジム・クロウ法[*9]が有効で
あったアラバマ州で育ちました。彼女は自叙伝の中で回想しま
す。6歳にして、「私は、私たちが実際には自由の身でないと
認識するくらい十分に大人でした。クー・クラックス・クラン
が黒人の居住地域を走り抜け、教会を焼き、人々を殴り、殺し
ていたのです」。

　読むことができるようになると、ローザは目に入るどんな本
でも貪り読みました。その時代の多くの南部黒人のように、ロ
ーザは『奴隷より立ち上がりて』などの、ブッカー・T・ワシ
ントンによる意識を向上させるような自己啓発書を読みました。
読書と人種差別的共同体において、その日その日を生き延び
る現実が、彼女の中にある種の現実主義を育みました。「私は、
自分にはいかなる根拠もないという考えが、心の中に作られる
のが嫌なのです」と彼女は後年に書いています。

　ローザは献身的に教会に通う人でした。彼女は飽きることな
く聖書を読み、重要なところに下線を引き、注釈を入れ、一節
一節を記憶に留めるようにしました。「神は私にとってすべて
なのです」と彼女なら言うでしょう。解放奴隷によって設立さ
れたアフリカン・メソジスト監督教会は、「その音楽的リズム
とアフリカの響きが、若い頃の自分をワクワクさせました」と

＊9　ジム・クロウ法：1876年から1964年にかけて存在した、人種差別
　　的内容を含むアメリカ合衆国南部諸州の州法の総称。主に黒人の、一
　　般公共施設の利用を禁止制限した法律を総称している。この対象とな
　　る人種は「アフリカ系黒人」だけでなく、「黒人の血が混じっている
　　ものはすべて黒人とみなす」という人種差別法の「一滴規定（ワンド
　　ロップ・ルール）」に基づいており、黒人との混血者に対してだけで
　　なく、インディアン、ブラック・インディアン（インディアンと黒人
　　の混血）、黄色人種などの、白人以外の「有色人種」（Colored）をも
　　含んでいる。

後年になってローザは書いています。

　ローザの人生における感覚のディテール──子供のころの嚥
下能力の低さによる痛み、女性裁縫職人のキャリアを悩ませた
慢性滑液包炎──は探求されなければならないでしょう。塩味
のハムや野菜、そして子供のころの揚げたナマズの味、そして
ボイコットの数か月前に彼女がハイランダー・フォーク・スク
ールのゲストとして呼ばれた時、「焼いたベーコンとコーヒー
を淹れる香りを楽しむことと、自分の代わりに白人が準備をし
ていると知っていること」から思い出す誇りと喜びは、等しく
必要不可欠です。

　ローザ・パークスに挑戦する俳優は、ローザが憧れたゴスペ
ル音楽を聞いたり、ローザが力を得ていた聖書の言葉を読んだ
り、飽くなき読者としてローザ・パークスが吸収するのと同じ
くらい多く、当時の新聞報道や学術的な定期刊行物、そして大
衆向けの雑誌を見なくてはならないでしょう。

　要するに、この女性の生涯についてすべての記録されている
詳細を調べなくてはならないし、すべての可能な交流を見つけ
ていかなくてはならないのです。ローザ・パークスを演じる俳
優であるあなたは、あなた自身とキャラクターについて、あら
ゆる手段を尽くさなくてはならないのです。ローザの生涯にお
けるすべての重要な人物には個人化をします。ローザ・パーク
スについて学んだすべての状況について、あなた自身の経験か
ら共有できる感覚があるのです。

　それは脚本に描かれていようと、いなかろうと、どんなキャ
ラクターでも同じなのです。やるべきことが多いように見える
かもしれません。なぜなら、実際そうだからです。しかし、俳
優が自分自身について行う内的ワークのように、それは報われ
るのです。ディテールや事実、そして歴史における些細なこと

は、キャラクター作りにとって、説得力のある原材料なのです。物語作りの第一人者、ロバート・マッキー（偶然ではなく、俳優としてキャリアを始めた）は彼の著作『ストーリー　ロバート・マッキーが教える物語の基本と原則』の中で「私たちはキャラクターの伝記の景観を整え、何度も繰り返し収穫できる庭になるようなイベントを植えているのです」と書いています。

*10　ロバート・マッキー：アメリカのシナリオ講師。世界で最も人気のあるシナリオ講師としても知られ、30年もの長きにわたり、世界中の脚本家、小説家、劇作家、プロデューサー、監督を教育、指導してきた。（Wikipediaより）

第16章

キャラクターのプライベートモーメント

あなたが演じるキャラクターがヒトラーであろうと
ピーターパンであろうと、最低でも75%は共通しているのです。
あなたが失いたいと望んでも、それは無理なのです。

ジャック・ニコルソン

プライベートな生活

　個人的なプライベートモーメントは、コンディションを整え
るすばらしいツールであり、俳優が自分自身のインティマシー
とアクセスすることの手助けになります。個人のプライベート
モーメントを通して公の孤独を獲得することを学ぶことで、俳
優は役作りに要求されるインティマシーを身に着ける大きな一
歩を踏み出します。しかし、プライベートモーメント自体は、
俳優が自分自身のインティマシーを探求するための方法という
だけではありません。それはまた、キャラクターのインティマ
シーを探求するために使うこともできるのです。

　『アメリカン・ビューティー』における、レスターやキャロ
ライン、そしてジェーン・バーナムが無意識に自らをさらけ出
すシーン、『真夜中のカーボーイ』や『タクシードライバー』

でのジョー・バックやトラヴィス・ビックルが鏡に話しかける瞬間、すべてがプライベートモーメントを暴露する中でこれらのキャラクターをつかんでいるのです。これらのシーンでは、キャラクターたちは無意識のうちに、観ている方がほとんど不快に感じるレベルのインティマシーをもって自分自身をさらけ出しています。それと同じ強さのインティマシーで役に取り組もうという俳優には、私はキャラクタープライベートモーメントでの探求を勧めます。キャラクタープライベートモーメントを通して、俳優はキャラクターのインティマシーに俳優自身のインティマシーを取り込むことができます。

　キャラクタープライベートモーメントでは、俳優が自分自身のインティマシーを、キャラクターについて知っている事実や歴史というフィルターを通過させることが求められます。始めるために、俳優はキャラクターが本当にプライベートになるであろう場所を、自分で行ったリサーチに基づいて選びます。ここでもう一度確認しますが、俳優は事実に対して責任があるのです。俳優は、その場所がどこなのか、何なのかを決めるだけでなく、そこに何があるのか、感覚的なディテールは何があるのかまで決めなくてはなりません。暑いのか、寒いのか？　光の加減は？　匂いはどうか？　どんな音が聞こえるのか？　などど。

　それから、キャラクターに俳優自身の真実のインティマシーを吹き込むために、俳優は3つのプライベートな行動を選びます。個人的なプライベートモーメントのように、これらの行動は俳優自身がよく知っているが、決して人前では行わないふるまいに関係する必要があります。

　キャラクタープライベートモーメントは、以下の2つのもの

を結合させます。

1. **キャラクターの状況** ── プライベートモーメントのシナリオを定義する事実
2. **俳優のインティマシー** ── 俳優自身が決して人前では行わない3つのプライベートな行動

キャラクタープライベートモーメントにおいて、俳優はキャラクターの生活と俳優の**感覚**──感情的で肉体的現実について直感的に感じる経験──を、想像力を用いて混ぜ合わせます。想像を通して、俳優は自分自身のインティマシーの真実とキャラクターのインティマシーを合体させます。キャラクタープライベートモーメントがうまくいく時、俳優はキャラクターの内的生命を持った、貴重で、直接入手した知識と経験を得るのです。また、俳優は自分自身を開放して、実際のパフォーマンスでも選択肢として使える、キャラクターについての個人的な新事実やひらめきへと至るのです。

　私はこのようにして、キャラクタープライベートモーメントが奇跡を起こすのを見てきました。俳優が、自分自身と役の間の共通性を発見すると、批判は消え、パフォーマンスは実際の人生を生きているかのような感覚を帯びてきます。

ローザ・パークス： キャラクタープライベートモーメント

　ローザ・パークスはその敬虔さゆえに、教会の外では踊ることさえしなかったということを、私はリサーチから知っています。彼女はとてもハンサムな男性と結婚しました。彼はお酒を

飲みますが、彼女は飲みませんでした。生涯を通して、ローザには子供がいませんでした。彼女の**パブリックペルソナ**は、事実上性的な関心が欠けているのです。

彼女はプライベートにおいて、官能的で性的な性質について探求するでしょうか？　ローザ・パークスを探検する俳優は、私の子供時代のトーチソング[*11]のルーティン――全員男性のバンドで、私がセクシーなパフォーマーになる――のような何かをしたいかもしれません。それは最初に行う、確固たる個人的行動になるでしょう。それによって、ローザは秘かに男を惑わす女になり、プライベートモーメントにおいて性的な部分を表にあらわすかもしれません。

ローザは、とても明るい色の肌をしていました。彼女の曽祖父の一人は、白人――スコットランド系アイルランド人の年季奉公[*12]奴隷――であったとリサーチが教えてくれます。彼女の家族の中では、父親の祖父が白人の北軍兵士かもしれないと噂されていました。「素性を隠して白人として生活（passing）[*13]」したらどんなだろう、とプライベートで考えるのでしょうか？鏡の中で、白人独特の癖を試してみたりしたのでしょうか？私は自分が受け継いでいるものを後悔したことは決してないの

＊11　トーチソング：センチメンタルな片思いや失恋の歌。

＊12　年季奉公：雇用者との契約の下に一定期間働く雇用制度の一形態である。多くは住み込みで食料や日用品は支給されたが、給与は支払われないか、支払われたとしてもごくわずかなものだった。

＊13　passing：白人と区別できない有色人種が、白人として通る（pass）ようになることをpassingと言う。（世界大百科事典より）移民国家であるアメリカの場合、国民のルーツを何世代もたどって、そこに黒人の血が混じっていないか確認するのはかなり困難なことだった。そのため、見た目が白人に近い人々の中には、生きるために有利な「白人」として生きる道を選択する「黒人」が相当数いた。

ですが、多くのアフリカ系アメリカ人のように、もしも黒人として生まれなかったら、私の人生はどのように違ってくるのかと時々ぼんやりと考えることがあります。ローザ・パークスを探求する女優にとって、「素性を隠して白人として生活すること」は二つ目の個人的な行動になり得ます。

　ローザ・パークスは、他人の世話のために全生涯を費やしました。彼女は父親のいない弟の保護者となり、祖母が病気になると看病をし、その後は母親の世話をしました。彼女は夫の大酒飲みにも耐えました。彼女は内に秘めた才能と知性を持つ女性でありながら、世話をする人という役割に自らを閉じ込めて、怒りやフラストレーションを心に抱かなかったのでしょうか？

　私はシングルマザーでした。私は子供に対しての助成や福祉を受けずに子供を育てました。住むところを確保し、衣服や食事を与え、彼のためにできる限り最高の教育を与えることは、挑戦しがいのある課題でした。私はそれについて文句を言ったことはありません。しかし、困難な時には時折、一人になると自らを哀れんだり、誰かを恨んだりする状態に落ち込んでいることに気が付きました。似たような境遇を共有できる女優は、実際にはその怒りを開放し、ローザと分かち合うことをおそらく楽しむことでしょう。

　これは、リサーチが推測を補足していくのです。私たちは想像力の領域の中にいます。インティマシーの真実がある限り、このエクササイズにおいてはなんでもありなのです。私たちはここでショーを行っているのではなく、キャラクターの探求をしているのです。

場所

　ローザ・パークスの家——アラバマ州、モンゴメリー郡のク
リーブランドコート公営住宅内にある、小さなアパートメント。
1956年初頭の土曜日の午後。一年にわたるモンゴメリーバス
ボイコットも、まだ始まって数か月の状態です。レイモンド・
パークスは床屋で働いていて、母のレオナ・マコーリーは教会
にいて、日曜日の礼拝のために掃除をしています。ローザは逮
捕後に仕事を失いました。彼女は講演会の仕事（そのためにお
金を受け取ることを彼女は拒否しています）と運営活動の合間
に受けられる仕立ての仕事で生き延びていました。

　ローザを探求する俳優は、彼女のアパート代わりとして家具
をまばらに配置したステージを隅々まで掃除し終えます。彼女
は誇らしげにモップを片付けます。

　　ローザ・パークスは彼女の母親と夫と、モンゴメリーのクリー
　　ブランドコート公営住宅内の、小さなアパートに住んでいました。
　　彼女が一人きりになる時は、極めてまれなことだったに違いあり
　　ません。俳優はアパートでの雑用をこなす中で、「聖人／世話を
　　する人」の**パブリックペルソナ**が表れているのを探検します。

　ローザはお客が試着をする時に使う全身鏡のところへやって
きます。彼女は鏡に映る自分を見つめながら、腫れた右腕をさ
すり、伸ばします。

　　ローザは滑液包炎に苦しみました。それは、彼女の大人時代を
　　通してたびたび襲ってくる、ストレス起因性の組織の炎症で、強
　　い痛みを伴うのです。ローザの探求をする俳優は似たような痛み

の感覚記憶や、病気による代償がとても高くなるかもしれないという恐怖についての感覚記憶を使う準備をします。

ローザ・パークスは静止して、鏡に映る自分を見つめます。静かな小さい声で言います「鏡よ、鏡、鏡さん、世界で一番美しいのは誰？」。ローザは鏡に近寄って、メガネを外し、髪を下ろして、頭皮から真っ直ぐに伸ばします。伸ばす髪が目をひっぱり、少しつり目になると、彼女は微笑みます。

　　ローザの弟のシルベスターのあだ名は"Chink"（中国人の蔑称）でした。なぜなら、彼の目はつり目だったからです。明らかにこの俳優は、兄弟や自分に近い愛する人をローザの弟として個人化しました。

彼女は鏡に映る明るい皮膚をじっと眺め、それから自分の腕を見下ろします。ローザの考えは、多くの人が白人と間違えた祖父へと移ろいます。彼女は泣き出します。——それは白人になりたいという願いからではなく、黒人として生きた祖父の祖先に対するコミットメント、黒人としてのアイデンティティに対するコミットメントを思って泣いているのです。

　　薄い肌の色をしていたローザ・パークスの祖父、シルベスター・エドワーズは彼女に多大な影響を与えました。彼は自らのアフリカ人としての出自に誇りを持った、威厳のある人でした。ローザはまた、金髪で青い目の混血のアフリカ系アメリカ人、ウォルター・ホワイトにも触発されました。ウォルターは、1916年にアトランタ黒人地位向上協会を設立した人です。俳優は、尊敬され、愛される年長の血縁者を使い上手に個人化します。そして

また、頑固な偏見や差別の経験の感覚を使います。

　ローザは寝室のタンスへ行き、一番上の引き出しからハンカチを取り出します。彼女は鼻をかみ、それからラジオのところへと向かい、スイッチを入れます。トランジスタが温まるとエイモス＆アンディ[*14]のエピソードが聞こえてきます。ローザはすばやくジャズにチャンネルを合わせます。エラ・フィッツジェラルドの澄んだ、熱くて甘い声音が周りを包んでいきます。ローザは周囲を見回し、誰かが自分を見ていないか確認します。彼女の滑液包炎に苦しむ身体が、心地よい、揺れるリズムの中へと解放されます。ローザは踊り方を知りませんが、音楽に身を任せる方法は知っています。骨盤に動きを与えるに従って、ローザの動きがどんどんと官能的になります。

　彼女の肉体の自由で官能的な動きが、ローザの抑圧をさらに解放します。彼女は笑います。彼女は、性的な自己を発見しているのです。

　ローザの友人、バージニア・デュールが最近、エラの音楽をローザに紹介しました。ローザは踊ったことがなかったのですが、彼女の通う教会、アフリカン・メソジスト監督教会は教区の人々に、礼拝中のゴスペル音楽や讃美歌に合わせて身体を動かすことを勧めていました。私は、エラ・フィッツジェラルドの音楽に性的な魅力の感覚を抱きます。俳優は性的な奔放さを伴って踊るという感覚記憶を使います。彼女の笑いは解放された喜びの感覚か

＊14　エイモス＆アンディ：ニューヨーク市のアフロアメリカ文化の歴史的中心地ハーレムを舞台とした、アメリカのラジオやテレビのシチュエーションコメディ。

ら生まれるもので、笑おうとする機械的な試みからではないのです。それはとてもリアルなのです。

　肉体と魂が生き生きとして自由になり、ローザはエラと一緒に大声で歌いだします。頬を流れ落ちる涙には気づかないまま。
　突然に彼女は叫びます。「神よ、感謝します。感謝します、ジーザス！」それから、「私は自由な心を取り戻した」と繰り返し唱え始めます。彼女はラジオに走り寄り、スイッチを切ります。そして、ソファーからクッションを取り、顔を埋めます。それから、クッションを手に取り、ソファーのアームの部分を叩きます。

　　ローザは、周囲の人々の世話をする責任に縛られて人生を費やしてきました。俳優はローザの怒りという**トラジックフロー**から、「世話をしてもらいたい」という彼女の**ニード**へと滑り落ちます。

　「私は美しい、私は賢い、私は生きている‼　どうして自由になれないの？　ママ‼　もうたくさん‼　私は強くないの‼　強くない‼　もう無理‼　誰か私の面倒を見てくれる人が欲しいの‼　ママ‼」ローザのうずくように痛む体がソファーに崩れ落ちます。彼女は丸くなって、赤ん坊のように泣きじゃくります。
　私はエクササイズを終わらせます。この時点まで見続けていることは、本当にのぞき見をしているようなものです。俳優のインティマシーとキャラクターのインティマシーが融合しました。エクササイズの目的は達成されたのです。

第17章

キャラクターのフォンコール

自己表現は、それが満たされるための
コミュニケーションにならなくてはならない。

パール・S・バック

ハロー、私です

　私たちは、俳優が**パブリックペルソナ**のマスクの下に隠され
ている**ニード**とつながるのに、即興の電話がどのように役に立
つかを見てきました。俳優によって演じられるどんなキャラク
ターも、**ニード**、**パブリックペルソナ**、そして**トラジックフロ
ー**によって形作られているため、キャラクターが**ニード**を満た
そうとしてとして誰かに頼り、応えてもらえない場合というの
は必ずあります。そして、俳優がキャラクターの**ニード**の親密
な感覚を感じるために、そのキャラクターとして俳優が即興で
できる電話のエクササイズ（フォンコール）があります。

　キャラクターのフォンコールを通して、俳優はキャラクター
の**ニード**の特徴をはっきりさせます。個人のフォンコールでは、
俳優自身の経験と**ニード**が本物の感情を与えてくれます。想像
力を使って、俳優は自分の個人的な真実を芸術に変えるのです。

俳優はキャラクターの伝記を徹底的に調べ、キャラクターが**ニード**を満たしてもらおうと頼るが、応えてくれない人物を特定します。それから、全体を通した慎重なリサーチによって、俳優はキャラクターとその人物の関係を、自分自身になじませるのです。

　ニードの旅から、俳優は自らの**ニード**を満たすために自分が繰り返し頼ろうとするが、応えてくれない人の名前と顔を知っています。そして、その経験の瞬間と感覚を知っています。自分自身のフォンコールから、その人物に話しかけた記憶と、その人に命を与えて自分の言うことに耳を傾けさせることに成功した記憶を持っています。キャラクターのフォンコールでは、俳優はその知識と記憶のストックを使い、キャラクターに対して同じことをします。

　私はローザ・パークスの生涯のリサーチから、彼女の父親ジェームズ・マコーリーが、ローザが3歳の時に彼女と母親のレオナと弟のシルベスターを捨てたことを知っています。ローザは、子供のころにたった一度だけ、父親に再会します。それはローザが5歳の時のことです。父親が、ローザたちの住むパインレベルに母親と3歳の弟と幼いローザと数日だけ共に過ごすためにやって来ました。その後、彼女が成長し、結婚するまで、父親と会ったり、話をしたりすることはありませんでした。ローザの**ニード**「世話をしてもらいたい／守られたい」は父親から捨てられたことに深く結び付いています。ローザ・パークスとジェームズ・マコーリーの電話での会話はどんなことになるでしょうか？　ローザは、愛すべき従順な妻と2人の幼子を見捨てた男に何を言いたいのでしょうか？

　3次元の芸術表現は3次元での思考を必要とします。キャラクターフォンコールでは、あなたの想像力が、自らの人生を源

にしたリアルに感じる真実があるところならどこへでも、あなた自身を連れて行かなくてはなりません。それは、キャラクターの伝記に対しても同様です。それが感情的に真実だと思えるのであれば、どんなことでも格好の対象となるのです。ジョニー・デップが記者会見で言ったように「俳優になることは、海賊みたいな何かになること」なのです。

ローザ・パークスとジェームズ・マコーリーについて考えると、もう一人父親に捨てられた有名な女性を思い出します。マリリン・モンローの出生証明書には、ノーマ・ジーン・モーテンソンという名が残されています。これは母親の二人目の夫、エドワード・モーテンソンからの姓なのです。しかし、エドワード・モーテンソンは、マリリンが生まれる前に、マリリンと彼女の母親を捨てました。マリリンの母親のグラディスはいつも、マリリンの実の父親はスタンリー・ギフォードという男性だと言い続けました。グラディスとギフォードは、マリリンを身ごもった頃に関係を持ったのです。マリリンが子供のころ、母親はマリリンにギフォードの写真を見せて、「この人がお前の父親だよ」と教えていました。

マリリンは生涯を通して、ギフォードに連絡を取ろうとしましたが、彼はマリリンと話をするのを拒みました。ブロードウェイの舞台『転落の後に』では、マリリンの別れた夫の一人である、劇作家のアーサー・ミラーが、マリリン・モンローとスタンリー・ギフォードの電話での会話を脚色、ドラマ化しました。私は、バーバラ・ローデン[*15]がマリリンの分身である「マギー」を演じているのを見た時のことをはっきりと覚えています。

---

*15　バーバラ・ローデン：アメリカの女優で、アクターズ・スタジオを創設した演出家、エリア・カザンの2番目の妻（1932−80）。

彼女の演技は真実で、圧倒的でした。

　また、私自身の父親も、私がとても若い時に亡くなりました。私はしばしば見捨てられる感覚を経験してきているのですが、それは父の早すぎる死の名残なのです。ローザが42歳の時にフォンコールを行うことを選択するとします。その年齢だと1955年で、私はその年齢で自分の父親に言うかもしれないことを考えます。私はまた、自分の父親を個人化で使います。ローザの父親として使えるくらいの父の感覚を引き起こすまで、父の最も印象に残る身体的特徴、人間としての性質、父が言ったり、行動しそうなことなどを思い出します。

ローザ・パークス： キャラクターとしての電話

　1956年の春のこと。ローザの母親の健康状態は悪化し、ローザは母親を入院させなくてはならなくなります。ローザと夫のレイモンドは、二人とも失業中です。市バスのボイコット事件に関わりを持ちたくない、神経質な白人の雇用主のせいでした。人生で初めて、ローザは自分が借金をしていることに気づきます。レイモンドは飲んだくれています。ローザは将来についてとても怖くなり、孤独を感じます。

　これらの事実を武器に、自分自身の経験の真実や弾ける想像力、そして創造力がみなぎったよろいを身に着けて、ローザ・パークスを探求する俳優は、ローザのアパートを表すセットに自らの身を置きます。詩人のように、自由に自己表現をする時です。一人、ローザはダイアルを回します。

　ローザ　もしもし……ジェームズ・マコーリーさんとお話しした

いのですが？　ああ、あなたがジェームズ・マコーリーさん……いいわ、ありがとう。それで、ご機嫌いかがですか、マコーリーさん？　それはできないわ。あなたが私の父親であることは知っていますが、「ダディ（お父さん）」としてのあなたは知らない。だから、あなたのことをそう呼ぶことはできません。ママの調子はよくないんです。実際、病院に入院しています。そうします……シルベスター？　今はデトロイトに住んでいます。彼は、南部には住もうとしません。勲章をもらって帰還する軍人が、肌の色が理由で、公共の場で制服を着ることが許されない場所ですから。彼は結婚して、13人の子供がいます。

　俳優は、私が自分の父親について述べたような個人化を準備しなくてはなりません。

ローザ　どうしてあなたが気にするの？　というか、私たちのことを何か気にかけているの？　どうして、母や弟の様子を聞くの？　どうして、受話器を取ったり、ペンを取って手紙を書いたりしなかったの？　なんで……？　切ろうとなんてしないでよ。何度だってかけ直すから。

　俳優はローザの**トラジックフロー**の感覚を感じてきました。

ローザ　あら、耳にしているの。私のこと、新聞やTVで目にしているのね？　そうよ、私は全米黒人地位向上協会のメンバーよ。あなたが、私の政治的信条なんて知りたくないことはわかってるわ。実際、あなたは本当に私のことなんか何も知りたくない。でも、これだけは言わせてもらうわ。私は何十

年もの間、あなたの代わりを務めてきたのよ。私はこれまで
シルベスター、グランマ、ママ、みんなの面倒を見てきたの。
大人になって、結婚するまで、高校を卒業する時間さえなか
ったのよ！　そして、私は教師の娘なの！　私が学校を卒業
するように勇気づけてくれたのは夫で、父親ではないのよ！
ねえ、あなたはどうお考えなの？　あなたが自分の妻と子供
たちに何をしたのか、わかっているの？　少しは気にしてい
るの？　あなたが本当に、とても不信心な男だってわかって
るわ。あなたにはほとんど、いいところなんてないんだから。

　これは俳優のパートにおいて、十分で綿密なリサーチができ
ていることを示しています。生涯本の虫で、優等生でありなが
ら、ローザは結婚するまで高等教育を終えませんでした。彼女
のフォンコールの中で、ますます大きくなる憤りと怒りの中に、
ローザの**トラジックフロー**の感覚があります。

　ローザ　いいえ、あなたに助けを求めるために電話したの。ママ
　　　　は弱っていて、とても具合が悪いわ、それであなたの助けが
　　　　必要なの。お金が必要なの、そして心の平安が。私は、私は
　　　　神を信じているわ。神さまがいなかったら、自分がどこにい
　　　　ればいいのかもわからない。でも、どうしてあなたは父親に
　　　　なれなかったの？　みんなあなたを必要としていたのに。マ
　　　　マやグランパ、グランマは、ものすごく苦労したわ……こん
　　　　なこと言うなんて忌々しい！　私は「汝の隣人を愛し、汝を
　　　　憎む者に善をなせ……」と教えられたのよ。ええ、神の子な
　　　　ら信じて、もう片方の頬を向けるのよ。だから私は今、そう
　　　　しようとしている……**私にはあなたが必要なの。家族が必要**
　　　　なの。気にかけてくれる父親が必要なの……あなたが帰って

きて、すべてうまくいくようにしてほしいの……私の夫？
まあ、意地悪しないでで。夫はいい状態じゃないの……そう、
よくわかったわ —— 心配ご無用、二度とあなたには電話し
ないから。でも、ミスター、もし私に電話する必要があるな
ら、待っているけど、私からは二度と決してあなたに電話し
ないと約束します、ジェームズ・マコーリーさん！

　俳優が、ローザの**ニード**「世話をしてもらいたい」の感覚を
経験します。

　ローザが電話を切ります。

ローザ　「目を上げて、わたしは山々を仰ぐ。わたしの助けはど
　　　こから来るのか。わたしの助けは来る。天地を造られた主の
　　　もとから。どうか、主があなたを助けて、足がよろめかない
　　　ようにし、まどろむことなく見守ってくださるように。見よ、
　　　イスラエルを見守る方は、まどろむことなく、眠ることもな
　　　い。主はあなたを見守る方。あなたを覆う陰、あなたの右に
　　　います方。昼、太陽はあなたを撃つことがなく、夜、月もあ
　　　なたを撃つことがない。主がすべての災いを遠ざけて、あな
　　　たを見守り、あなたの魂を見守ってくださるように。あなた
　　　の出で立つのも帰るのも、主が見守ってくださるように。今
　　　も、そしてとこしえに。」

　ローザはたびたび、詩篇121篇[*16]を引用しました。俳優はまだ

[*16]　詩篇121篇：『旧約聖書』の『詩篇』の121番目の詩。ユダヤ人が
　　　エルサレムへ巡礼に向かう際に歌った「都に上る歌」詩篇120から
　　　134の中で、一番知られている。（Wikipediaより）

ニードに留まっていて、ローザの**ニード**を最後にもう一度表現するために引用を使います。

　これで、エクササイズは完成です。私は、その俳優が誰を個人化しているのか、あるいはフォンコールの準備のため、どんな個人的な材料にアクセスしているのか知る必要はありません。俳優がしっかりと宿題をやってきたことは、ローザの**ニード**や**トラジックフロー**の感覚を俳優が生き生きと解放するそのやり方と、ローザの人生の事実を取り入れた方法から明白なのです。

第18章

アニマル

猫のように飛び降りたり、
犬のように寝転んだり、狐のように動いたり──
あなたは動物であると思いださせる時ほど
俳優がすばらしい時はない。

フランソワ・トリュフォー

<u>動物と話す</u>

1969年に『真夜中のカーボーイ』が封切られた時、ニューヨーク・タイムズの映画評論家はダスティン・ホフマンのラッツォ[*17]としてのパフォーマンスを特に選んで、こう評しました。──「後ろに固めたもつれた髪と飛び出た耳、ちょこちょこした歩き方で、ホフマンはずる賢い、打ちのめされたドブネズミに見える」と。10年後、同じ批評家が、デ・ニーロが『レイジング・ブル』で演じているジェイク・ラモッタについて同様の見解を述べました。タイムズ紙によると「この映画中、彼が動物のようにふるまわない瞬間はない」のです。

ホフマンとデ・ニーロが演じたキャラクターと実際の動物の

---

*17　ラッツォ（Ratso）：役名。名前の中にRat、ネズミを含んでいる。

間の類似点は、純粋に意図的なものでした。二人とも、役柄に対応した動物について丹念に具体的に心の中に用意したのです。

　人類は有史以来、動物を模倣してきました。神としてあがめたり、魂の導き手としたりすることさえあります。そして、**アニマルワーク**は、スタニスラフスキーの頃から、演技にも用いられています。動物のふるまいを俳優にとって適切なツールにするために、キャラクターをラッツォと名付けたり、映画のタイトルにあるブル（雄牛）と比較したりする必要はないのです。

　俳優はアニマルワークを使って、真実で生き生きとした生命をキャラクターに吹き込む層をいくつも重ねていくのです。アニマルワークは、自らの平凡なふるまいや動きの限界からあなたを自由にしてくれます。あなたのキャラクターを定義し、個性を際立たせるような全く新しいふるまいを創り出す方法を与えてくれるのです。

　動物のふるまいをうまく自分のものにできる時でも、観客が必ずしもそれに気づくとは限らないのです。アニマルワークは、キャラクターの言葉と動きの下に、感じることができる肉体的なリアリティを作り出します。それははっきりと存在はしているのですが、ほとんど言葉に言い表せないのです。観客は単純に、あなたから目を離すことができません。下の表のパフォーマンスにおける顕著な身体性、未知の要素の魅力について見て

俳優名	役名	映画	動物
マーロン・ブランド	ビト・コルレオーネ	ゴッドファーザー	喉を撃たれたブルドッグ
アル・パチーノ	ソニー	狼たちの午後	雑種犬
ロバート・デ・ニーロ	マックス・ケイディ	ケープ・フィアー	蛇
トム・クルーズ	フランク・T.J.マッキー	マグノリア	狐
ジュリエット・ビノシュ	ローズ	シェフと素顔と、おいしい時間	猫

みましょう。各々のキャラクターは、これらの動物を念頭に置いて準備がされました。

現代では、キャラクター作りはちょっとしたメイクや衣装を変えることにすぎないと考える俳優が、あまりにも多くなってしまっています。ここ20〜30年の間に、アニマルワークを使う俳優は少なくなっています。女優は可能な限り美しく見せ、なおかつ、過去の女優のように魅力的でなければならないという過度のプレッシャーを受けているので、アニマルワークをキャラクターに融合させることはほとんど不可能に近いのです。俳優がどのようにワークするのかわからない監督の多くは、アニマルワークの扱い方を知りません。「それは何？」と彼らは聞くでしょう。「彼女の見せ方が好きじゃないな」、「彼女はそんなに怒る必要があるの？」彼らは真実で、深みのあるキャラクターよりも、安易で脅威を感じない、表面的なものの方が快適なのです。

これは、とてももったいないことなのです。なぜなら、きちんと行われた場合、アニマルワークは、一般的な演技や決まりきった型の作ったふるまいに対するとても有効な対策になるのです。ラッツォ・リッツォを演じたダスティン・ホフマンのようになれるのです。

しかし、一生アニマルワークをしているような、動物的なタイプの人たちがいます。彼らは、意識はしていないのかもしれませんが、すでに動物なのです。彼らの動き方、周囲の人たちの動きに順応する方法は、彼らが動物としてのプロセスに抵抗したり、戦ったりしていないことを示唆しています。

アニムス*18

　ほとんどの人は、自分が似ていると感じたり、ある程度まで同一視できる動物を持っています。もし、アニマルワークを教えている時に、俳優から強い動物の感覚を感じたら、それが何かを彼らに伝えます。時には、その俳優の星座がアニマルを指し示すこともあります。キャラクターアニマルワークのために、自分と役を結び付けるアニマルを探す過程の中で、俳優は役と自分自身を見つめます。

　ローザ・パークスの場合、彼女の小柄な体形や静かな威厳、そして声のトーン（『Eyes on the Prize』というドキュメンタリーで見られます）が、彼女のアニマルはネコであると暗示しています。ローザはまさにネコのようです。多くの人が、ネコとネコの持っているきちんとした独立性と自分を重ね合わせるので、おそらくローザ・パークスのキャラクターを探求している俳優は、そのつながりに反応するのでしょう。

　アニマルワークは、リサーチから始まります。俳優は質問します。自分がワークする動物の外見、ふるまい、そして動き方について、何が揺るぎない事実なのか？　ゾウの左右に揺れる重たい駆け足、フクロウの警戒するような凝視、チーターの爆発的なスピード、これらはすべて簡潔で明快な事実です。動物園、ペットショップ、ディスカバリーチャンネルやアニマルプラネットなどのTV番組は、動物のふるまいや動きを観察する手段を提供してくれます。アニマルワークの準備には、見つけられる限りの、こうした材料を観察します。深くリサーチする

---

*18　アニムス：心理学者・ユングの用語。女性の無意識の中にある男
　　性的な側面。

ほど、より具体的な選択と、より力強いアニマルワークにつながるでしょう。

　あなたが蛇だとしましょう。そうしたら、どの種類の蛇にするのかという選択を、リサーチからしなくてはなりません。ガラガラヘビ、コブラ、獲物を絞め殺す大蛇にはすべて、区別しやすいふるまいがあります。俳優は、これらの事実から自分自身の本能を通して選択します。『ケープ・フィアー』のマックス・ケイディ役のために、ロバート・デ・ニーロはコブラを選んだと、私は想像します。デ・ニーロがケイディの上半身を見せびらかすやり方が、コブラの傘状の頸部を暗示しているのです。ケイディが、イリアナ・ダグラス演じるローリーを乱暴に襲って、噛む時、彼女に跳びかかるのではなく、覆いかぶさります。渦を巻く筋肉を使うガラガラヘビとは違い、コブラは重力を使って噛むのです。

　ローザのキャラクターの下敷きとして、ネコのふるまいを使うための第一ステップは、ネコの特徴的な動きやその表情、そしてネコが発する音を研究することです。一度、リサーチが完了し、これらの詳細が確認されて、整理されると、肉体的なワークが始まります。

遊び

　その動物として遊んだり、動き回ったり、その動物独特の動きやふるまいを試したりすることで、俳優はその動物の肉体的生命を発見したり、探索したりすることができるのです。蛇の力の抜けた、それでいてしっかりと探るような動き、揺れながら前足で重く叩くようなライオンの歩き方、馬の頭の上下の揺れ、これらはその動物が習性として獲得したものです。遊びを

通して、その動物の「実際」の肉体的な性質——実際の動物が
どのように動き、生きているのか——にコミットします。

　ローザのネコを探求している俳優は、四つん這いになったり、
床の上を寝転がったり、空気の匂いを嗅いだり、伸びをしたり、
リサーチした猫のふるまいの感覚を得るためにできることなら
何でもする必要があります。遊びを通して、俳優は自分自身の
肉体と動きの中に、毛皮や尻尾、耳や眼、軽い足取り、背骨の
関節、そして完璧なバランスといった、猫が持つ肉体的な感覚
を発見するのです。

音を加える

　肉体的な感覚が強くなってきたら、その動物が発する音で実
験してみます。デ・ニーロは、歯が擦れる微かな音と舌の動き
をマックス・ケイディに取り入れました。それらは蛇がシューっ
と音を立てているのを連想させます。ローザ・パークスの場合、
俳優はネコが発する特徴的な音で実験するでしょう。家ネコの
発する声には、単にニャオーと鳴いたり、ニャーニャー言った
り、シャーッと威嚇したりする他にも、多くの発声があります。

　ネコには、甲高く鳴いたり、ゴロゴロと喉を鳴らしたりと幅
広いボキャブラリーがあり、それを使って注意を引いたり、気
分や何が欲しいのかを伝えたりします。ローザを探求する俳優
は、ネコとして遊んでいる間に、これらのことを発見する必要
があるでしょう。

具体的な動物のふるまいを行う

　一度、音と動きが連携して流れに乗り出したら、俳優は動物

の仕草の具体的な部分を行います。ネコなら、伸びをしたり、毛づくろいをしたり、遊んだり、眠ったり、食べたりを女優の身体を通してやってみます。挑発されると、ネコは片側に寝転がって、大きく見せようとします。彼らは鼻孔部と手にある分泌腺で、テリトリーにマーキングをします。ネコの探求をしている女優は、これらのことをすべて試さなければなりません。

動物を立たせる

　人類の初期の祖先の一つは、ラテン語で"Homo erectus"──「直立する人」と言います。わたしたちは常時、２本の足で直立している唯一の生物です。動物を人間化するために、動物の具体的なふるまいが探求されたら、俳優はその動物を立たせなくてはいけません。

　動物を二本足で立たせるには、俳優自身の背骨を使います。尻尾、翼、長い首──これらの動物特有の性質はすべて、動物の背骨にしっかりとつなぎ留められています。アニマルワークでは、自らの背骨を使って、これらの感覚を発見します。成熟したライオンは全長8フィート（約2.4メートル）にもなります。ライオンのとてつもない力と威厳は、その大きさからきています。ライオンをキャラクターに取り込むには、想像力を使って、尻尾の感覚と堂々とした体躯をまっすぐに立たせた状態の感覚を持つ必要があります。

　ネコは並外れた敏捷性と驚くべき平衡感覚を持っています。ローザ・パークスを演じるためにネコを人間化するとしたら、その俳優は、自分自身の背骨に安定した身軽さと優雅さを求めることになるでしょう。アニマルワークを行う俳優にとって役に立つ、最も強い感覚の一つが尻尾です。その女優は想像力を

使って尻尾の感覚を探求し、そしてその感覚を自分の姿勢に取り込んでいきます。その感覚は、動物を人間化しても、消えないものです。ネコはまた、尻尾を使って気分を伝えます。だからこそ、ローザ・パークスは彼女の感情の状態によって、姿勢やバランスに微かな変化を見せるかもしれません。

『ケープ・フィアー』で、ロバート・デ・ニーロはコブラが不気味に迫ってくるような、一触即発の姿勢をマックス・ケイディの歩き方に取り入れました。デ・ニーロはまた、両腕を身体近くにキープし、両脚も閉じた状態を維持しました。ケイディは、自分が脅す人物に対して異常に接近して立つことが多いのです。彼は映画の冒頭で、刑務所から出る時に、カメラに対して蛇の一突きをすることさえしています。

ネコは**つま先歩行する動物**です——彼らは基本的につま先で歩きます。そうしたことから、人間化されたローザ・パークスネコは、軽い、静かな足取りでしょう。ローザ・パークスの生涯を一通りリサーチしていれば、彼女を演じる俳優は、ローザの慢性滑液包炎をネコの探求に組み合わせる必要があるでしょう。ネコのような小さな哺乳類にとって、病気は弱さです。そして、弱さは潜在的に死につながります。恐怖や野生化を試みることで、傷ついたネコの防衛的な怒りが、ローザの**トラジックフロー**を教えてくれます。

ネコの前脚と足は驚くような器用さを持っています。彼らは両前足で物をはね飛ばしたり、叩いたり、つかんだりできます。ネコは、両前足で物を操ることもできるのです。ローザ・パークスは、常に手を使って働く、熟練した裁縫職人でした。ローザの身体性は、人間化されたネコのかぎ状に曲がった手首にあるのです。

人間化された様式の中で立ったり動いたりしながら、俳優は

今度、その動物を顔の表情に取り込んでいきます。マックス・ケイディは、とても強い蛇のふるまいをその顔に宿しています。油でテカテカに固めたオールバックの髪の下で、ケイディの目は全く動かずに、瞬きもしません。まるで蛇のような目です。そして、デ・ニーロは、ケイディの口を固定された位置に保ち、ほとんど唇を動かすことはありません。それが、ケイディを、無表情で唇がない爬虫類のような外見に見せるのです。彼が笑う時、ケイディの顎は固定された位置まであくびをするように大きく開きます。それはまるで、餌を食べる蛇のようです。

　ネコの口や顔は、人間ほど表情豊かではありません。しかし、ドキュメンタリーを見てローザ・パークスのリサーチをすると、彼女自身がそれほど表情を豊かに表さないことがわかります。ローザの慎み深く正直な顔つきに隠れている、ネコの固定されているような顎を見つけることは、動物と俳優、そしてキャラクターの結び付きを強めます。蛇や他のいくつかの動物のように、ネコにはヤコブソン器官[*19]という、歯のすぐ後ろに位置している敏感な神経器官があり、これがネコの臭覚を強化しているとリサーチからわかるでしょう。ローザ・パークスを演じていると、静かで穏やかな外見とは裏腹に、極端に敏感で観察力の鋭い内面に基づく感覚を探究できるかもしれません。

　ローザ・パークスの同世代の多くが、彼女はとても物静かに話をすると述べています。『Eyes on the Prize』やニュースインタビューの記録では、ローザには滑らかな、軽いアラバマなまりがあります。彼女は、ゴロゴロと喉を鳴らすように母音を滑

＊19　ヤコブソン器官：四肢動物が、鼻腔内にある嗅上皮とは別に持つ嗅覚器官。猫のヤコブソン器官は口蓋奥にある。

らせる傾向があり、それが文末で上がるのですが、それはまるで彼女が質問をしているかのように聞こえます。彼女はまた、スピーチの中で"s"の音を発音する時に、ちょっとだけ歯が擦れるような甲高い音を発するのです。彼女を演じる俳優は、ネコの静かな甲高い声とゴロゴロと鳴く感覚や音、そしてネコの舌がこれらの音を作る仕組みを、ローザのユニークな話し方に層として積み重ねていくといいでしょう。

　最終的に、俳優はネコの仕草をローザのふるまいに融合させていきます。ローザとして、俳優は手を折り重ねて座ります。それは、ネコが片方の前足をもう一方の前足の上に置いて休むのと同じ繊細さを持っています。彼女は、ネコの好奇心旺盛で注意深い眼の動きとほとんど中立的な表情を維持しています。そして、ネコの軽快さを反映して、両足の親指の付け根で静かに歩きます。裁縫職人の繊細で器用な両手が、滑液包炎の痛みでゆっくりと動く様子は、ネコの前足の動きをなぞっています。彼女は、ネコが一口ずつ、ちょっとずつ食べるようにきれいに飲食します。

　この過程から生まれるものは、いくつもの真実に基づいたキャラクターです。一つ目の真実は、ローザ・パークスの人生における真実です。すなわち、**ニード、パブリックペルソナ、トラジックフロー**と彼女を形作っていった実際の環境や出来事。二つ目は、俳優自身の人生の真実で、自分自身の経験や日々の感情からローザのキャラクターに何を個人的に注ぎ込むのか。三つ目は、想像上の真実。つまり、注意深い研究と、キャラクターにおけるアニマルワークでの探求を通して、生き生きとした想像力が何を生み出すのか、です。

第19章

敗北の場所

苦しみ、喪失、逆境に耐え忍び、
度重なる挫折に何度もつまずく人たちだけが、
人生の本当の意味を理解している。

アナイス・ニン

「ごまかし、ごまかし」

　舞台や映画のセットにおいて、俳優は揺るぎない信念を保つことが要求されます。演じる役のおかれた環境をその俳優が感じていない時、観客は即座に気づきます。俳優自身が演じる役に起きていることを信じていないのに、どうして観客が信じなくてはいけないのでしょうか？　もしも、物語の中のあるキャラクターが、その物語が伝えるように存在していないと観客が感じたとしたら、そのショーは終わりです。

　人類は常に、不誠実さのサインをお互いに探り合っています。演じる役が存在している場所に関して、信頼のおける絶対的な感覚を確立できない俳優は、嘘をついているというあらゆるサインを出しています。こういった俳優は重心の移動も楽にできず、動きが硬いだけでなく、その場所に存在していないという

サインを出しています。これらはすべて、その俳優が自分自身としてどこにいるのかわかってはいるが、役としてどこにいるのかがわかっていないということをはっきりと指し示しています。それは俳優の無意識のボディランゲージであって、キャラクターのふるまいではないのです。

　オーディションは、場所に対する俳優の感覚を特に必要とします。俳優は無味乾燥な部屋に足を踏み入れて、椅子に座り、脚本を単調に読み上げるキャスティングアシスタントに向かい合おうと試みます。部屋の中には、俳優が場所に**入り込むため**に使えるものは何もありません。カメラに向かう時も、初挑戦の時も。俳優は、自分自身と一緒に**場所**を持ち込まなくてはならないのです。

　キャスティングエージェントや監督は、観客と同様に俳優が演技をしているところは見たくないのです。彼らは、演技ではなく、役が生きているところが見たいのです。頭でなく、身体を使ってキャラクターとつながるかは、それはあなた次第です。身体を使ってつながるための鍵は、感覚です。あなたが場所の感覚をオーディションに持ち込む時、不毛で窮屈な空間に、役の生命と息吹を吹き込むことができるのです。

ワーテルロー（敗北の場所）[20]

　私たちは皆、何年経っても個人的な思いが残る特別な場所を、過去に持っています。これらの場所は何十年経っても、そうい

＊20　ワーテルロー（Waterloo）：1815年、ナポレオン率いるフランス軍がイギリス・オランダをはじめとした連合軍およびプロイセン軍に大敗を喫したベルギーの地名。ナポレオン戦争最後の戦いとなった。

った感覚——匂い、その外観、明るさ、その場所の音——を抱え続けているのです。私たちが、失望や挫折、悲劇や不幸を経験した場所は、最も強い感情や触れることができる思い出がともによみがえる場所なのです。**敗北の場所**——試合に負けた球場や親しい人との関係が終わってしまった玄関口の階段、車、レストラン、あるいはソファー、そして命が終わりを迎えた病院のベッドサイド、校長室、上司のオフィス——これらの場所はすべて、場所についての決定的な感覚をもっています。なぜなら、私たちはそれらの場所で負った辛い過去の経験を抱えているからです。

俳優とキャラクターの共通点を探るために、私は「敗北の場所」のエクササイズを使います。このエクササイズでは、あなた自身が経験した過去の敗北の場所の感覚とキャラクターが失望や屈辱、あるいは喪失に苦しむ場所の感覚を結び付けるような筋書きを即興で作ります。

ローザ・パークスに関しては、リサーチがあらゆる方向へとあなたを導いてくれます。ローザが父親に事実上捨てられたこと、夫のアルコール依存、そして子供がいないこと。それぞれが、ローザが深刻な挫折を直接経験した場所を暗示しています。ローザ・パークスの敗北の場所として私が提案する出来事は、アラバマのモンゴメリーのバスで起こりました。それは、1955年に席を譲ることを拒否して捕まった有名な事件の12年前に起こりました。

1896年に連邦最高裁判所が鉄道における席の分離を命じるルイジアナ州法を支持して以来、アラバマ州の公共の交通手段や施設では、人種隔離が続けられていました。1943年11月のある日の午後、ローザ・パークスがモンゴメリー市バスに乗車した時、ジム・クロウ法（171頁参照）は効力を持っていました。

すべてのモンゴメリー市バスの先頭から10席は白人専用でした。最後尾からの10席は「ニグロ（黒人）」が使用するために作られていました。白人がそこに座りたいと思わない限りは。これら二つの明確に定義された区画の間に16席あり、バスの運転手が自らの意思を行使することができました。モンゴメリー市バスの運転手は全員が白人男性で、銃を携帯し、バス会社の方針とモンゴメリー法によって「警察権力」を持っていました。

　運転手の中には、黒人の乗客にバスの前方で乗車賃を払わせ、一度バスから降ろし、バスの後部のドアから入らせる者もいました。それはもちろん、運転手が乗車拒否して、停留所に止まらず走り去らなければですが。そして彼らは、しばしば乗車拒否を行っていました。1943年11月のその日、ローザが乗車したバスは黒人で混雑していました。彼女はバスの前方に乗り、乗車賃を支払い、そして前方にいる白人乗客の人ごみを通り抜けて後ろへと進みました。

　その運転手、ことさらに人を見下した、威嚇的なジェームズ・ブレイクという名前の男は立ち上がり、ローザにバスを降りて、混雑した後部ドアから入るように要求しました。彼女は拒否し、代わりにバスの中ほどの空席に座りました。ローザの抵抗にも関わらず、ブレイクはローザのコートの袖を引っ張り、バスから引きずり降ろしました。それは傷跡を残すような屈辱でした。それから12年もの間、同じ運転手のバスに乗るのを避けるために、彼女はクリーブランド大通りを近づいてくるバスを詳細に調べていました。

　この敗北の場所を確立し、探索するために、ローザ・パークスの当時の生活に関して可能な限りすべてを学ぶ必要があるでしょう。加えて、1930年代におけるスコッツボロー事件（169頁参照）から、1940年代のフランクリン・ルーズベルトによる

アメリカ軍基地内での人種差別待遇の廃止まで、当時のアメリカにおける人種差別の歴史をできる限り自分のものとすることも必要です。

　敗北の場所のエクササイズは、俳優に同じような個人的な出来事を選ぶことを求めます。それによって、俳優はキャラクターのリアリティにしっかりとつながる個人的な真実を持てるのです。例えば、ローザ・パークスが受けたアラバマの過酷な差別を私は知りませんが、アフリカン・アメリカンとして、私の人生は頑固な偏見にさらされてきました。私は、故国から誘拐され、ラバのように売買され、むち打たれ、レイプされ、リンチされた祖先の子孫です。この真実に身を委ねることは、私や、ローザ・パークスとして敗北の場所のエクササイズを行う俳優に、しっかりとした同じような真実を与えるのに役立ちます。

　70年代初めに、『世界の創造とその他の仕事』という新しい芝居の主役イヴの代役を、ハロルド・クラーマン[*21]がオファーしてくれました。そのショーはロバート・ホワイトヘッドという、当時ブロードウェイで最も力のあるプロデューサーの一人によってプロデュースされ、そして、『セールスマンの死』や『るつぼ』の著者、アーサー・ミラーによって書かれました。その芝居がニューヨーク以外の場所で開幕する頃には、ほかの女優は辞めてしまっていたので、私は主役の座を獲得しました。ボストン公演での劇評は世間をあっと言わせるようなものでしたし、ワシントンD.C.のケネディセンターで幕を開けた時も同様にすばらしいものでした。D.C.での興行が終わり、ブロードウェイでの開幕の準備は整っていました。それは私のキャリア

---

*21　ハロルド・クラーマン：アメリカの演出家、演劇評論家。グループ・シアター創設者の一人。

で最大のチャンスでした。

リハーサル中、そしてボストンでの成功裏に終わった試験興行の間中、ロバート・ホワイトヘッドの妻で女優のゾーイ・コールドウェルが舞台裏に居座っていました。ゾーイは一座の一員で、経験豊かなブロードウェイのベテランでした。私は、このような主役についたことがなく、ゾーイは私にとても親切でした。彼女は私にちょっとした贈り物とアドバイスをくれました。それに、ボストン公演とD.C.でのプレビュー公演も絶賛されたことを、自分のことのように喜んでくれました。

ケネディセンターでの公演から数日後、ロバート・ホワイトヘッドとアーサー・ミラーが私の楽屋まで会いに来ました。「スーザン」ホワイトヘッドが言いました。「ゾーイがイヴの役を演じたがってね。私たちは、彼女を主役にして、君は彼女の代役にすると決めたんだ。すばらしくないか?」

私はショックでした。ミラーが書いた役を、私が作り出したのです。もちろん、私は代役として始めましたが、このプロダクションの外の誰もそのことを知らなかったし、劇評だってすばらしいものでした。それが、プロデューサーの妻に取って代わられる? 憤りや怒りの感覚、自己尊厳の喪失、失望と無力さ——私は、これらのこととケネディセンターのちっぽけな楽屋、バックステージに向かう廊下と関連付けています。それらの感覚は、今でも当時と同じくらい強いのです。それが私の敗北の場所です。

キャラクターアニマルワークを敗北の場所に応用することもできます。動物は生き残るために、環境におけるすべての詳細や変化に順応しなくてはなりません。動物の、生まれながらに高められた肉体の感受性を人間化することで、動物の感受性を通してキャラクターの敗北の場所を見たり、感じたり、匂った

り、聴いたりする準備を整えるべきです。動物を使うことがニュートラルな環境を具体的で、リアルな場所に変化させる手助けになってくれるのです。

敗北の場所エクササイズ

1. **キャラクターの敗北の場所**

   例 ローザ・パークス ── アラバマ州モンゴメリー、バスの中、1943年

2. **俳優の敗北の場所**

   例 ケネディセンターの舞台裏

3. **キャラクターの人間化された動物**

   例 ローザ・パークス ── 飼いネコ

キャラクタープライベートモーメントと同じように、このエクササイズは探検であって、パフォーマンスでは**ありません**。敗北の場所のエクササイズで大事なことは、場所の感覚を経験することであって、物語を伝えることではないのです。舞台上は、本当に必要最低限の家具か小道具以外なにも置きません。ローザ・パークスなら、バスの座席を象徴する椅子だけでも十分です。

俳優は、バスの運転手ジェームズ・ブレイクを個人化する必要があるでしょう。例えば私なら、ジェームズ・ブレイクにロバート・ホワイトヘッドよりもアーサー・ミラーを使います。ホワイトヘッドは教養があり、穏やかな人です。ジェーン・アレクサンダーがかつて彼のことを「今まで出会った中で、最もハンサムな男性」と呼んだことがあります。しかし、リサーチからはジェームズ・ブレイクが大柄で、粗野な見た目で威嚇的な男とわかります。アーサー・ミラーは、条件に当てはまりま

す。ミラーの最も印象的な身体的特徴は背の高さです。彼の最も強い人間的な性質は知性ですが、それは何か「ストリート的な」（ラフな環境で培った）鋭さがあるのです。彼とホワイトヘッドが降板を提案した時、私は異議を唱えました。その時、彼が「君が神経症だとは思いもよらなかった」と私に言ったことは、決して忘れないでしょう。それらの個人化の詳細において、少なくとも一つは確固とした感覚の引き金が必要です。

ローザ・パークスの敗北の場所エクササイズを行う俳優は、ほかにも俳優自身の敗北の場所に関してのディテールを収集するでしょう。例えば、ケネディセンターの舞台裏の壁とカーペットは灰色でした。そして、とても静かでした。楽屋は化粧鏡が照らされていて、私のアシスタントが壁に貼ったゴーギャンのポストカード以外には何もありませんでした。その知らせを伝える前、ミラーとホワイトヘッドは獲物に忍び寄るハイエナのように、別々の方向から近づいて来て、私を自分の楽屋へと連れて来ました。ミラーとホワイトは私の前と後ろに立っていましたが、私は彼らを二人とも見ていました。楽屋はとても狭く、大きな化粧鏡があったからです。

ジェームズ・ブレイクがローザ・パークスをバスから強引に降ろした時、彼女は故意にハンドバッグを落とし、それを回収するために、バスの前方に位置する白人専用席に座りました。背が高く、大きな体格の男であるブレイクが、小さなローザ・パークスに覆いかぶさるように立ち、「俺のバスから降りろ」と叫びました。彼女は姿勢を保ち、自分を殴らないように警告しました。この頃には、他の数人の黒人乗客でさえ、彼女に後ろに回って乗るように叫んでいました。そうすれば早く目的地に向かえるからと。ローザはブレイクによって侮辱され、乱暴な扱いをされたことに激しい怒りを感じていました。そして、

誰も彼女を助け、支持しないことを恥じていました。

　私は、その瞬間をローザ・パークスの敗北の場所の中心に置きます。この敗北の場所を即興で行う俳優は、自分自身の敗北の場所から得られる可能な限りの感覚をどんなものでもすべて使用して、想像力を通してそれらを解放するのです。このエクササイズの喜びとも言えるのは、1943年の11月のその日にバスに座ったローザ・パークスになる俳優が、自らの敗北の場所におけるすべての屈辱を回復し、その時に言えなかったこと、言わなかったことを言えることなのです。

　私なら、そのバスの床とケネディセンターからはっきりと思い出す灰色のカーペットの感覚を探るでしょう。そして、化粧鏡から思い出す同じ輝きの照明を呼び起こします。私に覆いかぶさるように立っているジェームズ・ブレイクは、威嚇的で、蔑むようなアーサー・ミラーと同じ感覚があります。辛抱強くない乗客たちは、バスいっぱいのロバート・ホワイトヘッドになるでしょう。

　　ローザ（椅子に座って、叫んでいる）　いや！　やめて！　あなたには私にこんなことをする資格はありません！　私は人間です！　こんなふうに私の人生や私自身をもてあそぶ権利は、あなたにはないわ！　なぜ、こんなことをするの？　どうして他の方々は、彼がしていることを許すの？　あなたたちは神を信じているの？　命の尊厳は？　Audemus jura nostra defendere !![*22]

＊22　Audemus jura nostra defendere：ラテン語。我ら恐れず権利を護る、の意味。

その俳優は、敗北の場所の瞬間を確立します。彼女の個人化は鮮明でした。彼女の短い、爆発的な解放の間、その場所——混み合ったバスの中——は、まるで突然暗闇から照らされたように、光によって瞬間の命が与えられました。アラバマ州のモットー「我ら恐れず権利を護る」をとどめに使ったのは、特に見事でした。その怒りは、追い詰められたネコの匂いを強く放っていました。彼女は伸ばされた、攻撃的な手の感覚から身体的に後ずさりしていました。もし、彼女がこの種のディテールと生命をオーディションに持ち込めれば、いつまでも記憶に残るような印象を与えるでしょう。

第20章

キャラクターインタビュー

> 私はすべての瞬間をしっかりと、しかも強烈に生きたいのです。
> 例え、私がインタビューに答えていたり、人々に話をしている時でも、
> 私はそのことだけを考えています。
>
> オマル・シャリーフ

ホットシート 責任のある立場

　他のものづくりの人たちと同様に、俳優は働いているすべて
の瞬間において、矢継ぎ早の決断や選択、質問を、巧みにかわ
したり、上手にさばいたりします。真に協力的で、創造的な取
り組みはどんなものでも、俳優のコミットメント、準備、そし
て能力を試します。私たちは直感と想像力によって、作品を作
る上でのさまざまな落とし穴を避けることができますが、時に
は、投げかけられた疑問にシンプルに向き合い、必要な答えを
出さなくてはなりません。

　演じることは、自分自身への日々の問いかけになり得ます。
キャラクターを創り出す時には、途方に暮れるようなさまざま
な質問があなたを待っています。もしも、あなたがしっかりと
準備を整えなければ、あなたがキャラクターに根を下ろしてい

く、事実や伝記という強固な大地も砂へと変わってしまいます。もしも、伝記について完全に理解しなければ、そのキャラクターは命を持って生まれないでしょう。そしてもし、自分の真実を使ってキャラクターに生命を吹き込まなければ、パフォーマンスは生きてこないし、単なる事実を超えて成長しないでしょう。

　もしも、あなたが本当に「キャラクターでいる」なら、どんなことに対しても揺らぐことはないでしょう。スポットライト、セリフの間違い、突発的なアドリブ——あなたに対して起こる、あるいはあなたの周りで起こる何事も、準備さえしていれば、あなたをキャラクターから引き離すことはないのです。クラスにおいては、俳優とキャラクターのつながりの強さをテストするために、キャラクターのインタビューを行っています。キャラクターインタビューまでには、俳優は役作りの手助けとなるいくつものエクササイズに取り組んでいます。インタビューは、アニマルワークやキャラクタープライベートモーメント、キャラクターフォンコール、そして敗北の場所がどれだけ効果的であるのかを試すのです。キャラクターインタビューは、あなたのキャラクターに関しての知識を試し、自分自身を完全に役に与える方法を確立するのです。

　このエクササイズ自体は、基本的にグループでの即興です。俳優は席に着き、その場にいる他の俳優たちから質問を受けます。キャラクターインタビューは裁判、取り調べ（尋問）、軍法会議、質疑応答、記者会見、そしてディベートといった形を取ります。質問は、俳優がどれだけ深くキャラクターに関しての知識を得ているか、に挑戦するものでなくてはなりません。

　ローザ・パークスを演じる俳優は、ローザのキャラクターを創造するために今まで行ってきた準備をすべて振り返る必要が

あるでしょう。

1. **パブリックペルソナ**（「聖人、皆のために世話をする」）、
   ニード（「世話をしてもらいたい」）、**トラジックフロー**（「怒り」）
2. ローザ・パークスの人間化された動物 ── 飼いネコ
3. その時期の事実 ──その時代のゴスペル音楽、モンゴメリー市
   バスボイコット事件の新聞記事、手に入るだけ多くの記録映像など。

加えて、ローザの生涯におけるすべての主要な人物に対しての個人化を創り出す必要があるでしょう。

ローザ・パークスの個人化のリストの一部

- ローザの母、レオナ・マコーリー
- ローザの父、ジェームズ・マコーリー
- ローザの夫、レイモンド・パークス
- 弟のシルベスター・マコーリー
- ローザの友人、E. D. ニクソン
- もう一人の助言者、バージニア・ドゥアー
- 子供時代の友人、ジョニー・メイ・カー
- ローザの教師、アリス・L・ホワイト
- バスの運転手、ジェームズ・ブレイク
- もう一人の助言者、セプティマ・クラーク
- 逮捕した警官、F. B. デイとD. W. ミクソン

このキャラクターインタビューは、1955年12月1日にローザを逮捕した警官たちによる、ローザに対する型通りの尋問になるでしょう。逮捕した警官のF. B. デイとD. W. ミクソン、と他に数人の物見高い白人警官たちが、北リプリー通りにあるモ

ンゴメリー市内の監獄に連れていく前に、市庁舎で彼女を逮捕
する間に尋問をしています。

ローザ・パークス：キャラクターインタビュー

デイ　ローザ・パークス……で間違いないな？

ローザ　はい、そうです。

デイ　それでは生年月日は？

ローザ　1913年2月4日です。

デイ　出生地は？

ローザ　アラバマ州タスキーギです。

デイ　父親の名前は？

ローザ　なぜですか……？

　俳優は躊躇し、自分の父親の個人化において経験した感覚
へと降りていきます。

デイ　父親の名前？

ローザ　ジェームズ・マコーリーです。会っていないのですが——

デイ：母親の名前は？

ローザ　ああ、かわいそうなお母さん……レオナ・エドワーズ・
　　マコーリー。母は体調がすぐれないのです。電話をかけて、
　　大丈夫と母に伝えてもいいでしょうか？

　ローザの**パブリックペルソナ**——世話をする人——が表面に
出てきます。

デイ　おまえの家族に、白人として通用していた者がいたことは

わかっている。

（ローザは何も言いません）

　何かを伝えるような間。より多くの感覚——キャラクタープ
ライベートモーメントに由来する恥と怒り。

　　デイ　おまえの祖父のマコーリーは、最も白人に近い黒人だった
　　　　のはわかっている……
　　ローザ　そうかもしれませんが、祖父は、常に2連発のショット
　　　　ガンを手の届くところに置いていました。祖父はいつの日か、
　　　　あなた方のような人の脳みそを吹っ飛ばすチャンスがあると
　　　　確信していました。

　おもしろい選択です。——この俳優はローザの受動的攻撃性
と、祖父から受け継いだ対立をも辞さないユーモアのセンスを
理解しています。

　　デイ　結婚してるのか？
　　ローザ　はい。それで、夫に電話をかけたいのです。
　　デイ　名前は？
　　ローザ　夫の名前ですか？　レイモンド・パークスです。夫に電
　　　　話をかけてもいいですか？
　　デイ　教育は？
　　ローザ　高卒です。1933年に学位を取得しました。
　　デイ　1933年？　おまえはモンゴメリーで一番老けた高校卒業
　　　　生に違いないな。
　　　　（警官たち、皆、笑う）
　　ローザ　夫が応援してくれたんです。

ローザの**ニード**「世話をしてもらいたい」の匂いがします。

デイ　ミクソン、何か彼女に聞きたいことがあるだろう？

ミクソン　ああ、あるよ、FB。おまえは一体全体、なんで席を
　　立って、その白人に譲るのを拒んだんだ？

ローザ　どうしてみんな、私たちにあれこれと指示を出すのです
　　か？

いいリサーチです。——ローザの自叙伝からの直接の引用で
す。

ミクソン　法律は法律だ。おまえも法律が何かは知っているだろ
　　う？

ローザ　乗車賃を支払っているのに、数ブロックだけ乗って、そ
　　れから立たなくてはならないなんてうんざりだった……

ローザの**ニード**です。

ミクソン　どうして立たなかったんだ？

ローザ（沈黙の後に）　お願いですから、何か飲み物をいただけ——

デイ　だめだ！

ローザ　——水を……

ニードです。

他の警官　だめだ、有色人種用の水道はここにはない。子供はい
　　るか？

ローザ（涙が両眼にあふれてくる）　いいえ、子供はいません。

デイ　おまえの夫は飲んだくれか？

ローザは沈黙しています。その女優は満たされない**ニード**の悲しみから、**トラジックフロー**の沸き立つような怒りへと変化していきます。

他の警官　おまえが、ニューヨークから来た連邦議会議員とできているのはわかっているんだ。

ローザ　アダム・クレイトン・パウエルですか?!

アダム・クレイトン・パウエルは非常に魅力的な男性でした。

警官　そうだ。肌の色の薄い黒人……

　　　　（ローザは彼をにらむ）

ローザは、**トラジックフロー**の敵意ある沈黙へと陥ります。

警官　見た目のいい黒人の男、そうだろ？

ローザは、他の人同様、パウエルの魅力を否定できません。

他の警官　おまえは、自分が破った法律が何かは言わなかったが、最高裁判所が去年と同様に、その法律を変えていないってことは確かだ。

ローザ　ブラウン対教育委員会事件判決[*23]。すばらしい勝利でした。最高裁判所の主席判事ウォーレンがはっきりさせてくれました。あの人種差別的プレッシー原理、分離された教育施設は

「本質的に不平等である」と……

（ローザは含み笑いをする）

この女優は、笑いを通して感覚を解放します。

警官：　何がそんなにおかしいんだ？

ローザ　あなたにはわからないわ。私はひと晩中、ずっとここに座っているのですか？

警官　黙れ！

ローザ　両足はむくんでいて、両肩はずきずきと痛むのです。私は滑液包炎を患っているんです。お願いですから、私に対してなすべきことをしてください。そして、私の夫に電話をさせて下さい。

ニードです。

＊23　ブラウン対教育委員会事件判決（Brown v. Board of Education）：また、人種隔離違憲判決とも呼ばれる。1954年5月にアメリカ合衆国の連邦最高裁判所が下した、黒人・白人分離問題に関する歴史的判決。南部の各州は、19世紀の末に学校や病院、交通機関や公園など、公共施設において白人と黒人とを分離する法律、いわゆる人種差別法（ジム・クロウ法）を相次いで制定し、黒人差別の制度化を図った。連邦最高裁は1896年のプレッシー対ファグソン事件判決において、「分離はしても平等」という法律の原理を打ち出し、施設や設備が平等であれば人種の分離は合憲と判断し、人種の分離に法的根拠を与えた。これに対し、ブラウン判決は、「分離された教育施設は本質的に不平等」との判断を下し、「分離はしても平等」という法理を明確に退けた。分離は合衆国憲法第14条修正のうたう法の平等な保護を奪う、というものであった。判決は、公立学校における黒人・白人共学を実現させる長い道程の出発点となったばかりでなく、人種の分離や隔離そのものを原理的に非合理とすることにより、合衆国の人種関係改善に向けて画期的な判決となった。公民権運動は、この判決を武器に大きく前進した。（日本大百科全書より、一部改変）

ルース 夫の仕事はなんだ？

ローザ マクスウェル空軍基地の床屋で働いています。

ルース おまえが従うのを拒んだバスドライバーの名前を知っているか？

ローザ はい、知っています。今回、同じ運転手に会うのは2度目でした。

ルース 彼の名前は？

ローザ ジェームズ・F・ブレイク —— 彼との最初の出来事は1943年でした。

ここで、この女優はミスを犯します。ローザは12年前のもめごとから運転手を認識しましたが、逮捕から数日後の公判まで彼の名前を知ることはなかったのです。

デイ おまえが犯した法律は？

ローザ 無慈悲で、バカげたジム・クロウ法です……。

デイ 質問に答えろ！

ローザ（泣きながら）私は、市の人種分離条例に違反しました。どこかで終わらせなきゃいけなかったんです。だから私は、ここで不当な扱いは終わらせようって思ったんです——私には人間として、どんな権利が与えられているのか、それをはっきりさせようと……。

ニードです。この女優は本当に深いところまで入っています。

警官 おまえは2級市民以外の何者でもない。白人の知り合いを持っているからといって、そうではないと考える権利がある

わけじゃないんだ。

　ローザ　この尋問は、もう十分長く行われています。母は衰弱していますし、夫は……お願いですから、夫を困らせないでください。このことに何も関係ないんです……何も……夫はいつも私に警告していました。いつかリンチされるだろうと……。

　バート　ミセス・パークス。教えて下さい、有色人種の女性として、子供を持たないことは恥ずかしいことですか?

　ローザは平静を保ち、**パブリックペルソナ**内に安全に留まろうと苦心して努めます。

　ローザ（深呼吸の後で）　私にはたくさんの甥と姪がいます。みんな、弟の子供たちです。デトロイトに住んでいます。それだけでなく、私には教会やNAACP（全米黒人地位向上協会）での仕事を通して、つながりのある子供たちが大勢います。私はとても誇り高い人々から生まれています。私の誇りを殺すには、あなたはとても長い道のりを通らなくてはなりません……それでは、これで終わりにしていただけませんか?

　警官　おまえの父親は死んでいるのか、生きているのか?

　ローザ　父は……生きています……。

　どれだけ一生懸命こらえても、ローザの涙がどんどんあふれ出します。

　私はこのインタビューを終わらせます。ローザを演じている俳優はいい仕事をしました。ローザ・パークスの伝記を、彼女がどれだけ自分のものにしたのかを見せてくれました。いくつ

かのディテールについて間違いはありましたが、ローザの**ニード**と**パブリックペルソナ**の強い感覚がそれを埋め合わせました。ローザの**トラジックフロー**がもっと積極的に前に出ることを許してくれたらというのが、唯一願うことです。この女優は、**トラジックフロー**の感覚、ローザの怒りを沈黙と静止の中で経験しているだけです。キャラクターの**トラジックフロー**の声をまだ見つけていないのです。

　　イーストウッド・ドゥウェイン、自信家で、サークルダンスでは自らを解き放つことができなかった、マッチョで魅力的な子は、クラス初日の足の硬直した女たらしから、すばらしい進歩を見せました。キャラクターインタビューのために、イーストウッドは白いスラックスと派手なハワイアンシャツに着替えます。彼はピアノの前に座り、短いショパンの曲を熟練した手つきで演奏し、それはやがて「アイ・ゴー・トゥ・リオ」へと変化します。彼は文字通りピーター・アレン —— 『ザ・ボーイ・フロム・オズ』[*24]になり、それから15分間、イーストウッドはアレンの若い頃についての質問、ライザ・ミネリとの結婚やキャリアについて、遊び心ある、一部のすきもないオーストラリアなまりで答えます。

　　イーストウッドは、**パブリックペルソナ**の下に無防備さ以上のものを隠していたのです。イーストウッドにはすばらしいミュージカルの才能がありました。彼はピーター・アレンの快活な答え

---

*24　『ザ・ボーイ・フロム・オズ』：2004年にブロードウェイで上演された、ピーター・アレンの生涯を描いたミュージカル（The Boy from Oz）。同じくオーストラリア出身でピーター役を演じたヒュー・ジャックマンは、本作品でトニー賞主演男優賞（ミュージカル部門）を受賞している。

方に、ピアノの音階の輝くようなほとばしりを添えているのです。ミュージカルの舞台が、イーストウッドの初恋だったのです。彼は、小学生の時から自分の音楽的な才能を隠し続けてきたのです。なぜなら、それは男らしくないと考えたからです。才能のある子供が、批判される恐れによって、神に与えられた才能を否定してしまうこの世界は、なんと悲しいのでしょう？

第 **4** 部

脚本

THE SCRIPT

第21章

"古典的な複数のC"

すべての瞬間は黄金の瞬間だ。
そのように認識するヴィジョンを持つ人にとっては。

ヘンリー・ミラー

物語の時間

　物語に生きている登場人物を突き動かしているのと同じ事実や選択、感覚によって、人間は突き動かされ、苦悩し、そして救われます。人の経験におけるこうした基本的な真実が、すべての時代のすべての物語を形作り、定義してきました。私たちが自分自身で感じ、お互いに認める愛、痛み、喜び、そして恐れが、私たちをドラマへと引き込むのです。「観客はあなたを観にきているのではないのです。彼らは自分自身を観にきているのです」とジュリアン・ムーアは言いました。これはずっと昔から変わらないし、変わることはないでしょう。根本的で、普遍的な人間性こそが、言語や社会にかかわらず、物語に関連性と永続性を与えるのです。

　俳優のアートは、物語を通して人間のふるまいを作り出し、

翻訳する芸術です。それを効果的に行うためには、俳優は物語の正確な立体的な構造を知る必要があります。自分のキャラクターが存在している物語の構造や形を理解しない俳優は、そのキャラクターを通して効果的にコミュニケーションをとることができません。そうした俳優は、お飾り——人の形をした小道具——になりますし、視点と色彩を理解しない静物画家同様に役に立ちません。

ジャン=リュック・ゴダールは「物語は始まりと真ん中、そして終わりがあるべきだが、必ずしもその順番通りでなくてもいい」とジョークを飛ばしたことがあります。ところが、映画作りにおいては、これは冗談ではないのです。映画製作の実務的な現実では、撮影期間における、撮影順序が、始まり、真ん中、終わりという順番にならないことを俳優は思い知るのです。ロケ地の都合、キャストのスケジュールや他の製作的な要求は、主要な撮影期間において、連続しているはずの物語の時系列をずたずたにするでしょう。その時系列は、俳優が次の仕事をしているずっと後になって、編集室で修復され、磨かれるのです。プロダクションのために、ある日、俳優は自分が演じるキャラクターが死ぬシーンを撮影し、翌日には結婚式の夜の撮影をしなくてはならないのかもしれないのです。

もしもあなたが、脚本における物語の横糸について、揺るぎない感触をつかんでいないのなら、撮影スケジュールにおける必然的な混乱の中で、物語の真実を失うことでしょう。あなたは脚本を十分に知らなくてはならないのです。そうすることで、あなたのキャラクターの真実は、製作の過程でも損なわれることなく生き延びるのです。

状況から結論へ

　ジャンルやスタイルに関係なく、物語は以下の「5つのC」で始まります。

　　　　状況（Circumstances）
　　　　葛藤（Conflict）
　　　　危機（Crisis）
　　　　クライマックス（Climax）
　　　　結論（Conclusion）

　『風と共に去りぬ』や『セールスマンの死』といった伝統的な物語、『マグノリア』、『クラッシュ』、あるいは『ナッシュビル』のように壮大で複数のプロットを持つ映画、『Keane』（日本未公開）のように明らかに筋書きのない疑似ドキュメンタリー、あるいは『ドリーム・ガールズ』のようなミュージカルであろうと、5つのCがあります。それらは、キャラクターのドラマチックな人生や物語の進行についての明確な目印なのです。真実のワークをしたいと願う俳優は、これらの目印を使って、物語の与えられた地点における、キャラクターの立ち位置を、正確に位置づけなくてはならないのです。

状況（Circumstances）

　状況（または「与えられた状況」）は事実です。何がその物語の世界の事実でしょうか？

　・第二次世界大戦初期。

・モロッコは、ナチスの迫害から逃れる難民が船や飛行機に搭乗する町になっている。
・あるアメリカ人が、モロッコでナイトクラブを経営している。
・そのアメリカ人は、盗まれた文書を保護のために受け取る。
・彼の生涯において忘れられない、かつて愛した女性がモロッコに到着する。
・彼女の新しい夫は、ゲシュタポに執拗に追われている自由の闘士である。
・彼女は、夫と共にナチスから逃げるために、その文書を手に入れる必要がある。
・そのアメリカ人とかつての恋人は、まだお互いにとても愛し合っている。

──『カサブランカ』

・メンフィスのポン引きが、父親になろうとしている。そして彼は、自分の人生に不満を感じている。
・彼はヒップホップのレコードを作るために、数人の協力者を集める。
・彼は、自分のレコードを作り、聞いてもらうために、街で学んだ知恵を使わなくてはならない。

──『ハッスル＆フロウ』

・錯乱した元患者の訪問後、フィラデルフィアの児童精神科医は、その訪問によって自分がどう変わってしまったのか理解に苦しむ。
・ある精神的に不安定な幼い少年について、精神科医は調べ始める。その少年は、死んだ人の魂が私たちの周りを歩いているのが見える、と信じている。
・その少年は実際にその能力を持っている。

・その精神科医は、自分自身が死んでいるということ —— 元患
者との運命的な遭遇の犠牲者であるという真実を知る。

—— 『シックスセンス』

　これらの物語の状況は、意見が分かれる問題でも、信念の問
題でもありません。それらはシンプルな、与えられた事実です。
物語がどれだけ性急になったり、感情的になったりしても、事
実は常に事実なのです。これらの事実 —— 物語の状況 —— は、
俳優にとって頼みの綱となるものです。

葛藤（Conflict）

　葛藤は、物語を前へと進ませるエネルギーです。葛藤がなけ
れば、成し遂げられるものはなく、問われる質問もなく、リス
クや成長、そして変化もないのです。俳優は、ブラッドハウン
ド*1のように葛藤を嗅ぎつけなくてはなりません。あなたはその
葛藤を抱きしめ、あなたのキャラクターにとって真実であるの
と同じように、あなた自身にとっても真実としなくてはならな
いのです。葛藤はドラマの活力の源 —— ロバート・マッキーが
言う「ストーリーの音楽」なのです。

　葛藤を引き起こすには、二つの力が必要です。一つは、主人
公の力です。主人公が、物語を通して前へと進みます。対立が
なければ、葛藤もありません。敵対者が、その対立する力にな
ります。敵対するキャラクター、あるいは力が、主人公が前に

---

*1　ブラッドハウンド：ベルギー原産のセントハウンド犬種。「魔法の
　嗅覚」という肩書を持ち、とても嗅覚が鋭いため、警察犬として世界
　的に多く採用されている。（Wikipediaより）

進む動きを邪魔します。

　現代の俳優にとって、物語の様式や作者の意図における多様性が、具体的な主人公／敵対者の葛藤を時折、見えにくくしています。どのようなシーンにおいても、主人公は、物語の行動を前へと進ませるキャラクター、あるいは要素なのです。敵対者は、その前進を妨害するキャラクター、または葛藤の要素なのです。葛藤がどこにあろうとも、前へ進もうとする主人公の力と、その前進を妨げようとする敵対者の力が存在するのです。

　俳優は、自分のキャラクターが主人公／敵対者の葛藤にどう関係しているのかを理解しなくてはなりません。たとえあなたが、重要でない役やセリフが一行しかない役、あるいはリアクションだけの役であろうとも、あなたはどちらの側についているのかを知らなくてはなりません。自分が主人公／敵対者の陣地のどちら側にいるのかを知らない俳優は、物語を伝えることはできません。

　『クラッシュ』において、あなたが演じるキャラクターは人種差別主義者として敵対者側なのか、あるいは、敵対勢力は不滅であるというステレオタイプを超えて、自分自身の人生を生きようとする個人として、主人公側についているのか？　『マグノリア』では、あなたは愛、家族、責任と共にある主人公側にいるのか、それとも自分の殻に閉じこもり、感情的に放浪する敵対者側にいるのでしょうか？

　主人公側か敵対者側か、そのどちらであろうと、葛藤には二つの系統があります。**内的葛藤**は、キャラクターの内側における、自分自身の性質に関する苦闘です。内的葛藤はしばしば、自己認識やアイデンティティの問題（例、「わたしは誰？」）と関わっていて、映画では例えば、『ファイト・クラブ』や『ボーン・アイデンティティ』で見られます。

状況の葛藤は、対人関係の問題（例えば、片想い）の事実と関わっていて、『赤ちゃん教育』や『エターナル・サンシャイン』に見られます。あるいは、『ディープ・インパクト』や『ラスト サムライ』のように、ヒーローの旅路における肉体的危険や脅威に関わっているのです。

ほとんどのキャラクターは、両方の葛藤に苦悩しています。『レクイエム・フォー・ドリーム』の物語を通して、ハリー・ゴールドファーブは内的な葛藤——薬物によって忘却へ逃避しようという自己破壊的な欲望——を解決しようとする一方で、彼自身と、ハリーが盗みを働いた彼の母親、守ることができない彼女、彼を奴隷にしているギャング、そして彼を刑務所に入れようとする警察官たちとの状況的な葛藤を背負います。

状況は、主人公を葛藤へと追いやります。物語が進行し、主人公の行動が成功、あるいは失敗すると、葛藤は深く、強くなります。主人公と敵対者が重大局面（クライシス）に到達するまで、主人公は押し、敵対者は押し返します。

<u>危機（Crisis）</u>

物語が危機的状況へと至ると、引き返すことはできません。『めぐり逢えたら』では、サム、アニー、ジョナの全員がエンパイアステートビルディングへと向かっています。『カサブランカ』では、リック・ブレインは、イルザと待ち合わせるために、飛行場への乗り継ぎの手紙を受け取ります。『タクシードライバー』のトラヴィス・ビックルは、連邦上院議員を暗殺する準備を整えた時に「ようやくはっきりとわかった、」と言います。「俺の全人生は、一つの方向に向けられている。俺には選択肢はなかった」。しかし、他のすべての主人公のように、

トラヴィスには選択肢があり、危機において、物語において最も重要な選択を下すことを余儀なくされるのです。

クライマックス（Climax）

クライマックスにおいて、私たちは主人公が何を選択するのかつきとめます。トラヴィスは、選挙候補者でなく、ポン引きと他のならず者たちを殺します。サムは、ジョナと一緒にエンパイアステートビルディングの頂上で待つと決断し、一度去りますが、ジョナのナップザックのために戻ると、アニーを見つけます。リック・ブレインは、ゲシュタポの少佐を撃ち、イルザと彼女の夫を飛行機に乗せ、自由へ飛び立たせます。

クライマックスは、葛藤と危機の究極的な表現なのです。それは、主人公が自分のニードを満たすために取った行動が、究極的に報われるか、あるいは報われないかという瞬間なのです。

結末（Conclusion）

最終的には、大団円において、私たちはクライマックスの結果を見ることになります。結末は、主人公とその世界にとって、何が変化したのかを教えてくれます。そこで私たちは、キャラクターが物語のクライマックスを乗り越える時に何を失い、あるいは何を得たのかを知るのです。『ゴッドファーザー』のマイケル・コルレオーネは、彼が殺害を命じた夫を持つ妹を慰めます。それから彼は、自分の妻に対しての扉を閉ざし、同時にマフィアの外で、普通の家族として生活する希望に対しても扉を閉ざします。『カサブランカ』では、リックとルイスは、フランスのレジスタンスに参加するために旅立ちます。

『トラフィック』には、三つの結末が存在します。メキシコの警察官ハビエル・ロドリゲスは、アメリカの麻薬取締局に協力した報酬として得た新しい野球場で、野球の試合を見ています。ロドリゲスは最後にやっと何かできたのです。それは明らかに彼が仕えるコミュニティにとって大きな善行となることです。アメリカの捜査官モンテル・ゴードンは、ヘレナ・アヤラとの一見無意味な対決が、彼女の家に盗聴器を設置し、彼女の監視を続けるための策略だったことを明らかにします。ロバート・ウェイクフィールドは、娘キャロラインのNAミーティング[*2]に参加します。彼は以前には決してできなかった方法で、キャロラインと正直に心を通わせ合うのです。

　物語は、登場人物たちと彼らの世界の事実から始まります。それは葛藤によって前進します。物語は、危機を通過しながら盛り上がり、キャラクターたちが蓄えてきたものがすべて出てくる時にクライマックスで頂点に達し、そして結末へと下りてきます。結末においては、起きたばかりのことが、そこに生きる人々や彼らの世界に変化を起こしているのです。

　このことを、セックスとして考えてみましょう。状況が、あなたたちを一緒にします。葛藤が、あなたたちを互いに関わらせます――ふざけあったり、情熱的なキスをしたり。クライシスは、あなたたちが本気になる時で、クライマックスは、そうですね、ここで記す必要があるでしょうか？　結末は、その後何が違っているのかを示しています。一服のたばこ？　お互いの腕の中での深い眠り？　ご馳走？　別れ？　もう一度？　すべてのクライマックスは、異なる余韻を宿しています。

＊2　NAミーティング：Narcotics Anonymousナルコティクス・アノニマス。薬物依存者の回復のためのミーティング。

オセロー

作：ウィリアム・シェイクスピア

クライマックス
嫉妬に狂ったオセローが、デズデモーナを絞殺する。

危機
キャシオーとデズデモーナが浮気をしていると、イアーゴが、オセローに吹き込む。

主人公　　　　　　敵対者

状況
ムーア人のオセローは、デズデモーナと駆け落ちしている。
オセローの副官イアーゴは、オセローに反逆し、オセローの破滅を企てる。

葛藤
主人公オセローは、真実へと向かう。
敵対者イアーゴは、嘘の上に嘘を重ねる。

結末
オセローとデズデモーナは、永遠に結ばれる。「私はお前を殺す前にキスをした。今は、自分自身を殺し、死のうとしている。もう一度、お前にキスをしている間に」。

状況

　ウィリアム・シェイクスピアの『オセロー』の幕が開ける時、ムーア人オセローは、ベニス王に仕える強大な北アフリカの戦士で、美しい白人の娘デズデモーナと駆け落ちをしています。彼女の父親ブラバンショーは、ベニスの上院議員で有力者ですが、人種差別主義者でもあります。オセローの副官の一人で、オセローの信任厚い助言者イアーゴは、自分よりも高潔なキャシオーに昇進で先を越されると、密かにオセローに対して反旗を翻します。イアーゴは、デズデモーナに求婚を断られたロドリーゴと共に、オセローを破滅させようと陰謀を企てます。イアーゴは、ロドリーゴをデズデモーナの父親である議員の元へと派遣し、娘の禁じられた結婚を可能な限り煽動的な言葉を使って知らせます。

葛藤

　敵対者イアーゴと主人公オセローの間の葛藤は、ごまかしと巧みな操作によるものです。主人公のオセローは、イアーゴは信頼に足ると、誤って思い込みます。オセローは主人公チームを導き、真実に向かって進みます。

　敵対者イアーゴは、嫉妬と、ムーア人を服従させ、隷属させようという欲望に駆られています。イアーゴは、ひとたびオセローを破滅させれば、その魂を手に入れることができると信じています。イアーゴは敵対者チームを率いて、オセローを妨害し、ぐらつかせて、隷属させるために、嘘の上に嘘を重ねていきます。

クライシス

　オセローがデズデモーナに贈ったハンカチを使って、イアー

ゴがキャシオーに罠をしかける時、重大な局面が訪れます。イアーゴはオセローに、キャシオーとデズデモーナが浮気をしていると耳打ちします。オセローのデズデモーナに対する疑惑が、対立へと向かわせます。イアーゴは、オセローが盗み聞きしている会話をあやつって、キャシオーとデズデモーナが浮気をしている（本当はしていない）と信じさせ、オセローをさらに先へと進ませます。

クライマックス

オセローがデズデモーナの首を締めるところで、この芝居はクライマックスを迎えます。彼女は「無実の死」で亡くなるのです。

結末

結末では、キャシオーとイアーゴの妻エミリアによって、イアーゴがオセローに対して行ったことのすべてが暴露されます。オセローは、イアーゴに刺し傷を負わせると、短刀を自分自身に向けます。オセローは、致命傷を負いながらも、生命の灯火の消えたデズデモーナの隣に崩れ落ちます。「私はお前を殺す前にキスをした。今は、自分自身を殺し、死のうとしている。もう一度、お前にキスをしている間に」。

ブロークバック・マウンテン

原作：E・アニー・プルー、脚本：ラリー・マクマートリー、ダイアナ・オサナ

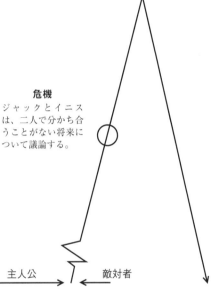

クライマックス
ジャックが事故で亡くなったとジャックの妻が、イニスに伝える。イニスは真実を見抜く。

危機
ジャックとイニスは、二人で分かち合うことがない将来について議論する。

主人公 → ← 敵対者

状況
イニスとジャックは、人里離れたワイオミングの荒野で共に働いている。ジャックが最初に行動を起こし、二人は恋人になる。

葛藤
ジャックとイニス、二人の男による主人公の力は、自然と不寛容な社会、二人が愛を隠そうとする人々、そして彼ら自身の個人的な内的葛藤からなる敵対者に直面する。ジャックには他の男への欲望が、そしてイニスにはジャックや他の人に対してもコミットすることがないという内的葛藤がある。

結末
一人のカウボーイ、二枚のシャツ。「ジャック、誓うよ……」。

状況

1960年代初頭、大牧場の寡黙で若い働き手のイニスと無謀で若いロデオカウボーイのジャックは、人里離れたワイオミングの荒野で羊飼いとして共に働いています。ジャックは、過去に同性愛の経験があります。共に耐える困難が、二人の男を徐々に近づけていきます。そして、ついにある満月の夜、二人とも酔っ払って、一つのテントで夜を過ごすことになります。最初に誘いかけるのはジャックですが、イニスがコントロールします。イニスは「一夜限りのこと」と言いますが、二人の男性は恋人になるのです。

葛藤

『ブロークバック・マウンテン』は、20年にもわたる物語の中に複数の葛藤を含んでいます。ジャックとイニスは、最初、敵対的な自然の力——襲い掛かってくる熊、過酷な気候、満月——による状況的葛藤の中で、二人の男による主人公的力を形成します。物語が進行するに連れて、彼らの二重の主人公の力は、不寛容な社会、彼ら自身の妻たち、そして彼らが二人の愛を隠している他の人々から構成される状況的な敵対力に直面します。

時が流れて、ジャックは、イニスに対する本当の愛を貫こうというポジティブ力と、他の男たちとも喜びを見つけたいという見境ない欲望が争う内なる葛藤と格闘しています。イニスは、自分がジャックあるいは人生における他の誰についても、完全にコミットするのを避けようとする内的葛藤と苦闘しています。イニスはジャックに言います、「もし直すことができないなら、耐えるしかない」。

危機

イニスは、自分の家族に対する責任を理由にして、ジャックとの時々の逢瀬を避けています。イニスの妻は、彼と離婚します。ジャックは他の男と関係を持ち始めます。イニスは、自分を愛する別の女性との関係が終わっていくのをただ眺めています。40代へと差しかかっているジャックとイニスは、ある逢瀬の時に、将来について議論を交わしますが、二人とも知っているのです。その将来は、二人で分かち合うことがないということを。「十分な時間などない」ジャックが言います。ジャックに気圧され、イニスは、コミットできないことでどれだけ犠牲を払ってきたかを暴露します。「俺は何者でもない。俺はどこにも存在しない」と、イニスは言います。二人は、もう一度別れるのです。

クライマックス

彼らの最後の逢瀬から数か月後、デートしないかとジャックに宛てたポストカードが、「受取人死亡」と印されてイニスの元へ返送されます。イニスは、ジャックの妻に電話します。彼女は、夫が事故で亡くなったとイニスに伝えます。イニスは、ジャックが同性愛を嫌悪する人たちによるリンチで殺されたことを知ります。

結末

ジャックの両親の家で、イニスは、自分のシャツとジャックのシャツを見つけます。それは、ジャックがこっそりと一緒にかけていたものでした。彼はシャツを手に入れ、自分のトレーラーのブロークバック・マウンテンの写真の隣に安置します。ブロークバック・マウンテン、決して去ることはなく、けれど

も戻ることもない場所。ついに、自分のコミットメントを認めて、イニスはシャツを祝福します。「ジャック、誓うよ……」という言葉と共に。

第22章

脚本分析

言葉は男のウィットを示すが、行動はその意味を示す。

ベンジャミン・フランクリン

もしも、すべてが脚本に書かれているなら、どうして映画を作るの？

ニコラス・レイ

「どうやって全部のセリフを覚えたの？」

　一般の人にとって、演技には多くの不可解なことがあるようです。外からのぞいてみると、芝居全体の会話を覚えようとするコミットメントだけでも、至難の業です。俳優の仕事は、たくさんのジェスチャーや動き、そして感情的なものを伝えることと一緒に脚本全体を覚えることだと、一般の人は思い込んでいます。

　俳優は、人間のふるまいを通して物語を伝える責任を負っています。与えられたテキスト──会話や記述されているト書き──とあなたとの関係は、実際にはとてもシンプルです。あなたは、作者の言葉をすべて喜んで受け入れなければなりません。あなたは、テキストを覚えるのではありません。テキストがあ

なたの中へと**入ってくる**のです。暗記することでは、そうはなりません。あなたは、作者とのつながりを作ることで**テキストを取り込む**のです。あなたは、作者の言葉——テキストの行動——が持つ感情的、心理的、肉体的なエネルギーに、あなた自身を没頭させるのです。

　私は、児童劇団にいた最初のころから、会話を覚えることはページに書かれた言葉を暗記するだけではなく、作者の言葉を自分の精神へと招き入れることだと理解していました。私は、枕の下に台本を入れて寝ていましたし、どこにでも持ち歩き、ノートに言葉を書いたり書き換えたりしました——その言葉たちが私の中へと入ってくる道を見つけて、私の想像力を導いてくれそうなことなら何でもしました。

　しかし、『世界の創造とその他の仕事』の主役を引き継いだ時は、台本全体を数日中に覚えなくてはならなかったのです。週末にはボストンで幕を開けることになっていましたし、私はおびえ切っていました。昔のどの方法を使う時間も、私にはなかったのです。しかし、舞台の演出家であるハロルド・クラーマン（グループ・シアターの重鎮であり、時代を超えて真にすばらしい演出家、批評家、そして演技教師でした）が私に同情してくれました。驚いたことに彼は、「僕はあなたに、暗記しないようにすることを教えよう」と言いました。

　クラーマンが私に教えたことは、脚本を分析する方法でした。その方法は、劇作家の言葉をより明確にし、私のキャラクターへの責任をより具体的にすることで、脚本を暗記する理由がなくなるというものでした。ハロルド・クラーマンのシステムを使うことで、私はセリフそのものではなく、テキストの裏側の行動を学んだのです。それらの行動を知ることは、テキストをキャラクターの経験の有機的な一部にしてくれます。俳優が一

語一語をおうむ返しに言うような、生気のない発言や質問といった、退屈な話ではなくなるのです。

　脚本分析の間中、キャラクターを見るのと同じエネルギーを持って、そして同じくらいの多様なレベルから、私は一つひとつの言葉を検証しました。テキストを系統立てて行動に分解することによって、俳優は作家の言葉の完全な意味を吸収できるようになります。クラーマンのシステムによって、ただひとつの揺るぎない、強い関係をテキストとの間に確立し、維持することが可能になりました。たとえ、そのお芝居が私の生まれる400年前に書かれたものでも、脚本分析は私が可能だと思っていたよりもはるかに親密な協力関係を作家との間に与えてくれました。

　このシステムを習得する俳優は、テキストを自分のものにするでしょう。あなたは、前もって行った準備から手がかりを得ています。あなたは、自分自身の感情的、感覚的な経験を使って、脚本とつながります。脚本分析が全体的に、詳細に、そして完全に行われる時、俳優は暗記することなく、その脚本を覚えるのです。行動を知ると、セリフが浮かんでくるのです。

　脚本分析はまた、物語の継続性についての理解も与えてくれます。それによって、何度もシーンが入れ替わるという最も過酷な状況でさえ、あなたの妨げにはならないでしょう。このワークをすれば、あなたはセリフがわかるようになるのです。あなたが脚本分析に自分自身を当てはめるなら、物語の横軸のどこに自分がいるのか、常に知ることになるでしょう。あなたは、最終試験のために一夜漬けをする優等生を演じる必要がなくなるのです。その代わりに、あなたは、自分の技術と想像力を使って、協力し合い、創造するアーティストになるでしょう。ロバート・デュバルがインタビューで言ったように「インクにし

かすぎない何かを手にし、それをふるまいに変化させること」
を通して。

ビート・バイ・ビート

　脚本を構成する最も基礎的な構成要素が、ビートです。一つ
一つのビートは、単一の、完結した、ドラマチックな思考——
瞬間です。ある一つのビートは、あるドラマチックな思考を始
めるだけでなく、その思考が完了する時に完全になります。あ
るビートを特定するためには、その思考が完結したと感じる瞬
間までテキストを読み進めていく必要があります。次のビート
は、それに続いていく瞬間で、その後も同じように続いていき
ます。一つ一つのビートは、直前にある完成したドラマチック
な思考の最後から始まります。

　パブリックペルソナがどれだけ寡黙だったり、言葉に表さな
かったとしても、すべてのキャラクターは**ニード**を満たすため
に、絶えず行動し続けています。『ギター弾きの恋』のハッテ
ィと『カッコーの巣の上で』に登場するチーフ・ブロムデンは、
それぞれの映画の中でほとんどしゃべりません。それでいて、
二人とも非常に活動的なキャラクターで、自らの尊重されるべ
き**ニード**を満たそうと粘り強く動いています。ハッティの**ニー**
ドは「愛される」で、チーフ・ブロムデンは「自由になる」が
ニードです。彼らは、自分たちが下す決断——自らの**行動**を通
して、自分たちの**ニード**を観客に伝えています。

　ただ単に言葉をしゃべるだけの人はいません。登場人物が話
す言葉の裏側には、常に行動があるのです。同じように、ただ
言葉を聞いているだけの人はいません。他の人物の言葉に対し
て、注意深く聴くこと、聞くこと、反応することの裏側には、

常に行動があるのです。他の人が話したり、動いている時にロボットみたいにスイッチを入れたり、切ったりする人間はいません。へたくそな俳優だけがそれをするのです。

俳優が、作者の言葉を観客に届けるために使う乗り物が行動です。ある瞬間に誰が話していようとも、すべてのキャラクターが、すべてのビートにおいて行動を持っています。そして、これらの行動のすべてに対して、それを表すような他動詞があります。──「責める」、「請い願う」、「もてあそぶ」、「無視する」、「和解する」、「見くびる」、「褒める」、「誘惑する」、「非難する」、「安心させる」。

キャラクターたちは、扱いにくい知性化[*3]を通して、彼らの**ニード**を満たしたり、**パブリックペルソナ**を機能させたり、**トラジックフロー**に陥るのではありません。会話がどれだけおおげさだったり、性急だったりしても、俳優が他のキャラクターたちと関わるために使う、シンプルで直接的な行動があるのです。よりシンプルで、より生き生きと行動を描写するほど、ドラマがより強くなります。

どんなビートも、以下の5つのカテゴリーに分類することができます。それらは、**作家が持つ5つのツール**です。

解説
キャラクターの意思
ニードの提示
葛藤の提示
実行

---

*3　知性化：心理学用語。自我の防衛機制のひとつ。知的な言葉を用いて説明したり議論したりすることで強い感情に直面することを避け、衝動を統制すること。（大辞林）

テキストを分析する時、これら5つの作家のツールを、脚本のすべてのビートに割り当てます。それぞれのビートには、対応するツールがあります。——解説、実行、葛藤の提示など。それぞれのビートに指定されたツールは、シーンにおいてそれぞれのキャラクターに対しても当てはまります。これらのツールが続けて繰り返されることは決してありません。2つの葛藤の提示、あるいは2つの実行のビートが続くことはないのです。もしも、続いている2つのビートが同じカテゴリーに当てはまるなら、テキストに何か間違いがあるか、あるいはテキストについての俳優の理解に問題があるのです。

解説

解説は事実です。まさにそのままです——「ルーク、私はお前の父親だ」、「氷山だ、目と鼻の先に！」、「私は共産主義者ではない」、「ヒューストン、問題が発生した」——解説のビートは、事実を述べています。解説のビートは、常に同じ行動「真実を伝える」を含んでいます。

テキストのすべての言葉に対して、可能な限りのエネルギーと意味付けをしようとがんばりすぎて、解説のビートにおける行動はシンプルに「真実を伝えること」だということを、多くの俳優が忘れています。『世界の創造とその他の仕事』でイヴを演じる時、ケインとアベルを演じる俳優に並びながら「これは私の息子、ケイン。そして、こっちが息子のアベル」と、私は言わなくてはなりませんでした。二人とも白人でしたし、一人は私よりも年上で、もう一人（金髪の男性）は同い年でした。

私がこのセリフを真実にする唯一の方法は、イヴが息子たちについて、そして二人のお互いに対する憎悪について彼女がど

れだけ傷つき、失望しているかについて話すことだと決めました。ケインの名前を言う時に、個人化した痛々しい失望を通して話すことだろうと、私は理解しました。リハーサルへ行き、私たちはシーンを行いました。そして、私がその場面に達した時、私は自分の中にあるすべての涙と苦悩とともにセリフを言いました。

クラーマンは激しく怒りました！ 「解説のビートでは何をするように言った？」彼は強く要求しました。「事実を述べろ、事実を述べろ、事実を述べろ！」その後のすべてのパフォーマンスでは、私は彼の指示に従いました。私はそこに立ち、「これは私の息子、ケイン。そして、こっちが息子のアベル」と、テキストにあったように飾らない、簡潔な真実として単に言いました。すると、すべての公演で一日も欠かすことなく、観客は承認を表す「オー」というため息を、完璧に同じタイミングで漏らすのでした。笑いもなく、肩をすくめる仕草もなく、困惑した表情もない——すべての公演で、彼らは完全に信じたのです。

もし私が、事実としてそのセリフを言わなかったら、もしも私が、その事実が明白であると確信しなかったら、観客は私を見て、息子たちを演じる二人の男を見て、完全に困惑していたでしょう。事実を述べることで、私は物語を伝えたのです。

<u>キャラクターの意思</u>

キャラクターの意思は、形容詞のように働きます。劇作家はキャラクターの意思を使って、人物や場所や物を言葉で描写するのです。映画の脚本では、舞台の台本ほどキャラクターの意思のビートが使われません。理由として、映画の方がもともと

視覚的だからです。キャラクターの意思は、さらけ出すのではなく、描写するのです。人物の個性を表す行動が、キャラクターの意思として使われます。「魅了する」、「お世辞を言う」、「もてあそぶ」、「見せびらかす」、「論点をごまかす」、「冗談を言う」、「熱く語る」——こういった行動の動詞を選ぶことで、キャラクターの意思の中身を伝えることができます。

ニードの提示

　これらのビートは、キャラクターの内的、感情的、心理的生活に結び付いています。ニードのビートは、キャラクターの**パブリックペルソナ**が隠している満たされない**ニード**を直接示します。あるいは、シーンにおいて他の心理的な、または感情的な**ニード**が働いていることを示しています。ニードのビートに付随する行動は、常に、感情的状態、欲望、欲求、望み、あるいは執着を「明らかにする」、あるいは「暴露する」です。「弱さを明らかにする」、「傷をさらす」、「感じていることを告白する」。これらは、ニードの提示が指し示す動詞の選択肢になります。

　作家が一時的な休止（間）を使う時、それは別の形でのニードの提示です。休止の間に、俳優は彼らのキャラクターの**ニード**まで**訪れて**、そしてそこから戻ってきて、次の瞬間へ向かうのです。休止は、ミニ・プライベートモーメントなのです。

葛藤の提示

　葛藤の提示は、葛藤それ自体のように、キャラクターの内側で起きる内的なものか、キャラクター同士の間で起きるか、他

の外的な力との間の状況で起きるかのいずれかです。葛藤の提示は、競争的で対立を辞さない動詞を行動に対して求めます——「戦う」、「妨げる」、「強いる」、「いらだたせる」、「攻撃する」、「破壊する」、「要求する」、「責める」——挑戦的で、闘争的なエネルギーを含んでいる行動です。

実行

　実行のビートは、物語を前に進ませるビートです。入場、退場、電話に出る、質問する——物語自体を駆り立てるビートは何であれ、実行のビートです。実行のビートの行動は、しばしば、キャラクターの補足の言葉や、ト書き、あるいはテキストの記述の中に直接的に詳しく描かれています。実行のビートがテキスト自体に詳しく描かれている時、その行動はシンプルに「与えられたように行動する」こと——単に、テキストが求めるように行うということです。それ以外に、実行のビートの行動には、強力に他人に働きかける動詞で、次のようなものがあります。「押す」、「挑発する」、「誘惑する」、「逃げる」、あるいは「圧力をかける」。

第23章

サイズ^{*4}

言葉は、紙に書かれている以上の意味を持っています。
そこにより豊かな意味合いを持たせるには、人の声が必要です。

マヤ・アンジェロウ

詳細に見る

　この章は、アラン・ボールによるアカデミー賞受賞作『アメリカン・ビューティー』の脚本から一部のシーンを抜粋して扱います。短い部分ですが、物語のクライマックスの直前に位置する鍵となるシーンです。これから、シーンの中のビートを特定し、印を付け、もしこれらの役を演じる俳優たちと私がワークするとしたら、私が行うであろう方法と同じやり方で、それぞれのキャラクターに関してひと通り見ていきたいと思います。

　シーンを進めていくに従い、それぞれのビートの終わりに、鉛筆で脚本にスラッシュ（／）マークを記していきます。それぞれのビートは、スラッシュマークのところに番号を振られます。

＊4　サイズ（sides）：オーディションで演じる脚本の一部分。

室内　バーナム家 —— 居間 —— 前の続き

バーナムの視点：（カメラが）ゆっくりと部屋の角のあたりを動くと、アンジェラが視線に入ってくる。彼女は、ステレオの前に立ち、CDケースを持っている。彼女は泣き続けている。彼女の顔は腫れて、髪はくしゃくしゃに乱れている。彼女はこちらを気づかうように見つめ……それから、かすかに挑戦的な笑みを浮かべる。

アンジェラ　ステレオを使ってもいいかしら？

レスターは壁に寄りかかり、ビールを一口飲む。

レスター　どうぞ。／①
（それから）
ひどい夜、なのかな？／②

アンジェラ　そんなに悪くないわ、ちょっと…変だけど。

レスター　（にこりと笑う）
僕よりも変にはなりようがないよ。本当だよ。

彼女はほほえむ。／③　二人とも静かにそこに立っている。緊迫感が高まる。

アンジェラ　ジェーンとケンカしたの。
（ビートの後で）
あなたのことで。

彼女は、このことを言いながらも魅力的であろうと努めているが、うまくできない。レスターは眉を上げる。

アンジェラ（続き）　彼女はカンカンなの。私が「あなたはセクシーだ」って言ったから。／④

　　　レスターはにっこりと笑う。彼はセクシーである。

レスター　（ビールを差し出し）
　　　一口飲むかい？

　　　彼女はうなずく。レスターは、彼女の口元にボトルを持っていき、彼女は不器用に飲む。彼は、彼女の顎を手の甲で優しく拭く。

レスター（続き）　それで……教えてくれるのかな？
　　　君が何を欲しいのか？
アンジェラ　わからないわ。
レスター　わからない？

　　　彼の顔は、彼女の顔にとても近づいている。彼女はうろたえている —— 起きていることが早すぎる……。

アンジェラ　あなたは何が欲しいの？／⑤
レスター　冗談だろ？　君が欲しい。初めて君を見た時から、君が欲しかった。
　　　今まで見た中で、君は最も美しい。

　　　アンジェラが深呼吸を一つするやいなや、レスターが彼女に体を寄せて、頬に、額に、まぶたに、首に……キスをする。

> **アンジェラ**　私って平凡だと思わないの？
>
> **レスター**　努力したって、平凡になんてなりようがないよ。
>
> **アンジェラ**　ありがとう。／⑥
>
> 　（遠くを見て）
>
> 　平凡よりも悪いことってないと思うの……。／⑦
>
>
> 　　レスターは、彼女の唇にキスをする。／⑧

　番号ごとにビートをリストにし、表を使って整理します。シーンをビートごとに進めながら、「ビート」の欄に個々の連続するビートの番号を書きます。ビートの番号付けをすることで、俳優がビートを識別しやすくします。私がセットにいて俳優とワークしている時でも、この方法は私にとっても効果的なのです。もしも、解釈の違いや、若干の混乱や難しさがある場合、それぞれの番号のビートについて具体的に対処できるし、電話でも、それらをはっきりさせることができます。

　2つ目の欄は、それぞれのビートが5つの作家のツールのどれにあたるかを、俳優が特定するところです。3つ目の欄は「行動」とラベルされます。この欄には、そのビートにおけるキャラクターの行動は何かを最適に描写する、確固とした他動詞や動詞句を書きます。

　単に脚本を分析し、その中身を特定して、番号を振るだけでは意味がありません。脚本分析は、俳優が自らの真実を作家の言葉に捧げるために使わなければ、完成しません。4つ目の欄は、「個人化の素材」と名付けます。ここには、それぞれのビートに対して適切な、俳優自身の感覚、個人化、そして感覚記憶の引き金をリストアップしていきます。

脚本分析

タイトル：　　　　　　　　　キャラクター：

ビート：	ツール：	行動：	個人化の素材：

アンジェラのサイズ

　直前のシーンでは、10代の少女のアンジェラ・ヘイズが、レスター・バーナムの娘のジェーンとそのボーイフレンド、リッキーと口汚いケンカをしたばかりです。アンジェラは、ひねくれてはいるが性的魅力のある10代の平凡な少女という**パブリックペルソナ**の下に、「崇拝してほしい」という**ニード**を、純粋無垢なレベルで抱えています。レスターは、単純にアンジェラに惹かれています。そして、ジェーンが本当に嫌なのは、アンジェラはレスターの誘いかけを抑えようともしないところです。ジェーンの言葉は鋭く、的を射ていて、アンジェラの**パブリックペルソナ**を切り裂きます。

　シーンが始まると、アンジェラが音楽をかけながら、一度損なわれた、人を巧みに操る性的魅力にあふれた少女を再び機能させようとしているのを、レスターは見つけます。最初のビート、このシーンの最初の完成されたドラマチックな思考は、レスターがビールを飲み、アンジェラに「どうぞ」と答えるところで終わります。

　室内　バーナム家 —— 居間 —— 前の続き
　バーナムの視点：（カメラが）ゆっくりと部屋の角のあたりを動くと、アンジェラが視線に入ってくる。彼女は、ステレオの前に立ち、CDケースを持っている。彼女は泣き続けている。彼女の顔は腫れて、髪はくしゃくしゃに乱れている。彼女はこちらを気づかうように見つめ……それから、かすかに挑戦的な笑みを浮かべる。

アンジェラ　ステレオを使ってもいいかしら？

> レスターは壁に寄りかかり、ビールを一口飲む。
>
> **レスター**　どうぞ。／①

　これはアンジェラにとってのキャラクターの意思です。ビートに隠れている彼女の行動は、「よい女の子を演じる」です。

　ビートの番号とビート自体の最後の2、3語は、1つ目の欄に入ります。「キャラクターの意思」は2つ目の欄に、そして、「よい女の子を演じる」は3つ目の欄に入ります。4つ目の欄には、個人的な素材——「よい女の子を演じる」という行動の感覚を俳優に与える個人化、感覚記憶、経験、あるいは場所を記入します。魅力的な年配男性や同じような片思いの個人化は、アンジェラを演じる俳優にとって、いい探求の領域となるでしょう。

脚本分析

タイトル：アメリカン・ビューティー　キャラクター：アンジェラ

ビート：	ツール：	行動：	個人化の素材：
①「どうぞ。」	キャラクターの意思	彼のためによい女の子を演じる	

　レスターはアンジェラに「ひどい夜、なのかな？」と聞きます。この瞬間自体に、②番目のビートとなる完全なドラマチックな思考があります。それは、アンジェラの心を開き、物語の語りかけを強め、そして物語を前へと進めます。②番目のビー

トは、実行のビートです。

　アンジェラは、レスターに対して細心の注意を払いつつ、彼が近づくのを許しています。それによって、彼女の行動は、「彼の温かさ／気づかいに引き込まれる」となるでしょう。俳優にとって個人化の素材は、同じような人から与えられる温かさを具体化するものでなくてはなりません。

> **レスター**　どうぞ。／①
> 　（それから）
> 　ひどい夜、なのかな？／②
> **アンジェラ**　そんなに悪くないわ、ちょっと…変だけど。
> **レスター**　（にこりと笑う）
> 　僕よりも変にはなりようがないよ。本当だよ。
>
> 　彼女はほほえむ。／③　二人とも静かにそこに立っている。緊迫感が高まる。

　③番目のビートは、アンジェラのほほえみで終わります。これは新たな、キャラクターの意思です。彼女は実際「ひどい」夜を過ごしていますが、レスターのために「変」という表現に格下げします。そう言うことによって、自分が彼にとって魅力的に見えるだろう、彼が安心するに違いない、と思っているのです。彼が本当に何を話しているのかまったく分かっていないのですが、彼女は彼の言うことに気を配っています。アンジェラのほほえみの裏の行動は、「甘い言葉でおだてる」です。個人化の素材は、もう一つの個人化、おそらく最初のビートと同じものかもしれません。

ビート：	ツール：	行動：	個人化の素材：
②「…ひどい夜、なのかな？」	実行	彼の温かさ／気づかいにひかれる	
③「彼女はほほえむ。」	キャラクターの意思	甘い言葉で誘惑する	

　アンジェラは次に、レスターの娘のジェーンと口論をしたばかりだと述べます。この④番目のビートは「私があなたはセクシーだって言ったから」で終わります。アンジェラは実際、そう言ったのです。ジェーンは彼女に対して本当にカンカンに怒っています。これは事実です（——解説のビート）。そして、すべての解説のビートと同様、彼女の行動は「真実を伝える」ことです。個人化の素材は、俳優の人生において「真実を伝える」**ニード**を含む時や場所、あるいは人物由来のものになるでしょう。

> **アンジェラ**　ジェーンとケンカしたの。
>
> （ビートの後で）
>
> あなたのことで。
>
> 彼女は、このことを言いながらも魅力的であろうと努めているが、うまくできない。レスターは眉を上げる。
>
> **アンジェラ**（続き）　彼女はカンカンなの。私が「あなたはセクシーだ」って言ったから。／④

ビート：	ツール：	行動：	個人化の素材：
④「…って言ったから。」	解説	真実を伝える	

次の完成されたドラマチックな思考は、レスターがアンジェ
ラにビールを一口与えて、誘惑するように彼女の顎を拭き、彼
女が何を求めているのかを尋ね、そして彼女に近づきながら
迫るところまでです。アンジェラがレスターに、「何が欲しい
の？」と尋ねるところでこのモーメントは終わります。

　その質問が、シーンと物語を前に進ませます。⑤番目のビー
トは、新たな実行のビートです。彼らが遠回しに話しているこ
とが、今や表面化してきます。この実行のビートが、シーンを
次のドラマチックなレベルへと上昇させます。それはアンジェ
ラが望むよりも早く起きているのです。付随する行動は、「彼
に質問する」であり、簡潔で、明確、そして行動的です。

レスター　（ビールを差し出し）
　一口飲むかい？

　彼女はうなずく。レスターは、彼女の口元にボトルを持ってい
き、彼女は不器用に飲む。彼は、彼女の顎を手の甲で優しく拭
く。

レスター（続き）　それで……教えてくれるのかな？
　君が何を欲しいのか？

アンジェラ　わからないわ。

レスター　わからない？

　彼の顔は、彼女の顔にとても近づいている。彼女はうろたえてい
る —— 起きていることが早すぎる……。

アンジェラ　あなたは何が欲しいの？／⑤

ビート：	ツール：	行動：	個人化の素材：
⑤「何が欲しいの?」	実行	彼に質問する	

その次のビートは、アンジェラの「ありがとう」で終わります。リッキーに「平凡」と非難されたことによるヒリヒリした痛みを抱え、彼女はレスターが何を言うのかを切実に聞きたいのです。あまりにも切実なので、彼女は自分の内で大きくなっていく不快感を無視すらするのです。⑥番目のビートは、ニードのビートです。彼女は、自らの**ニード**「崇拝されたい」をさらけ出しています。

> **レスター**　冗談だろ?　君が欲しい。初めて君を見た時から、君が欲しかった。
> 今まで見た中で、君は最も美しい。
>
> アンジェラが深呼吸を一つするやいなや、レスターが彼女に体を寄せて、頬に、額に、まぶたに、首に……キスをする。
>
> **アンジェラ**　私って平凡だと思わないの?
> **レスター**　努力したって、平凡になんてなりようがないよ。
> **アンジェラ**　ありがとう。／⑥
> （遠くを見て）
> 平凡よりも悪いことってないと思うの……。／⑦

「平凡よりも悪いことってないと思うの」は⑦番目のビートです。それは葛藤のビートで、アンジェラ、彼女の**ニード**、**パブリックペルソナ**、そして**トラジックフロー**について多くをさ

らけ出します。アンジェラの内なる葛藤は、彼女の純真な**ニード**「崇拝されたい」と、気のある素振りを見せる性的魅力のある若い女性という**パブリックペルソナ**の葛藤です。アンジェラは特別でありたい、けれども、どんな種類の注目でも甘んじて手を打つのです。彼女の**トラジックフロー**は操作すること——彼女は自分自身を低く評価し、安売りするのです。彼女は自らを平凡だと感じます。そして、その感覚を振り払うためには、なんでもするでしょう。彼女の状況的な葛藤は、レスターとの葛藤です。彼女は、彼の主人公的な力に対して敵対者的です。彼女の行動は、「自分の平凡さを隠す」です。

> レスターは、彼女の唇にキスをする。／⑧

シーンの終わりで、レスターは彼女の唇にキスをします。頬にキスした時とは違い、このキスはそれ自体が、完成されたドラマチックな思考です。⑧番目のビートは、これ以上ないほど実行的です。このシーンは、そこで終わります。実に複雑な問題が、二人のキャラクターの前に現れます。相手に従っているとはいえ、アンジェラは必要とする崇拝のために、自分の身体を引き換えにしているのです。彼女にとっては確固たる、行動的なビートで、行動は「彼から欲しいものを手に入れる」なのです。

ビート：	ツール：	行動：	個人化の素材：
⑥「ありがとう。」	ニード	崇拝されたい自分のニードを暴露する	
⑦「悪いことってないと思うの……。」	葛藤	自分の平凡さを隠す	
⑧「唇にキスをする。」	実行	彼から欲しいものを手に入れる	

レスターのサイズ

『アメリカン・ビューティー』全編のさまざまなところで、レスター・バーナムの妄想や夢が細かなこだわりを持って描かれる一連のシーンがあります。彼は10代の少女と一緒にいることを妄想しますが、私たちが見るのは、汗をかいている背中やセックスしている体のイメージではありません。レスターは、薔薇の花弁と柔らかい光の中でのアンジェラのことを妄想しています。それこそが、レスターの**ニード**が描かれているところです。レスターの**ニード**は、「美を知ること」なのです。彼の主人公的力は、その美しさのための探索なのです。レスターの**パブリックペルソナ**は、郊外のどこにでもいる平凡な男です。彼は、崩壊しかかった家族の、不機嫌な家長であり、若さに執着した中年の危機の痛みにはまっているのです。

レスターの純真さを求める**ニード**が、自分自身が持つ出来合いの、典型的な郊外在住男性の**パブリックペルソナ**とぶつかる時、彼は力を失います。彼は仕事を放棄し、自分の妻を誘惑することもできず、家族をまとめたり、導いたりすることもできません。そして彼は、どんな責任も果たそうとはしないし、欲望に任せた食欲をコントロールしようともしません。そしてまた、暴力的で、ゲイであることを隠している隣人をなだめようともしません。その無力さこそが、彼の**トラジックフロー**なのです。

シーンが始まる前、レスターはリッキーの父親の誘いかけを拒絶します。シーンが始まると、レスターはアンジェラを安心させます。彼女がいる場所にいてもいいし、彼女がやっていることもそれでいいと安心させるのです。最初のビートでは、レスターは、キャラクターの意思を述べます。彼は責任を放棄し

て、「クールな男を演じる」ことを選びます。俳優の個人的な材料としては、性的に興奮する人物を個人化に使います。

　②番目のビートにおいて、アンジェラにひどい夜のことを質問することは、実行のビートであり、物語を前に進めます。彼の行動は、「心配する振りをする」ことです。③番目のビート、レスター自身の夜がどれだけ変だったかという告白は、アンジェラのほほえみで終わります。このキャラクターの意思のビートにおいて、自分も「子供たちの仲間になろう」としています。

室内　バーナム家 ── 居間 ── 前の続き
バーナムの視点：（カメラが）ゆっくりと部屋の角のあたりを動くと、アンジェラが視線に入ってくる。彼女は、ステレオの前に立ち、CDケースを持っている。彼女は泣き続けている。彼女の顔は腫れて、髪はくしゃくしゃに乱れている。彼女はこちらを気づかうように見つめ……それから、かすかに挑戦的な笑みを浮かべる。

アンジェラ　ステレオを使ってもいいかしら？

　　レスターは壁に寄りかかり、ビールを一口飲む。

レスター　どうぞ。／①
　　（それから）
　　ひどい夜、なのかな？／②
アンジェラ　そんなに悪くないわ、ちょっと…変だけど。
レスター　（にこりと笑う）
　　僕よりも変にはなりようがないよ。本当だよ。

彼女はほほえむ。／③　二人とも静かにそこに立っている。緊迫
感が高まる。

アンジェラ　ジェーンとケンカしたの。

（ビートの後で）

あなたのことで。

彼女は、このことを言いながらも魅力的であろうと努めている
が、うまくできない。レスターは眉を上げる。

アンジェラ（続き）　彼女はカンカンなの。私が「あなたはセク
シーだ」って言ったから。／④

脚本分析

タイトル：アメリカン・ビューティー　　キャラクター：レスター

ビート：	ツール：	行動：	個人化の素材：
①「どうぞ。」	キャラクターの意思	「クールな男」を演じる	
②「…ひどい夜、なのかな?」	実行	心配している振りをする	
③「彼女はほほえむ。」	キャラクターの意思	子供たちの仲間になる	
④「…って言ったから。」	解説	その事実を受け取る	

　レスターは、④番目の解説のビートにおいては、受け手の側
になっています。レスターは、何か本当のことについて聞いて
いるのですが、その事について言ってはいないので、彼の行動
は、「その事実を受け取る」です。⑤番目のビートでは、レス
ターは手の内を明かし、物語が前へと進みます。この実行のビー
トにおける彼の行動は、「誘惑する」です。俳優は、欲情や

欲望に関しての全身を包み込むような感覚を探求してもいいかもしれません。続くビートは、アンジェラの「ありがとう」で終わりますが、これはレスターにとってはニードのビートです。彼のアンジェラに対する欲望は明らかです。⑥番目のビートにおける彼の行動は、「自分の渇望をさらす」です。

アンジェラ　わからないわ。

レスター　わからない？

　　　彼の顔は、彼女の顔にとても近づいている。彼女はうろたえている —— 起きていることが早すぎる……。

アンジェラ　あなたは何が欲しいの？／⑤

レスター　冗談だろ？　君が欲しい。初めて君を見た時から、君が欲しかった。
　　今まで見た中で、君は最も美しい。

　　　アンジェラが深呼吸を一つするやいなや、レスターが彼女に体を寄せて、頬に、額に、まぶたに、首に……キスをする。

アンジェラ　私って平凡だと思わないの？

レスター　努力したって、平凡になんてなりようがないよ。

アンジェラ　ありがとう。／⑥

ビート：	ツール：	行動：	個人化の素材：
⑤「何が欲しいの？」	実行	誘惑する	
⑥「ありがとう。」	ニード	自分の渇望をさらす	

次のビートは一筋縄ではいきません。レスターの**ニード**は「美しさを知る」ことであり、ロマンティックな純潔さを持つ愛を求めることなので、アンジェラの作られた、不誠実な官能さに降参することは葛藤の提示であることを表しています。レスターがアンジェラから今まさに得ようとしていることは、柔らかい光と薔薇の花弁という、彼の妄想の完成形を想起させるだろうことを自分自身どこかで認識しています。しかし、レスターが求める完璧さは、今さっきひどく傷つけられたばかりのおびえた10代の少女との密会でかなえられるものではありません。彼は、彼女を崇拝するべきなのですが、にもかかわらず**トラジックフロー**の中で、肉感的な欲望の前にレスターはなす術もないのです。レスターの主人公的力は妨げられます。彼に降伏することによって、アンジェラはこのシーンの敵対的な力を体現します。それは、レスターにとっては内的な葛藤です。彼の行動は、「彼女を手に入れる」です。

> **アンジェラ**　ありがとう。／⑥
>
> 　（遠くを見て）
> 　平凡よりも悪いことってないと思うの……。／⑦
>
> 　　レスターは、彼女の唇にキスをする。／⑧

　最後に、⑧番目のビートにおける彼らのキスは、アンジェラと同様、レスターにとって実行のビートです。二人はクライマックスに向けて、一緒に物語を動かしています。レスターの行動は、「彼女を貪り食う」という表現になるかもしれません。

ビート:	ツール:	行動:	個人化の素材:
⑦「悪いことってないと思うの……。」	葛藤	彼女を手に入れる	
⑧「唇にキスをする。」	実行	彼女を貪り食う	

秘密兵器

　私の一部のクライアントは、彼らが役のためにどんな準備を行ったかを監督に詳しく知られないことを望んでいます。悲しいことに、作家兼監督の中には、自分たちのテリトリーにコーチが侵入すると感じて、非常に防御的になる人もいます。

　脚本分析の力は、俳優の自己発見や分析が生み出すアイデアの中にあります。その目的は、アイデアや選択を作り出すことで、議論に勝つためではありません。あなたが脚本分析から得るものは、自分がやるべきことなのです。それは、監督、作家あるいはシーンの他の俳優たちとシェアされるものではありません。脚本分析のきわめて重要なルールは、このシステムの言語を使って、選択について言い争ったり、監督の調整について論争をしたりは**決してしない**ということです。あなたが自信を持ち、このシステムに慣れてくれば、自分の準備に合わせて、監督の調整を適切に解釈できるようになります。

　このシステムの強みは、ワークをすることであなたが達成する、テキストとの感情的なつながりや個人的な親密さにあります。もし、これらの作業を行うなら、たとえ自分の分析に自信がなくても、それでもまだ、単なる丸暗記によるものよりも脚本をより良く、より心から知ることができるでしょう。

　脚本分析は俳優に考えさせ、想像させます。そのことがアイ

デアや可能性を生み出すのです。これらの可能性は、リハーサルの不安、継続性を欠いたスケジュール、それに直前の変更に対する保険なのです。あなた自身に、柔軟であり、想像力豊かでいいという許可を与えてください。あなたには選択肢があることを知るためだけに分析をしてください。そしてその後は、クラーマンが言うように「分析を燃やして」ください。

第 **5** 部

ライフ

THE LIFE

第24章

即興で

私は音楽に熱狂し、即興で歌う。
たとえ熱で、私の歯や眼が燃えてしまおうとも。
跳ぶたびに私は空に触れた気になり、
そして大地に戻る時、そこは私一人だけのものだと感じるのだ。

ジョセフィン・ベイカー

スウィング・タイム

　俳優は、「感性、リズム、メロディとテンポのセンスを持たなくてはならない」とローレンス・フィッシュバーンは言っています。「創作の実践者たちに、前もって注意しておく」と彼の戯曲『Riff Raff』の前書きで書きました。「バカな真似をするな！　ちゃんとやれ、来てダンスをしろ。"リフ"（反復楽句）は"リフ"だ。スウィングしろ！」

　すばらしい演技はスウィングします。テナーサックスの伝説的奏者ジョン・コルトレーンによると、「音楽家の大部分は真実に興味がある」とのことです。情熱的で先見性のある演技は、すばらしい音楽と同じ目標を達成します。それは真実を伝える

のです。コルトレーンの最も有名なレコーディングは、『サウンド・オブ・ミュージック』の「私のお気に入り」をカバーしたものです。これが、ロジャースとハマースタインが書いた曲のメロディです。

　そしてこれは、コルトレーンが原曲から作り出したものです。

　メロディの「テキスト」(原曲)からスタートし、コルトレーンは「私のお気に入り」を有機的で、鮮やかで、完全に個人的な創作物へと変えました。彼は、単にその曲を演奏したのではなく、その曲に命を吹き込んだのです。

　演技にも同じように、コルトレーンのソロで見られたような熱狂的で、リスキーで、経験と勘による、興奮に満ちた生命を持たせなくてはなりません。俳優は、ホルン奏者のように、自分自身と準備と自らの持てる技術のすべてを、演じる作品に注ぎ込むのです。俳優はテキストで遊び、リフをくり返し、しかるべきテンポやピッチに従ったり抗ったりしてシーンを演じます。俳優は何にでも挑戦します。自分たちが演じるキャラクターの真実へより近づけてくれるものなら何でも、そしてその真実を観客に届ける可能性のあるものなら、どんなものにでも挑戦するのです。コルトレーンが言うように、「何かコミュニケーションしたという手応えがある限りは」なんでもあり、なのです。

アドリブによる解放

　業界の異端児で、作家・俳優・監督のジョン・カサヴェテスの映画、『こわれゆく女』、『ハズバンズ』、『フェイシズ』、そして『オープニング・ナイト』は、撮影現場において自由に即興することで作られたという誤解が、長い間存在しています。カサヴェテスの映画におけるすべてのぼろぼろのモーメント、間違いなく真実の瞬間は、注意深く脚本に書かれていた、というのが真実なのです。これらの映画のキャストは撮影中にアドリブをしたり、リハーサル中に即興したりするように促されました。しかし、それは脚本に書かれているかのように、常にシーンの制限の中においてのことなのです。そこには演奏する音楽家にとってのメロディ、あるいはコード進行がなくてはならないのです。きちんと構成されていない即興は、音楽家にとって無意味であるのと同様、俳優にとっても無意味です。即興を行う前に、俳優は、テキストを持つか、あるいはシーンに対して合意済みの骨格を持つ必要があるのです。

　即興の中で、俳優は作家の言葉の限界を超えます。俳優は、役に関しての知識やテキストへの習熟度を、即興への踏み台として使います。即興は旅なのです。テキストに描かれた領域の外側への航海なのです。その旅の間中、俳優の想像力は自分自身の内側、あるいは他のどこからでも、自由に何を呼び出しても構わないのです。即興を行うことで、俳優が演じるキャラクターについての理解を深める事実を生み出すことができます。即興は、それを行う俳優の中に感覚を生み出します。テキストには具体的に描かれていないのですが、俳優がテキストだけで発見できるよりも、脚本に書かれた状況の中で、キャラクターに焦点を当てる感覚を自らの中に生み出すことができます。

きちんと構築された即興は、キャラクターの世界の蓋をこじ
開けるツールとなります。俳優は、テキストが光を当てない、
その世界の片隅に光を照らすために即興を使います。即興で得
られるものは、潜在的な解決の糸口であったり、引き金であっ
たり、いずれワークする脚本における事実や葛藤についてのよ
り深い理解へと導いてくれるのです。たとえ、これらの糸口や
引き金が、キャラクターについて何も教えてくれなくても、何
か自分自身について教えてくれることで、その物語にあなたを
近づけてくれるかもしれないのです。即興は、あなたとキャラ
クターの結び付きを、誰も引き裂くことができないくらい強固
にすることができるのです。

　テキストをビートに分解し、それらのビートに行動を割り当
てたら、脚本を少しの間だけ脇に置いてみましょう。シーンと
キャラクターの知識を武器に、自分の言葉と動きを使って、シ
ーンの感覚とつながりましょう。あなたがテキストから知り得
たキャラクターの状況を基に、どう感じるのかを言ってみまし
ょう。真実のまま、そして開放されたままの状態で、少しの間、
テキストの言葉を放棄して、テキストの言葉の裏にある感覚を
味わってください。ひとたび脚本に戻れば、あなたはキャラク
ターとして生きているという、生き生きとした経験をしている
ことでしょう。そしてあなたは、その自由さと生命力を使って、
作家の言葉の意味と感覚を深めることができるのです。

　即興が得意な俳優は、脚本からはるかに離れた旅をすること
ができます。そして、コルトレーンのように、テキストの基調
となるメロディに戻ってくることができます。即興に苦労する
俳優は、単にテキストを繰り返すばかりで、実際に書かれてい
ることではなく、あれこれと言葉の置き換えをするだけで、先
に進むことなく足踏みしています。即興が下手な人は、テキス

トのフレーズを何度も繰り返すだけです。

　本当の違いは、その俳優のマインドセット（習慣的なものの見方）にあります。即興が上手な人は、キャラクターとその世界を探求したいと考えています。そういう人は作者の言葉を超えて、自分と共に脚本のシーンに持ち帰ることができる真実のかけらを待ち望んでいます。

　探求的な即興に抵抗がある俳優たちは、大抵、自分の想像力を信じていません。彼らは、キャラクターが言うことのロードマップがないと、安全だと感じないのです。即興の下手な人は、すぐに怖がります。テキストを手放し、即興のセッションをする許可証を、自分自身に与えないのです。

第25章

リアルワールド

人類の長い歴史において（そして動物においても）、
最も効果的に協力し、
即興で行なうことを学んだ者たちが繁栄している。

チャールズ・ダーウィン

リスペクト

　シドニー・ルメットやフランシス・フォード・コッポラのような監督は、自分たちの世界観を形にしていく中で、俳優の役割に対して十分な敬意を払います。ルメットは、主要キャストに関して、ギャラが支払われる3週間のリハーサルを予算とスケジュールに組み込みます。彼は、リハーサルホールを借り、さまざまなセットの寸法をテープで目印を付け、キャストと一緒に脚本を一行ずつ、少しずつ通していきます。すべてのアイデアに耳を傾け、すべての可能性は考慮されます。

　コッポラは、映画セットの実物大模型のところにキャストを集め、セットで使われる小道具や家具を用意します。コッポラは、キャストの各メンバーと十分に考慮して、個別にワークします。彼は、ルメット同様、俳優が脚本を探検するように促し

ます。コッポラは、俳優が役のために創作した自叙伝を元に、脚本に書かれていないシーンを即興で作ります。これによってキャストは、実際に記憶を共有しているという感覚を持ち、それぞれが役を演じながら、同じ記憶を呼び起こせるようになるのです。

　コッポラは、UCLA[*1]の映画学校に行く前に、ホフストラ大学[*2]で演劇を学びました。ルメットは俳優の息子であり、自分の劇団を立ち上げた後で映画製作に転向しました。彼らのようなアーティストは、俳優が何をするのか、そして俳優がどれだけ多くのものを、自らの仕事に持ち込むのかを理解しているので、キャストに直接、惜しみなく協力します。彼らは自らの演出ヴィジョンを洗練するために、俳優が助けてくれることを信頼しているのです。

　シドニー・ルメットとコッポラは、滅びゆく血統の最後の人たちです。コマーシャルフィルムや作家、あるいはフォトグラファー出身の映画監督や演出家が増えています。ミュージックビデオで学んだ監督や、独学のインディペンデント映画製作者にとっては、俳優が行うこと――準備や過程――は、そのほとんどが謎なのです。

<u>最低限</u>

　「映画製作は、キャスティングが90％」――この自明の理は、映画監督が存在する限り言われ続けてきました。製作コスト

＊1　UCLA：University of California Los Angeles の略。カリフォルニア大学ロサンゼルス校。
＊2　ホフストラ大学：Hofstra University。アメリカ、ニューヨーク州ロングアイランド西部にある私立大学。

が急騰しつづけているので、今ではその数字は100%に近づいています。スクリーン・アクターズ・ギルド[*3]の低予算の契約でさえも、俳優は毎日のリハーサルに関して、標準就業時間の基本給を受け取らなくてはならないと規定されています。予算が100億ドルの映画であろうと、1億2千万ドルの映画であろうと、プロデューサーは単純に、リハーサルにはお金を払おうとはしないでしょう。演劇のプロデューサーも、映画のプロデューサー同様、予算的なプレッシャーを受けています。彼らは、必要最低限のリハーサル以上のものに対しては、支払おうとしません。

　スタンリー・キューブリックはどんなカットであろうと、50から60テイクも撮影することで、悪名高い監督でした。「私が非常に多くのテイクを撮らなければいけない時は、決まって、俳優がセリフをわかっていなかったり、あるいは十分に理解していなかったりするからだ」と、彼はあるインタビューで語っています。キューブリックは、毎回のテイクを撮影しながらのリハーサルと考えていたので、テイクごとに、キャラクターについて異なる何かを見せられるよう、キャストが準備してくることを期待していました。責任感のある俳優なら、請け負うすべての仕事に対して、キューブリックの仕事であるかのようにアプローチするべきなのです。すべての俳優は、考えつく限りの異なる答えとアイデアを持って準備した状態で、すべての仕事に臨むべきです。あなたの準備——リサーチ、エクササイズ、脚本分析——は、すべて監督のヴィジョンのためなのです。

＊3　スクリーン・アクターズ・ギルド：Screen Actors Guild、通称SAG。全米映画俳優組合。

オーディション

オーディションにおいて、キャスティングエージェントや監督は、観客が求めているもの——生命、マジック、創造——つまり、「真実」を求めています。もしも、彼らの注目を集められれば、観客の注目を浴びる機会を与えてくれるでしょう。彼らは、興味深い**何か**を見たいのです。何かを持ち込めば、彼らは見返りとして代価をあなたに与えてくれるでしょう。俳優は、そのプロジェクトに対して必要不可欠な貢献をするという意識を持って、キャスティングセッションに足を踏み入れなくてはなりません。エドワード・G・ロビンソンがかつて言ったように、あなたは、「別の人物になるという奇跡を切望する、すべての人間の心の中で、明るい火花を散ら」さなくてはなりません。そして、あなたがその貢献をしたいと望まなくてはなりません。ティルダ・スウィントンの言葉を借りるなら、「私たちを人間の本質の荒野へと連れて行き、そこに私たちを置き去りにする」演技をする能力があると、自信を持たなくてはならないのです。あなたの準備がその自信を生み出し、それによって、その貢献は可能となるのです。

役の**ニード**、**パブリックペルソナ**、そして**トラジックフロー**を見つけて探求し、感覚記憶や個人化を通して共有するものを確立して、敗北の場所、アニマルワーク、それにキャラクタープライベートモーメントを探検する、さらに、しっかりと脚本の分析をおこなっている俳優は、オーディションに唯一無二の存在感を持ち込むことでしょう。自分の魂のすべてを、目覚めている瞬間のすべてを準備に注ぎ込んでいる俳優は、「何かすごいこと」を起こすための準備が整っているのです。

ほとんどの俳優は、オーディションのために準備する時間が

ありません。しかし、もしも準備に1時間足らずしか取れない
としても、あなたはまだ魔法を持ち込めるのです。あなたが伝
えたいと願う真実をシンプルに見つけてください。脚本におい
て、あなたがつながることができる真実が、あなたを最後まで
導くのです。あなたにとって、テキストの何が真実なのかを知
ることです。もしも、その真実があれば、あなたはオーディショ
ンへの鍵を手に入れます。

リハーサル

　多くの映画やほとんどのお芝居では、全キャストが揃って席
に着き、気楽に脚本（台本）を通して読むテーブルリーディン
グをする日が1日、もしくは2日あるでしょう。かつて導入的
なリハーサルとして使われていたものが、俳優がセットに着く
前の唯一のリハーサルに急速になりつつあります。テーブルリ
ーディングを最大限に活用することが重要なのです。
　サム・ペキンパーが1968年に、革命的なウエスタン映画
『ワイルドバンチ』の撮影準備をしていた時、彼は数年間映画
を撮っていませんでした。彼のキャスティングプロセスは、困
難を極めました。俳優は次々と、『ワイルドバンチ』の脚本を
見送りました。彼がアンサンブルキャストを最初のテーブルリ
ーディングにようやく集めた時、自分が集めた俳優の組み合わ
せはうまく行かず、脚本に命を吹き込まないのではないかとペ
キンパーは心配していました。「スタッフもそこにいました」
と、『ワイルドバンチ』の俳優、ボー・ホプキンスは記憶して
いました。「とてもよくまとまっていましたよ」。過去も未来も、
多くの心配性の監督たち同様、ペキンパーは、自分がキャス
ティングにおいて正しい選択を行ったと安心したい一心で、テー

ブルリーディングに足を踏み入れました。ペキンパーは、テーブルの先頭に席を取り、俳優とスタッフ間での紹介を行い、そして、キャストたちにリラックスをして、くつろいで脚本を読むように言いました。集まった皆が一息ついて、それから脚本の1ページ目を開きました。

　本読みが始まると、ペキンパーは、何かがおかしいと思いました。白髪交じりの、半分狂った探鉱者のサイクス役としてキャストされたエドモンド・オブライエンは、すばらしいベテランの性格俳優で、多才なことから選ばれたのですが、脚本をまるで電話帳であるかのように読んでいました。オブライエンは、「単に自分の役を読んでいた、何の表現もなくね、彼は実際、ボソボソとしゃべっていたんだ」と、ホプキンスは回想しています。キャスティングを振り出しに戻すことを恐れ、ペキンパーは本読みを中断して、オブライエンに言いました。「エディー、何をやろうとしているんだい？」

　「ああ、キャラクターをどう演じるかってこと？」オブライエンは返答しました。「君は今、それが見たかったの？」

　「いま、**いくらか**でも見せてもらいたいな」ペキンパーは、試すように言いました。本読みが再開されるとすぐに、エドモンド・オブライエンは飛び上がり、サイクスとしてぺちゃくちゃとしゃべりながら、部屋の周りを踊りました。心からほっとしたペキンパーは、笑って言いました。「ＯＫ、わかった。君は理解しているんだね」

　監督はしばしば、テーブルリーディングの間は、キャストに「演じない」ように強く言います。しかし、彼らが本当に意味するところは、俳優でなく、キャラクターを見たり聞いたりしたいということなのです。俳優はたった一つのこと ―― 会話をする ―― ための準備を整えて、テーブルリーディングに着か

なくてはなりません。あなたのキャラクターは、テキストの言葉を通して、他のキャラクターたちと会話ができなくてはならないのです。それが、「演じるな」、「脚本をフラットに読んで」、そして監督たちがテーブルリーディングの時に俳優に伝える、誤解を招いてしまう他のさまざまな決まり文句に対して、彼らが意味することなのです。必ず、キャラクターとして聴いて、話して、そして聴いてください。会話において、他のキャラクターたちと関わってください。俳優がテーブルリーディングでやらなくてはならないことは、それがすべてです。――**会話をすること。**

　立って、シーンのブロッキング[*4]をする時がやってきます――どうやって俳優たちとカメラが、脚本の流れの中で動くのかという実際のディテールを作り上げます――俳優に優しい監督なら、俳優たちに動いてもらったり交差してもらったりして、シーンを通して自分のやり方を見つけさせるでしょう。それから、その方法に沿って俳優のブロッキングの微調整をします。それよりも多いのは、監督が紙の上、撮影リストやストーリーボードですべてを解決しようとすることでしょう。そういった監督たちは、あなたが特定のセリフにおいてマークを付けたところに来ることや、小道具を拾うこと、他の機械的なこまごまとしたやるべきことを決められた速さで、しかも決められた順序で行うことを期待しているのです。

　どちらにしても、すべてのきっかけ、タイミング、そして動きの把握をする責任は俳優に課せられています。そして、それ

＊4　ブロッキング：Blockingは、芝居、バレエ、映画、あるいはオペラのパフォーマンスを容易にするために舞台上での俳優の正確な動きやポジショニングを指す演劇用語。

はとても重い負担なのです。リハーサルにおいて、ペンを取り、適切な演出に沿ったすべての位置や動き、そして会話を脚本に記します。自分のキャラクターが動くところならどこでも、どの台詞で動くのか、何を拾い上げるのか、置くのか、持ち歩くのか、抱えるのか、あるいは理解するのか、すべてあなたの脚本に事細かに、手早く書かれます。

　それから、リハーサルが終わると、本当のワークが始まります。個人で、そして自分自身の時間において、俳優であるあなたは、すべての動き、すべてのジェスチャー、キャラクターについてのすべてのちょっとした所作を正当化しなくてはなりません。シーンにおいてキャラクターが行うすべてについて、あなたは理由と答えを持たなくてはならないのです。あなたのキャラクターに起きているすべてのこと、その動き、そのブロッキング、肉体的な所作が、自分自身にとっても完全に真実であると思えるようにしなくてはなりません。そうすることで、それは観客にとっても真実だと思えるようになるのです。

　監督は、演技のレッスンをするためにいるのではありませんし、俳優は監督の演出について助言をするためにいるのではありません。脚本家は、おそらくそこにはいないでしょう。現実の世界で演技するためには、あなた自身のプライベートな準備を通じて、キャラクターの頭、作家の頭、監督の頭で時間を費やして、セットに到着する前にすべての疑問を解決し、自分の役を明確にし、正当化する必要があります。

　俳優としてあなたが行うすべてのことには、理由と正当化があります。しかし、俳優であるあなたが答えを見つけられる唯一の確かな場所は、自分自身の内側なのです。あなたはソファーからバーへと横切っています。そして、グラスを拾いながらセリフを言っているのは、なぜ？　もし、あなたがリサーチや

自分自身とキャラクターの探求や脚本の分析を行っているなら、自分でその質問の答えを見つけるでしょう。必要なら、その質問に50通りか60通りの異なった方法で答えることもできます。なぜ特定のセリフの時に、特定の印で止まるのか知りたいですか？　自分で正当化するのです。そして、あなたがこれ以上深いものを見つけることができないところまでくれば、あなたがしっかりと準備をしてオーディションに来たので、彼らがあなたを雇ったということを、あなたが正当化したのです。それは今やあなたの仕事です。あなたにはギャラが支払われるのです。「位置について、他の仲間の目を見て、そして真実を伝える」のです。

第26章

ゴールドダスト (砂金)

演技は玉ねぎを剥くみたいなもの。
下にあるものを見つけるために、一枚ずつ剥いていかなくてはいけない。

ジュリエット・ビノシュ

　週に1度、「ゴールドダスト」と呼ばれるマスタークラスを持っています。そこでは、経験豊かな俳優たちが、グループの中でワークショップを行ったり、キャラクターを育てたりしています。ここ数年にわたり、このグループに時々参加する人の一人がジュリエット・ビノシュなのです。彼女が2000年にハロルド・ピンター作の『背信』でブロードウェイに出演する準備をしている時に、私はこの優れたアーティストに出会いました。それ以来、私たちは何度か一緒にワークをし、近しい友人となりました。ビノシュは演技教師の娘なのです。彼女はアカデミー賞受賞者であり、揺るぎないコミットメントと知性を備えたアーティストです。ジュリエット・ビノシュほど、私のワークの過程、俳優の責任、そして演技という芸術表現の一形態について論じるのに適した人はいないでしょう。

ビノシュによるバトソン考

ニード ── パブリックペルソナ ── トラジックフロー

　ニード、**パブリックペルソナ**、**トラジックフロー**は、俳優の
ワークにおけるABCのようなものです。ピアニストにとって
の音階、フランス語で言うなら les escalades のようなものです。
それらは、さまざまな感情や思考を演じるためのすばらしいツー
ルであり、たとえ不可能だろうと思える時でも、キャラクタ
ーに命を吹き込むためのツールなのです。あなたが肉体的に
キャラクターになり、物語を語ることを可能にしてくれるのは、
ニード、**パブリックペルソナ**、そして**トラジックフロー**なので
す。キャラクターの基礎として、それらを知り、使うことは俳
優ができる最低限のことなのです。

　私が『ランデブー』という映画に携わった時、その役は私に
とって最初の大きな役の一つだったのですが、私は20歳でし
た。当時、私は自分自身と演じるキャラクターの間に、共有で
きる命を直感的に作り出しました。私は、自分自身の内側にあ
る事柄を使って、そのキャラクターを作り出したのです。なぜ
なら他に方法はなかったから。私は、自分自身のアクターズ・
スタジオにいたと言えるのかもしれません。現在、私が出演す
る映画においては、しばしばとても大きなテーマが扱われます。
私の演技の選択肢も、それらのテーマを反映しなくてはなりま
せん。キャラクターたちはより難しくなり、そしてより過酷に
なっています。ワークしている間、私は自分自身を見失わない
ように、あるいは傷つけないように保つ方法を見つけなくては
ならないのです。映画の中へ入れば入るほど、これらの**ニード**、
パブリックペルソナ、そして**トラジックフロー**という3次元を
より使わなくてはならないということがわかりました。

私には堅固な基礎があると知っていることが勇気となり、私はその勇気と共に、これらの役へと向かいます。言うなればそれは、ネコのようです。ネコは5階の窓から飛び降りますが、その足でしっかりと着地します。それは内側に平衡感覚があるからできるのです。**ニード、パブリックペルソナ、トラジックフロー**のシステムは、私にとってはその平衡感覚なのです。そして同時に、このシステムは基礎を提供し、ワークを新鮮に保ってくれます。スーザンと私は、それぞれの役に関してこれらの3次元でのワークをしてきたにも関わらず、同じ方法でワークを繰り返していると感じたことは一度もありません。

必要などんな手段を使っても

　私たちが行う準備が、非常に異なるスタイルの映画においても、ワークすることを可能にしてくれます。コメディや政治的な映画、スリラー——それらが要求するワークの方法はすべて、とても違っているのです。例えば、ある映画ではアニマルワークを多く行いますが、他ではあまり行わないといった具合です。私たちは大抵、準備のために、多くてもせいぜい2～3週間しか時間が取れないのです。私たちが一緒にワークする時は、どんな種類の会話も許されます。時間的な要因によって、私たちのワークは非常に濃縮されているのです。ワークは濃厚で——私たちは多くの笑いと涙を共有します。ともにワークすることによって、私たちは二人とも生きること、生命に関して数多くのことを学んでいるのです。

　ワークをやり切って準備が整う時、私は自分の役の中に一体感を見ることができます。その一体感が、映画の全体的な躍動感の助けとなるのです。私がセットにいる時、二人で行ってきたすべての準備が、もっとこの現場に力を注ぎたいと私に働き

かけるのです。私は、監督が映画に対して責任を感じるのと同じように、映画に対して直接の責任を感じます。

『イン・マイ・カントリー』で一緒に仕事をした時には、スーザンと私はアパルトヘイト[*5]の中へと飛び込みました。それは非常に身の毛もよだつような——肉体的に耐えられない経験でした。今日でも、それについて話をするだけでも耐えられません。しかし、一人の俳優として、私は関わりを持つために、そういった難しい選択をしなくてはならないのです。私は、創造したいのです。そして、できることなら物事を変えたいのです。私は変容を、生命を、そして、アートを通して人々の意識を変えることができると信じています。そして、世界をよりよく変えていくことは、人々の意識を変えることから始まるのです。

『こわれゆく世界の中で』において演じたキャラクター、アミラのように、あなたが戦争を経験していないなら、最小限自分にできることは、戦争に関して見つけられるすべてのことを学び、自分自身における戦争の深刻さやダメージを探求しようとすることです。あなたは、そういう役に入る時、つらいことになるのはわかっているはずです。自分自身を傷つけることになるのはわかっているのです。もちろん、あなたは立ち止まって、後戻りして、自分を少しだけ守ることもできます。しかし、あなたはそのキャラクターと物語に対して責任があるのです。これはマゾヒズム[*6]ではありません。物語に対して自分が与えなくてはならないすべてを捧げるために、私はこれらの恐ろ

＊5　アパルトヘイト：南アフリカ共和国で1991年6月まで続いた、白人と有色人種とを差別する人種隔離制度・政策。（ブリタニカ国際大百科事典より）
＊6　マゾヒズム：肉体的・精神的苦痛を受けることにより性的満足を得る異常性欲。（大辞林より）

しい事柄も知る必要があるのです。

　路上で生活する女性を演じた『ポンヌフの恋人』では、私はパリのストリートに行きました。私ができるすべてを映画に捧げるために、何もない状態で屋外にいるという経験、完全に自分自身だけで存在するという経験が、私には必要だったのです。その時の感覚から得られた知識、その経験から得られた知識があります。もちろん、あなたはそういった人たちと話したり、彼らの痛みや他のことを知ったりすることはできます。しかし、実際の経験は物事をよりリアルにしてくれます。

リサーチ──しかし、個人化すること

　私が参加する映画は常に、何か私の中に深く根を下ろしているものを含んでいます。ワークの過程の一部は、なぜこの物語を伝える必要がとりわけ私にあるのかという発見になるのです。最初は、その理由がわからないかもしれません。だからこそ、映画が、そのつながりとは何なのかという発見をするための旅になるのです。例えば、『こわれゆく世界の中で』のアミラは難民──息子と一緒にバルカン半島から逃げているシングルマザーです。彼女は帰化した国（第2の祖国）で裁縫職人になります。偶然にも、私の母方の祖母は、第2次世界大戦でのポーランド難民でした。祖母は独りで、二人の子供とともにフランスへ来ました。そして、アミラのように、彼女は裁縫職人でした。

　私はアミラに対して、強いつながりを感じました。私には息子がいて、彼はあと少しで10代になる少年ですが、『こわれゆく世界の中で』におけるアミラの息子と同じです。ですから、その関係性はすでに私の中にありました。この映画における多くの事柄は、私のポーランド人としてのルーツ──移民として

のルーツに関わりがありました。挑戦することは、たくさんありました。しかし、その深いつながりが、その真実が、ワークを具体的にすることを可能にし、それによって物語が普遍的になるのです。あなたが、ワークにおいてより具体的で、個人的であるほど、そのワークはより広く理解されるのです。

ワーク

あなたが学ぶことは、あなたのキャラクターに還元されなければなりません。あなたは――学んだり読んだり、リサーチをしたり、記録映像を見たり、人々に会ったり、そして旅をしたり――どっぷりと浸かっています。あなたはアニマルワークや、**トラジックフロー**、プライベートモーメントのワークを行っています。しかし、最後にはすべての物は忘れられなければならないのです。スーザンが言うように、「脚本を燃やして、それから飛び立たなくてはならない」のです。私たちは、実際には脚本を燃やしません。しかし、最高のワークを持ち込むためには、準備から来ているものでも、忘れなくてはならない何かがあるのです。私が思うに、それは内側にいる自分を燃やしてしまうことなのかもしれません。

ポイントは、知らないうちに自分自身の中に入り込むということです。あなたが自分自身を忘れる時に、奇跡は起こります。エゴは消え去ります。ワークはワークのように感じるべきではないのです。もしも、あなたが行動についてあまりに意識的であったり、どのように動くのかを過剰に意識していたり、人々があなたについてどう思うかやどう感じるかについて気にしすぎていたら、ワークはすべて消え去ってしまいます。ワークは自意識過剰になり、アートとしての力を失うのです。

『マリー〜もう一人のマリア〜』のための私の準備の一部は、

マグダラのマリアの福音書に没頭することでした。その中でマリアは、魂が人間らしさの異なる段階やレベルを通り過ぎていくことについて語っています。それを読みながら、私は思いました。**えーっ、これって、演技についてほんとうに言い表しているわ**、と。あなたが演じている時、あなたはたくさんの違った段階を通っています。あなたは、そのワークの中で、アートの形の中で、完全になるためにあらゆることを結び付けなくてはなりません。このことは、一般の人たちにとっては理解しがたいことです。もしかしたら、わからない方がいいのかもしれません。あなたがワークをしている間は、自分では理解できないのです。なぜなら、ワークは感覚——気づきとして起こるからです。それこそが、演技が人を魅了する理由です。演じることとは、すべてそういった種類の変容を象徴しているからです。

脚本分析

　私は脚本分析の方法を知っていますが、大抵スーザンが私の脚本を分析します。彼女は本当に、私とは異なるビートを見つけるのです——実行、解説、葛藤の提示、ニードの提示、そしてキャラクターの意思を。私がスーザンとワークする時、私たちは映画全体としての視点を持つことを大事にしています。映画には始まりがあり、中盤があって、そして終わりがあります。一部の映画では、その流れがあまり明確ではないこともあります。その流れ通りではない場合もあるからです。でも、私はいつも映画の全体像を見ることができます。時には、監督が映画全体を見ていない時でも、私には見えていることがあります。それはとても苦痛です。なぜなら、監督のヴィジョンに私自身の見解を押し付けることができないからです。最終的に監督が全体像を見るように祈ることしか、私にはできないのです。

クラス

　私一人だけで、ワークをすることはできません。クラスでワークをしたり、他の俳優たちのワークでの経験を見たりすることは、私にとって、とても気持ちがいいものです。人と会う機会を得ることは、生涯を通して私が成長し続けることを助けてくれます。クラスは私を、とてもとても助けてくれます。クラスは本当に私を謙虚にし、ニュートラルな場所へと戻してくれるのです。私たちは、皆、そこからスタートしなくてはいけないと思います。クラスは、私たち俳優が皆、ワークをする人たちなのだと思い出させてくれます。そもそも私は、とりわけ自分が才能のある俳優だとは思っていませんが、たくさんのワークをこなしてきました。私は、ワークすることを通して才能を獲得し、自分自身を鍛えてきたのです。私には経験があり、私を開かせてくれる感受性を育ててきました。それが私のツールの一つになっています。

　アル・パチーノが、ある年のゴールデングローブ賞で彼の先生に感謝していたのを私は覚えています。私には、彼の気持ちがわかりました。あなたの教師たちは、あなたが行う内なるワークの唯一の目撃者なのです。スーザンは、いつでもかなり要求が厳しく、一切妥協しようとはしません。それは、クラスにおいてはすばらしいことなのです。クラスの他の人は、礼儀正しくしようと努め、自分たちの意見を言いますが、それからスーザンの番になると彼女は言います、「ダメ、ダメ、ダメ！たわごとはやめて！」それが清々しいのです。

　ゴールドダストでのすべてのクラスワークの後では、監督によるどんな要望に対しても、私は準備が整っています。なぜなら、私たちがクラスで行ったすべてのワークで満たされているからです。私は監督の必要に対して、自分自身を合わせること

ができます。すでに準備万端で、いつでも与えられる状態でセットに来るのは、とてもすばらしいことなのです。

ワークを持ち込む

映画の撮影が始まって最初の１〜２週間くらいの間、監督が私たち俳優の行った準備に対して、時々懐疑的になることがあります。しかし、彼らは最終的にはその疑いを手放します。彼らは、私たちのワークが気に入って、納得するのです。監督たちは、ワークがどう行われるのか必ずしも知っているわけではありませんが、今までに見たことがない何かを見ていることは知っているのです。

『イン・マイ・カントリー』の撮影の最初の週、ジョン・ブアマンと仕事をしている時、私はもっと行けると思ったので、テイク２かテイク３まで撮ってほしかったのです。しかし、彼はカメラの後ろに留まり、１テイクを撮るだけで、先へ進みたがりました。とても機械的でした。私は思いました。「**これでは演技できないわ。ここで心が生きられるわけがない。気にしないで、この映画では、私ができると思ったほどうまくできないだけよ。次の映画ではうまくいくでしょう……**」。

しかし、私たちは座って一緒に話をしました。私は彼に言いました。「ジョン、あなたと一緒に仕事ができると、私には思えないの。私には創造するスペースがないのよ」。彼は、とてもすばらしかったです。彼は完全に変わりました。実際に、彼がもう１テイク撮らせてほしいと、私に頼んだシーンがありました。それが私には、とても驚きでした。私がもっとできるということを、彼は知っていたのです。撮影の終わりに、彼は私と乾杯し、演技について教えてくれたと感謝してくれました。70歳という年齢でも、監督がそのように変化するのを見るの

は、とてもすばらしい体験でした。

『カウントダウン 9.11』は、フランス語と英語による二か国語の作品ですが、私がフランス語で演じている時に私自身を閉ざしてしまわないかとスーザンは心配していました。フランス語で演技することと英語で演技することは、全く違うことなのです。フランス語には、言葉では表現されない、何かしらの性質が含まれているのです。フランス語というのは、非常に奇妙な言語です。言葉が氷のように透き通っていて、冷たいのです。美しくはあるのですが、時折、出てこない感情的な何かがあると私は思います。撮影が始まる前に、私は監督と飲む機会がありました。そこで、何か恐れていることはないかと、私は彼に尋ねました。その映画は彼にとって最初の監督作品でしたので、彼は自分の経験のなさが怖いと言いました。そして彼は、私が恐れていることを尋ねてきました。初めて映画を撮る監督と仕事することは？　私は「いいえ、全然。私が恐いのは、フランス語だと、正直になろうとしなくなることよ」と言いました。そのことが、本当に怖かったのです。フランス語は、私の子供時代と受けた教育のすべて、私にとってのすべてだからです。フランス語と英語の両方で演技をしてうまくいくのか、私にはわからなかったのです。

若い俳優へのアドバイス

私のアドバイスは、決して中途半端にならない、ということです。氷のように冷たくなるか、あるいは燃えるように熱くなること。絶対に、その中間にはならないこと。でも、その温度を維持するためには、あなたの内側のニュートラルな状態を見つけなくてはなりません。あなたには、繊細な耳、射抜くような眼、そして周りのすべてのものを呼吸する能力が必要で

す。すべての生命は動いています。つまり、すべてのアートは動きなのです。細胞は常に動いています。あなたの人生にやってくるものを、いつでも自分自身に適応させなくてはなりません。それは、変容を意味します。もし私たちがこの世界にいる理由があるのなら、それは、何かを学ぶためであり、学ぶことで私たちが変化していくためなのだと、私は信じています。

真実

　真実は限りなく小さく、あなたの内側にある、ほとんど感知できないくらいの点なのです。それは創造的な場所です。女性にとっては、それは女性性です。女性の中のその小さな場所には何かがあり、それが創造の中心なのです。私にとって真実とは、その小さな場所へあなたが行くことなのです。そのことが、「ニュートラルな状態」と私が意味することです。そこが真実の始まる場所なのです。その小さなポイントは何もないところであり、何もないということはすべてあるということなのです。私たちを取り巻くものは、すべて変化します。時間の経過により、または私たちが生活している社会により、すべては変化するのです。しかし、私たちの内側には何かが存在し、もし私たちが目を向ければ、このちっぽけで小さなものは、完全なままなのです。

　あなたは、知らないままでいることを自分自身に許可しなくてはいけません。強くある必要がないことを、正しくある必要がないことを、正確である必要がないことを許さなくてはなりません。でなければ、カメラの前で真実でいられるわけがないのです。もしあなたが、自分自身でいっぱいになり、すべてを知っていると思うなら、真実とつながることはできないでしょう。私たちが、『イン・マイ・カントリー』の準備をしていた

時、「どうして私のキャラクターに責任があるのかわからない。彼女は間違ったことはしなかったし、黒人も殺さなかった。それに、どうみても間違ったことは何もしなかった」と私は言いました。

　スーザンは激怒しました。彼女は私に言いました。「人間として、アーティストとして、あなたはすべてのことについて責任があるの！」と。そして、少しずつわかってきました。私がそう感じたのは即興を通してだったと思います。いまは真実を知っています。すべての人間は、責任を負わなければならないのです。

終わりに

　スーザンに出会う前、ひとりの女優として、私はとても孤独を感じていました。私はとても多くの映画に出演しましたが、それでも私は独りだと感じていました。なぜなら、誰も私に挑むことができなかったからです。監督たちは、私が演じるキャラクターについて話そうとするのですが、どういうわけか、彼らが言うことは常にキャラクターについてであり、私がどう取り組めばいいかではなかったのです。真実に関しては、私は誰もいない荒野にいたのです。

　私は、監督のミヒャエル・ハネケに相談しました。彼は私に、率直にものが言える監督なのです。私は彼に言いました。「ワークの中で、よかったり悪かったりする自由が欲しいんです。創造的な関係、つまり、ワークに関して、正直な関係が必要です。私と話ができる人、自分自身でいられる人を本当に探しているんです――私のご機嫌を取ろうとしない人を」。

　すると、彼は言いました。「それなら、スーザン・バトソンに会うべきだね。私が思い浮かぶのは、彼女だけだ。彼女は天

才だよ」。そして、ミヒャエル、なんということでしょう、彼が誰かのことを天才と言うなんて……私は数か月後、舞台『背信』のオファーをされた時、ニューヨークにやってきました。スーザンに会うのを、私は本当に楽しみにしていました。

それ以来、私たちは密接にワークをしてきたので、彼女は今や、私の内面を観る際の基準点を共有できる人になっているのです。これは、とても大事なことです。なぜなら、この仕事は非常に多くのものを内面から要求します。その要求が、とても恐ろしいものになることもあります。深いところへ到達するからこそ、多くのものを得るのですが、それはとても大変なことです。あなたが信頼できる人を持つこと、そして、ワークが何かを知っている人を持つことが、俳優にとってはとても大切なのです。なぜなら、その人たちは自分の位置を知るための基準点となるからです。私は時々、自分の中心に還るために、スーザンと私がワークした特定の思考や詳細、一緒にワークしている間に書き留めた事柄に立ち返ります。

演技のプロセスは、あなたを心地よくすることはありません。プロセスを見るのはすばらしい体験ですが、そこからアーティストとして、あなたに必要な慰めは得られません。スーザンがどこかにいること、そしていつでも連絡を取れるということを知っているので、彼女は私にとって、お守りのクリスタルのような存在になっています。それは、言葉を超えていて、私にとってテレパシーのようなものです。あなたがクリスタルをどこかに置く時、常にそこにあることを知っています。あなたは自分の考えや存在をそれにのせることができ、そのことによって自分がより強くなっていると感じます。私にとって、スーザンはこのクリスタルなのです。彼女は私の仲間であり、姉であり、そして母親になったのです。

第27章

EX-ER ACTOR

終わりは始まりにあり、そしてはるか先に横たわっている。

ラルフ・エリソン

どうやってカーネギーホールにたどり着いたかですって?　練習よ。

ジェーン・ワグナー

演技に責任を持つ

　古代ギリシャの俳優たちは、当時の作家や建築家、そして哲学者たちと同様、西洋文明の基盤にとって重要な、影響力のある芸術家でした。ギリシャ哲学の輝きは、いつまでも本の中に残されています。ギリシャの芸術や建築の美しさは、作品の破片や寺院の遺跡の中に存在し続けています。しかし、演技の基礎であったパフォーマンスは、その演者のように、永遠に失われています。

　それ以来、何世紀にもわたって、主要な芸術形式としての演技の地位は損なわれてきました。演技における芸術性は、この2世紀の間に洗練されて、リアリティが現れるようになったのです。優れた俳優は、キャラクターの中にとても生き生きとし

た命を吹き込むので、俳優自身がそのキャラクターであると間違われてしまうのです。すばらしい演技は簡単そうに見えるので、誰にでもできると、一般の人は思い込むのです。「どんな男性や女性、そして子供でも、程度の差こそあれ演じることができるので、演技は完璧に成し遂げるのが最も難しい芸術だと、私は確信しています」と、イギリスの演劇と映画のスター、シビル・ソーンダイクはかつて述べたことがあります。キャラクターの創造に費やされるワークと鍛錬は、演技という芸術自体の中での熟達したパフォーマンスの背後に隠れたままなのです。

　数ある主要な芸術形態の中で、演技が重要視されなくなった本当の理由は、俳優によるものです。非常に大多数の俳優が、自らのアートについての責任を持たないのです。無責任な俳優は、物語を伝えるためにキャラクターを掘り下げる代わりに、物語を飾り立てます。彼らは、自分自身の楽器で創造することよりも、自分の個性を売るのです。無責任な俳優は、人間のふるまいを作り出すよりも、会話を暗記します。彼らは、カメラの前で「本物」でいられない恐怖から、リハーサルと準備を避けます。

　こうした俳優たちを言い表す言葉があります。「**アマチュア**」です。もともとの意味においては、**アマチュア**は「愛情から何かを行う人」を意味していました。こうした俳優たちは、パフォーマンスの興奮やお金、そして演技する人生という装飾^{アクセサリー}を愛しています。しかし、ファンの情熱以上のものは提供しないのです。どれだけ成功しようとも、彼らはアマチュアのままです。演技への情熱はもちろん必要ですが、それは出発点にすぎません。この芸術に対するあなたの情熱の本当の強さは、演技に対するコミットメントによって測られます。そしてあなたのコミットメントは、どれだけワークするかによってのみ測られるの

です。

　コミットメントの勇気が、俳優たちを私のサークルへと連れて来ます。私のサークルの中では、あなたは自分の内側に持っているもので創造します。あなたは、自分を突き動かす生々しい**ニード**の真実を、その**ニード**を隠している**パブリックペルソナ**の真実を、そして**ニード**と**パブリックペルソナ**がぶつかるところで燃え上がる**トラジックフロー**の真実を、恐れずに暴露するのです。私のサークルから、あなたはローザ・パークスやレスター・バーナムのようなキャラクターたちを、聖人やペンで書かれた創造物としてではなく、本当の、彼ら自身の真実によって作られた、生きている人間として見るのです。

　演技においては、芸術と真実は同じ意味を持ちます。あなたが正直に演じている時——あなた自身の人間性の真実で、誠実にキャラクターを満たす時——あなたは真実から生命を創造しているのです。アートは**あなた**の中にあります——それがアーティストです。キャラクターを生かし、呼吸させるために必要な感覚の真実は、すべて**あなた**の中にあります。

　その真実は、実際、必ずやあなたを自由にするのです。真実が、創造する自由をあなたに与えるのです。あなたが真実をもって創造する限り、私が好んで使う言い方では、あなたは「常にアートの中に」いるでしょう。しかし、真実を維持することと創造のための俳優の自由を守ることは、日々の苦闘です。俳優の楽器が傷つきやすさや強さを失うまで、妥協や失望が、少しずつ俳優自身の個性を削り取っていくかもしれません。俳優であるあなたは、自分の楽器の音域と力強さを保持することを、自らの責任として課さなくてはなりません。芸術家やアスリートが行うのと同じ方法——練習を通して。

丘

シカゴ・ベアーズ（アメリカンフットボールチーム）のランニングバック、ウォルター・ペイトンは、NFLでは類を見ないほどの卓越した自らの技術に、情熱を傾けていました。ペイトンは、ボール運びや、パス回し、そして相手チームのディフェンスを抜ける天才でした。フィールドにおける彼の芸術的なテクニックは並ぶものがなく、フィールド内外でのコミットメントは驚異的なものでした。ペイトンの準備、オフシーズンのトレーニングにおける彼の運動と食事のルールは、毎年夏のベアーズのトレーニングキャンプよりもずっと過酷なものでした。ペイトンは、シカゴ郊外にある自宅近くの丘を走って登るのを日課にしていました。「その丘」は勾配があまりに急で、彼の走る日課があまりにハードだったので、チームメイトの誰も、2日と続けて一緒にトレーニングできませんでした。

その丘を走っていた時、ウォルター・ペイトンはNFLのランニングバックでいるための、過酷で肉体的なチャレンジをシミュレートしました。丘の殺人的な急勾配から比べれば、110メートルのフットボールフィールドは容易にカバーできるように見えるのです。ペイトンの丘は、接近する守備のブリッツ[7]と同じくらい無慈悲だったのです。ウィスコンシン州のグリーン・ベイで行われた、氷点下10度の試合の日と同じくらい過酷だったのです。

卓越した演技を志す俳優なら、ウォルター・ペイトンと同じくらい強くコミットしなければなりません。他のプロフェッショナルと同じように、一日一日、毎日をあなたの創造のために

＊7　ブリッツ：アメリカンフットボールにおける守備側の戦術の一つ。

生きなくてはならないのです。あなたは、自分の楽器が持つ肉体的強さ、知性、感情、想像力、感覚能力、そして共感力がきちんと機能するように保つ必要があるのです。

　私は、俳優の楽器のために一連のエクササイズを作り出しました。あなた自身とキャラクター、そしてテキストとのつながりを育て、維持するために50のEX-ER ACTOR(俳優のための)エクササイズを使ってください。それぞれのエクササイズには、短いテキストやシンプルな設定状況によって定められたシチュエーションが含まれています。テキストには、感情の柔軟性を高めるエクササイズが続きます。感情的な柔軟性のエクササイズは、感覚記憶、個人化、そしてそれぞれのエクササイズのシナリオに対して特定の感覚状態を組み合わせています。感覚記憶と個人化を使い、あなた自身とテキストのキャラクターの間に共有できる事柄を見つけてください。与えられた感覚状態は、物語の肉体的真実を共有するために、あなたが想像力を使うことを要求します。

　それぞれの組み合わせにおいて、あなたは15分の持ち時間でテキストのビートを分析し、言葉の意味や物語とつながるために準備します。その意味が伝わる限り、言葉は必ずしも正確に書かれたものでなくても構いません。

　キャラクターの**ニード**へと**訪れて**ください。**パブリックペルソナ**を認識し、モノローグにおいて**トラジックフロー**を探し出してください。状況は与えられています。葛藤や重大局面、クライシス、クライマックス、そして結末はそこにあります。テキストを見て、自分自身の中をのぞき込み、そして言葉を通して、それらの5つのCと交流して下さい（227頁参照）。分析し、探求し、選び、そして行動する。EX-ER ACTORはあなたの物差しです。EX-ER ACTORは、あなたの日々のトレーニングです。

EX-ER ACTORはあなたの丘なのです。

EX-ER ACTORエクササイズ

エクササイズ 1

ジュールが、たったいまジェリーに「調子はどう？」と尋ねた。

ジェリー　そうだね……僕を雇ってもいないキチガイのために使
いっ走りをしてるよ。メンターに質問すれば、必ず怒鳴られ
るし、それに ── もし間違っていたら言ってほしいんだけ
ど ── ボスのオフィスに僕を送り込んだのは君だったよね、
言葉を使わない心理的な拷問のために？　だってボスは、自
分のオフィスで僕が何してたか知らなかったんだ。ボスが呼
んだのは僕じゃなかった。何て言うか、ひねくれて、病的で、
無能だったのは君の方だよ ── だから調子がどうかなんて
わかるだろう。調子もへったくれもないよ！

感情的柔軟性のエクササイズ：
1. 感覚記憶：あなたが不当な扱いを受けた時
2. 個人化：あなたを裏切った人
3. 感覚状態：口の中の酸っぱい味

エクササイズ 2

列車事故の生存者であるデイナは、頭を抱え、何が起きたのか理
解しようとしながら、ニュースカメラの前に立っている。

デイナ　私は後ろの方まで飛ばされて、後頭部を打ちました……
人が飛ばされていき、椅子も飛んでいました。先頭の車両

に乗っていた、ほとんどの人は亡くなりました。運転手は
ブレーキを踏んだ後、車両の中を叫びながら走っていました。
「床に伏せて！　床に伏せて！」と。子供たちは、泣き叫ん
でいました……私は先頭と最後尾の車両には乗ったことがあ
りません。運が良かっただけです。電車にはまた乗ると思い
ます、たぶん。83人が亡くなったって言ってます。なんて
大事故なの。

感情的柔軟性のエクササイズ：

1. 感覚記憶：精神的なダメージを経験した時
2. 個人化：あなたが物事を説明するために信頼できる人物
3. 感覚状態：後頭部の鈍い痛み

エクササイズ3

ジェイは、ニューヨーク市のストリートにいるホームレス。
誰かがたった今、ジェイに75セントを放り投げた。
ジェイは、腰をかがめてコインを拾い上げ、投げ返した。

ジェイ　あんた、これがどういうことかわかってんの？　憐れみ
の施しかい？　俺がストリートにいるから、コインを投げて、
自分は慈悲深いと感じながら通り過ぎれると思ってるんだ
ろ？　この街が強欲さで舗装されている痛々しさを思い出さ
せるために、俺はここにいるんだよ！　「己の欲するところ
人にもこれを施せ」なんか、敬虔さの欠けた時代遅れの概念
だよ！

感情的柔軟性のエクササイズ：

1. 感覚記憶：深い憤りや皮肉を感じた時

2. 個人化：あなたを見下した人

3. 感覚状態：（汚い場所の）汚れと臭いを感じている

エクササイズ 4

テリーは、TV コマーシャルの仕事をする俳優。

テリーは、カメラに向かって、ゴディバのリキュールのボトルを抱えている。誘惑するかのように宣伝コピーを言うよう、指示されている。

しかし、会話の間中、テリーはくしゃみの衝動と戦う。

スピーチの最後で、テリーは耐えきれず、激しくくしゃみをする。

テリー　ヤドリギ[8]の下の続きは、ゴディバリキュールで ── 陽気なクリスマスエルフ[9]に、極上の味わいのクリスマスプレゼントをお願いしましょう。罪深いまでに贅沢な、オリジナル・ゴディバ・リキュール、クリーミーなゴディバ・ホワイトチョコレート・リキュール、芳醇なゴディバ・カプチーノ・リキュール。ゴディバでロマンティックな夜を！

感情的柔軟性のエクササイズ：

1. 感覚記憶：あなたがとてもセクシーと感じた出来事

2. 個人化：あなたを性的に興奮させる人

3. 感覚状態：かゆみとくしゃみ

＊8　ヤドリギ：「宿木」という名前の通り、半寄生の植物。愛の木としても知られ、クリスマスの季節に、「恋人同士がヤドリギの下でキスをすると結婚の約束を交わしたことになり、ヤドリギの祝福が受けられる」の言い伝えがある。

＊9　クリスマスエルフ：現代の米国、カナダ、英国における民間伝承では、サンタクロースの助手としてエルフが登場する。このエルフは緑色の服を着て、とがった耳と長い鼻を持つ。想像上の彼らはサンタクロースの工場でクリスマスのプレゼントになるおもちゃを作り、包装している。（Wikipedia より）

エクササイズ 5

ハムレットは、父親の葬儀に参列するために海外留学から帰国した。
ハムレットは、母親が叔父と浮気をしているのを発見する。
以下の会話が始まる前、ハムレットの母親と叔父は彼に学校へ戻るように促す。
ハムレットは、彼らが自分の声の聞こえないところに行くまで、気を抜かずに待つ。

ハムレット　ああ、このあまりにも硬い肉体が、

崩れ溶けてつゆと消えてはくれぬものか！

せめて自殺を罪として禁じたもう

神の掟がなければ。ああ、どうすればいい！

（白水Uブックス『ハムレット』─小田島雄志訳　より）

　　<u>感情的柔軟性のエクササイズ：</u>

　　1．感覚記憶：あなたが裏切られたと感じた時

　　2．個人化：あなたを裏切った人

　　3．感覚状態：強い吐き気と嫌悪感

エクササイズ 6

ジャッキーは、リビングルームで友人と酒を飲みながら座っている。

ジャッキー　私は有名になるまで食べないわ。何て名前だったっけ ── ガンジーのようにハンガーストライキをするの。ガンジーは有名になった。でも、私は物書きで有名になることはないわ。まったくバカバカしい！　みんな狂ってる！　いったい何を書けばいいっていうの？　私が知っていることといったら、ショー・ビジネスのことだけよ。私が知っている

のは、映画に出ようとあがいて、麻薬におぼれて、最後には
ドブに落ちて終わる人たちだけ。年を取ったスターたち、成
功の見込みのない売春婦、それに安っぽい色男だけ。おっぱ
いとお尻と真実しか私は知らない。そして、誰もそのことに
ついては本を書かないんだわ。

感情的柔軟性のエクササイズ：

1. 感覚記憶：あなたができ損ないのように感じた時
2. 個人化：あなたが劣等感を感じた人
3. 感覚状態：アルコールによるちょっとした興奮

エクササイズ 7

**クリスは、AA[*10]ミーティングの宣誓の言葉を締めくくっている。
クリスは、自分の人生を希望と平和のために生きることを決心す
るが、まだ過去の痛みを感じることがある。**

クリス　私はもう、セックスに関してカジュアルになることはで
きません。AIDSの時代において、私自身を守るための責任
を無視できないのです。それに、私は自分が感じることにつ
いて多くの気づきがあります。私は、デートの前に本当に神
経質になります。誰か新しい人に惹かれると感じる時、今は
異なった質問をします。私はまだエキサイティングな人々に
惹かれますが、かつて私を魅了した荒々しさは、今では私を
懐疑的にしているのです。私は、電話番号を教えないことを

＊10　AA：アルコール依存症患者の相互支援コミュニティ。AAは「アル
　　コホーリクス・アノニマス」（Alcoholics Anonymous：匿名のアルコ
　　ール依存症者たち）の略。

学んでいます。私は、より良い選択を下すことを学んでいる
のです。時々、私は恋人よりも自分自身に交流と安らぎを期
待するのです。そして私はいつも、ここにいる、私の友人で
あるみなさんの愛と受容を感じるのです。

感情的柔軟性のエクササイズ：

1. 感覚記憶：あなたが勝利を得たと感じた時
2. 個人化：信頼する友人あるいは、信頼する友人のグループ
3. 感覚状態：お酒、あるいは自分に悪いと知っている何か他
   のものに対する切望

エクササイズ 8

トミーは、精神科医のオフィスにいる。
トミーは、アンガーマネジメント[11]のために医者に通っている。
9か月間、医者と努力しているにもかかわらず、トミーはちょう
ど激しい怒りの出来事を経験した。
今回は緊急のミーティング。
トミーは落ち着かされている。

トミー　私はジムに行きました —— 人生で初めてです！　私が
　　足を踏み入れた時、美しい肉体がワークアウトしているのを
　　見ました。私は自分自身に言い聞かせました、あの肉体が欲
　　しいと。それで、その肉体美がすることすべてをやることに
　　決めたんです。肉体美がスクワットしたら、私もスクワット

＊11　アンガーマネジメント：1970年代にアメリカで生まれたとされる
　　怒りの感情と上手に付き合うための心理教育、心理トレーニング。怒
　　らないことを目的とするのではなく、怒る必要のあることは上手に怒
　　り、怒る必要のないことは怒らなくて済むようになることを目標とし
　　ている。

しました。肉体美がランニングマシーンに飛び乗れば、私も走って飛び乗りました。肉体美が重量挙げをすれば、私もウエイトを探しました。私が自分のウエイトを手にすると、肉体美が私のところへやって来て言いました。「なんでお前は俺の周りを追いかけて、俺がすることを真似するんだ？」たった一つの答えに思えたのは、持っていたウエイトで肉体美の腹にパンチすることでした。肉体美は痛みに腰を曲げて、崩れ落ちました。私は言いました。「満足かい？　これで、お前と同じことはしてないよ！　準備ができたら、ワークアウトしよう！」それから、肉体美を蹴りました。ええ、あなたはみんながどのようにして正気を失うのか見るべきでしたよ──悲鳴を上げたり、叫んだり、私を引っ張ったり──狂ってる！

<u>感情的柔軟性のエクササイズ：</u>
1. 感覚記憶：コントロール（抑制）の喪失
2. 個人化：あなたがとても怒りを抱いている人
3. 感覚状態：鎮静化されている、あるいはハイな状態

<u>エクササイズ 9</u>

ジャッキーは、飛行機での移動を恐れている。
ジャッキーの飛行機が、乱気流に巻き込まれる。
最初、ジャッキーはパニックに陥るが、しばらくすると落ち着く。

ジャッキー　「主は私の羊飼い。私は、乏しいことがありません」。ああ、神よ、今はやめて下さい、お願いです。こんなのバカげています。ここまではすばらしいフライトでした。神よ……「目を上げて、わたしは山々を仰ぐ。わたしの助けはど

こから来るのか」。

感情的柔軟性のエクササイズ：

1. 感覚記憶：恐怖を経験した時
2. 個人化：神
3. 感覚状態：窮屈な飛行機の座席

エクササイズ 10

パットは、病気で終末期を迎えている。
全身に広がったAIDSが、パットの身体を蝕（むしば）んでいる。
パットは病室の椅子に座り、母親と話をしている。

パット　俺はすばらしいものを見てきたよ。戦争、バッファロー
の群れ、そして巣で働くアリ。笑っていいよ。俺は、キスで
死ぬんじゃないかと思うくらいの情熱的なキスをされてきた
んだ。笑ってくれよ、遠慮しないでさ。メロドラマみたいに
聞こえるのはわかっているよ、そうだろう？　でも、それ以
上のものがあるんだ。それに、最も重要なことは、神とジー
ザス・クライストが俺のところに訪ねて来るんだ。それから、
いつも右耳に「恐れることはない……」と囁（ささや）くんだ。だから、
笑ってくれよ、さあ。それはすばらしい音なんだ。（パット
は笑い、そして泣く）

感情的柔軟性のエクササイズ：

1. 感覚記憶：あなたの期待がポジティブだった時、良いこと
   を予測した時
2. 個人化：母
3. 感覚状態：サナダムシがあなたの体の中をはいずり回り、

あなたの中のポジティブなものをすべて食べている。

エクササイズ 11

マーティーは有名なロックスター。彼（もしくは彼女）は楽屋にいて、会場の設備について、地方公演のマネージャーに文句を言っている。

マーティー　バル、ねえバル、最悪だよ！　俺たちの前に置かれているものが見える？　こんな屈辱、信じられないよ。この場所を押さえる前に、君がここの日程の確認で電話をする前に、俺は言ったよ、楽屋のお菓子の中に緑のM&M'sは絶対に入れるなって。緑のM&M'sが見えるだろう⁉　そうだって言えよ、バル。忌々しい楽屋の中に、緑のM&M'sがあるんだよ。奴らは寄生虫みたいなもんだ！　今までこんなにも腹が立ったことはない！　君の仕事がどんなものか、説明させてもらうよ。君は、俺たちが通る道に何が置かれているかという細かなことを常に監視することが求められている。二度とこんなことは言わないよ。君は恥じるべきだ。さて、そこからその緑のモンスターをつまみ出すか、それともバンドは演奏しないかだ。ジーザス！　よくやった、この方が断然いい。ほら、これで楽に呼吸ができる。あ〜あ……。

感情的柔軟性のエクササイズ：
1. 感覚記憶：子供じみた行動をした時
2. 個人化：あなたにひどい扱いをした人
3. 感覚状態：ひどい味

エクササイズ 12

シェリーの名前が、アカデミー賞主演女優賞（もしくは男優賞）の受賞者としてアナウンスされる。
シェリーは、授賞式の2日前に父親を埋葬した。
喜びと悲しみが入り交じって、シェリーは失神寸前。
シェリーはノートも持たずに演台に向かい、父親に捧げる受賞スピーチを即興で話す。

<u>感情的柔軟性のエクササイズ：</u>

1. 感覚記憶：とても大きな喜び
2. 個人化：とても愛していたけれど、失ってしまった人
3. 感覚状態：気を失いそうな感じ、あるいは高熱

エクササイズ 13

あなたはソウルDJのベビー・ダイアモンドで、アル・グリーンの「レッツ・ステイ・トゥギャザー」のフェードアウトに合わせて歌っている。

ベビー・ダイアモンド　「Let's stay together, loving you whether, whether, times are good or bad, happy or sad……」（一緒にいよう。君を愛してる。よい時も悪い時も、幸せでも悲しくても……）こんばんは、真夜中のLOVE400の甘い曲をお届けします。たくさんの星が瞬く真夜中の空をご案内するのは、私、ベビー・ダイアモンドです。次にお送りするのは、懐かしの「愛する君に」です。もしここでお時間をいただけるなら、リスナーの皆さん、私はある個人的な問題を、今すぐ対処しなくてはなりません。ダーリン、俺が悪かった。バカだったんだ。俺は自分の愚かさを公に電波に乗せたよ。皆の前

で、君の許しを請います。君は、地球上で最も優しく、ステキで、いちばん美しい男性（女性）だ。お願いだから戻ってきてほしい。俺はバカなんだ、ねえ、だから帰ってきてくれ。この曲を、私が愛する唯一の人に捧げます……

感情的柔軟性のエクササイズ：

1. 感覚記憶：公の場で謝罪した時
2. 個人化：あなたの人生にい続けてもらうためにはなんでもする人
3. 感覚状態：胸が張り裂けるような傷心

エクササイズ 14

デイナは親友と電話をしている。

デイナ　それでね、2回目のセッションに向かう途中で、ビリーが必死で私を説得しようとするの、「死ぬまで私を愛する」って。「僕（私）の愛を止めるものは何もない！」って。私、全部うのみにしたわ。それから、二人でセラピストのところへ着いて、私が洗いざらいぶちまけると、セラピストが言うの、「デイナ、ビリーはあなたの不幸なんか気にもかけていないのがわからない？　そうじゃない、ビリー？」。待って、ちょっと待って……ビリーが言うの、「はい！」って。それから、セラピストが —— ううん、セラピストは単なるメッセンジャーね。八つ当たりはいけないわ。それで、セラピストが言うの、「ビリーはコミットできないわ。そうでしょう、ビリー？」。そうなの、「はい」って、とてもはっきりと言ったの！　それで終わり。関係は全部そこで終わったの。痛みとショックしか感じないわ！　昨日からコーヒー一杯しか口にしてないの。それで今晩考えたのね、食べたいものを食べ

てやろう、誰を誘おうかって。そう……ビリーなのよ。笑顔
で、気さくで、かっこよくて。なのに私はしかめっ面、そう、
右目が痙攣してるわ。だけど、ビリーは？　平気な顔！　ビ
リーは絶対気が触れたんだと思う！　いいえ、他に説明つか
ない！

感情的柔軟性のエクササイズ：

1. 感覚記憶：愛によって傷ついた時
2. 個人化：あなたを傷つけた人、そしてあなたを気づかう人
3. 感覚状態：ピクピクする動き、あるいは顔面けいれん、あ
   るいはあなたが隠したい肉体的なジェスチャー

エクササイズ 15

**売春婦のトミーは、服を着ながら、常連の顧客のベッドルームを
去る準備をしている。**
**その顧客は、トミーに対して特別な感情を抱いていると告白した
ばかり。**
**トミーも、その顧客に対して同じように感じているが、そのこと
を認めようとしない。**

トミー　ねえ、もう一回しましょう。私はコールガールよ、売春
婦の気取った言い方。娼婦なの。私の仕事は、あなたが望む
妄想の中であなたを信じ込ませること。あなたが私を愛して
いるって、わたしが信じ込ませたの。でも、私は誰も愛する
ことはできないわ。私は誰とでも寝る女よ。私はお金が欲し
いの。ストリートじゃない。私は14歳でストリートにいた
わ、そして18歳でうまく立ち回れるようになると、そこか
ら抜け出したわ。長い4年だった。だから、愛なんてないし、
ロマンスもない、単に技術があるだけよ。

感情的柔軟性のエクササイズ：

1. 感覚記憶：とても大きな嘘をついた時
2. 個人化：あなたが深く愛する人
3. 感覚状態：寒さ

エクササイズ 16

ロニーは、患者虐待で調査を受けている老人養護施設の外でレポーターに話をしている。
ロニーの母親は、その施設に入居している。

ロニー　灯油だよ！　灯油！　あいつらは灯油で患者たちを洗うんだ！　チャールズ・ディケンズの小説の中から出てきたみたいだ！　でも、いまは2007年だよ。どうしてこんなのがあり得るんだ？　僕が母の部屋に足を踏み入れると、灯油のいやな臭いがしたんだ！　灯油だよ！　僕が尋ねると、あいつらは違うと言う。いいや、灯油のような臭いがしたのは確かなんだ。入居者全員をしらみとかから守るためだって。ああ、神様、僕はどうすればいいのでしょう？　こんなのひどすぎるよ！　僕は母にとってたった一人の肉親なんだ。でも、僕だけでは母の面倒を見ることができない。彼女はアルツハイマー病なんだ……。　（ロニーは振り返り、歩き去る）

感情的柔軟性のエクササイズ：

1. 感覚記憶：あなたがゾッとするような、恐ろしい何かを目撃した時
2. 個人化：病気の時の母親
3. 感覚状態：灯油の臭い

エクササイズ 17

トニーは作曲家で、創作に行き詰まっている。

トニーは、最初の16小節までは書き終えている。

トニーは、それらの16小節を繰り返し歌う（「ハッピーバースデー」のようなよく知っている歌の、最初の4〜8小節を使う）が、それ以上先へは進めない。

曲の断片を何度か繰り返した後、トニーは座ってぼんやりと世界を眺める。

ようやく、トニーはとても静かに作曲を始め、全体を歌う。

感情的柔軟性のエクササイズ：

1. 感覚記憶：あなたが創造的に行き詰まっていると感じた時
2. 個人化：あなたがインスピレーションを受ける人
3. 感覚状態：あなたがインスピレーションを受けたと感じた場所

エクササイズ 18

キャットはルームメイトと口論している。

キャット　私はもう、あなた中心の世界にうんざりなのよ！　私には何の権利もないみたいじゃない！　部屋がこんな状態だから、あなたに誰も連れてこないで、ってお願いしているだけ。なのに、私は悪者にされて、バカにされているのよ！　あなたは、私が言うことすべてをねじ曲げたり、歪めたりするのよ。こんな散らかっている場所に人を迎えるなんて、私はいい選択だと思わないわ！　それって、お願いしすぎなの？　もうイヤ。正しい、正しくない、キチガイ、バカ、独裁者──何百通りのものに、私がならなきゃいけないなんて！　もう全部忘れて。私がそうしたいからやるって言うのはどう？　私はいちいち望むことに対して、どれだけあなた

にお願いしなきゃいけないの？　どれだけよ？（キャット、
出ていく）

　感情的柔軟性のエクササイズ：
　1.　感覚記憶：あなたが自分の権利のために戦った時
　2.　個人化：(対峙すると) あなたが必ず自分の力を諦めてしまう人
　3.　感覚状態：あなたがひどく散らかっている状態で住む、あ
　　　るいは住んでいた場所

エクササイズ 19

　　ジャッキーは、ベッドルームで恋人に話しかけている。

ジャッキー　あなたのことは、わかっているわ！　わからない訳
　　ないでしょう？　その話ならもう50回もしたじゃない！
　　いま写真を撮ってるとこなの。お願いだから、冷静になっ
　　て！　撮り終わったらちゃんと話そう、約束するから。愛し
　　ているわ。でもベッドに二人でいる時はさ、一度でいい、一
　　度くらいは、お母さんを一緒に連れ込まないでくれる？

　感情的柔軟性のエクササイズ：
　1.　感覚記憶：ありのままの自分を受け入れてほしいと、あな
　　　たが誰かに懇願した時
　2.　個人化：愛しているけれど、あなたの気が変になってしまう人
　3.　感覚状態：不安の発作 ── 虫があなたの体中をはい回って
　　　いる感覚。虫の一匹ずつに、あなたの人生の中で、あなたを
　　　不安にさせることを付与してください。

エクササイズ 20

デイナは心配性の投資家で、携帯電話で話している。
今は1999年の春で、インターネット関連の株価が急落する直前。

デイナ　いいや、ダメだ。危険すぎる。賛成できない。僕は降り
るよ。それは危険すぎるよ。いいから聞いてくれ。僕たちは
これで一緒に稼いできた。でも、終わりだ。今週、マーケッ
トは15ポイントも下がっている。そう、それなら承認する
よ。僕の持ち分の株は売るよ。このインターネットビジネス
は移り気すぎる。僕はマイクロソフトの自分の株はキープす
るけど、ヤフーと他のポータルサイトの株式の利益はもらう
よ。このITバブルは弾けるよ。いいかい、それじゃ。

　感情的柔軟性のエクササイズ：
　1. 感覚記憶：あなたがパニックに陥った時
　2. 個人化：あなたの人生をコントロールしていると感じる人物
　3. 感覚状態：うだるような暑さ

エクササイズ 21

**ジェイは、鏡を見つめてデートの準備をしながら、自分自身に話
しかけている。**

ジェイ　愛してるって言ってやるのは、あいつを憎んでいるから。
いまは優しくしておいて、後でやっつけてやる。あいつがキ
スをして、べたべたしてくるのは、僕を惑わせるためだろう
か？　もし、僕が喉を切ろうとしたら、はいどうぞって手を
貸すんじゃないか？　あいつと別れたら、すぐに忘れて、次
の獲物を探して、もっといい人を見つけてやる。

（訳者注：女性も可能、主語と語尾の変更も可能です）

感情的柔軟性のエクササイズ：
1. 感覚記憶：あなたが利用されていると疑った時
2. 個人化：あなたが称賛を求める人
3. 感覚状態：個人的なアクティビティが、鏡の中の自分の体をチェックするというプライベートモーメント

エクササイズ 22

テリーはビジネスパートナーと口論している。

テリー　最後に一つだけ。君は共産主義者だ、いや、頭の固い社会主義者だ！　なぜ、マイケル・ジョーダン理論が分からないんだ？　どうして？　そう、もしもマイクが資本主義者だとしたら——資本主義者になるんだよ！　君は僕たちのビジネスを、君の愚かな社会主義でダメにしている！　マイクが言っている、「俺は最高だ。だから俺に最高の金額を払ってくれ！」。彼は、自分が一番だって知っているんだ。君は、自分が最悪であるかのように、誰からもお金を求めない！これは本当に神経症的な考え方で、僕はついていけない。ビリオネアのように考えてくれ、さもなきゃ僕は降りるよ！

感情的柔軟性のエクササイズ：
1. 感覚記憶：あなたが自分の力と価値を感じた時
2. 個人化：あなたとビジネス、あるいは金銭的な関係を持つ人物
3. 感覚状態：ライオンを取り入れるアニマルワーク

エクササイズ 23

サムは電話で、父親と話している。

サム　それが頭から離れないんだよ。だから行かなきゃ。違う
よ、父さん。つまり、僕は、父さんほど強くないんだ、たぶ
ん。ここには居られない。ごまかしなんだよ、父さん！　僕
はみんなをだましたんだ。なぜって、僕は愛されたかったか
ら —— 裕福で、有名になりたかったから。今は、何者でも
ない。何の説明もない。やつら僕に辞職してくれって。裁判
にはならない。僕がやったって言われてることは全部やった
から。全部だよ。わからないよ、父さん。だって、僕は自分
が誰なのかわからないんだ。父さんの子供ってだけじゃ足り
ない。それ以上の何かになりたかった。そうさ、僕は自分自
身に対して何も証明しなかった。自分の中にどれだけ恥　辱
があるか以外はね。恥と嫌悪感。（サムの父親が電話を切る）
父さん？　父さん！

　感情的柔軟性のエクササイズ：

　1. 感覚記憶：あなたが自分であることを嫌悪した時
　2. 個人化：あなたの父親
　3. 感覚状態：いやな臭い

エクササイズ 24

クリスは、空港で警官が自分のバッグを検査しているのを見ている。

クリス　「落ち着いて」なんて言わないでいただけますか。あな
たが僕を不当に扱うのををやめたら、落ち着きますから。僕
はあなたの薬物所持プロフィールに一致するに違いない、で

もね、あはは、報いは自分の身に返ってくるんですよ。僕は、人生でドラッグなんかやったことないし、売り買いするほど馬鹿じゃない！　それで、いつそんな馬鹿なことをやめて、プロフィールとしてじゃなくて、人間として扱ってくれるんですか？　それと、僕は、あなたが開けた時と同じ状態でバッグを返してもらいたいんですよ。それはね、きちんと整頓されていました！　きちんと、神経質なほど細かく整頓していたんですよ！　もし、そうじゃなかったら、僕が自分で探します！

<u>感情的柔軟性のエクササイズ：</u>

1. 感覚記憶：あなたが孤立した時
2. 個人化：あなたに全く敬意を示さない人
3. 感覚状態：虫が体をはいまわっている。虫の一匹ずつに、人生においてあなたを怒らせるちょっとしたことを一つずつ付与します。

エクササイズ 25

バルは、複数の犯罪で有罪を宣告されている。
判決が言い渡される前に、バルは最終陳述をしている。

バル　裁判官、これは私のふるまいを帳消しにはしません。ですが、説明はしてくれます。何年にもわたって、私はこのことから目を背けてきました。私は7歳で、サンクスギビングの[*12]

＊12　サンクスギビング：Thanksgiving Day.　感謝祭。アメリカとカナダの祝日。アメリカでは11月の第4木曜日、カナダでは10月の第2月曜日になっている。

朝でした。母親が直前の買い物をしなくちゃいけないと言いました。わかりますか、私の父親は、私が生まれた日に自殺しました。母さんは、そのサンクスギビングまで最善を尽くしたんです。その日の朝、母さんは出て行って、二度と帰って来ませんでした。私は、待ちました。行くところもないし、連絡する人もいない。ついに、月曜日になり、私は学校に行きました。私はお腹がペコペコでしたし、臭かったのです。まるで動物のようでした。役所の人が呼ばれ、私は施設の子になったのです。母からの連絡は、一度もありませんでした。そう、私は犯罪者になりました。ええ、私は盗みました、殺人も犯しました、偽造もしました —— その他、あらゆる罪を犯しました。刑務所に入れて、出てこられなくしてください。でなければ、私を殺してください。私は社会に対する脅威ですから。母さん、戻ってきてくれ！

<u>感情的柔軟性のエクササイズ：</u>
1. 感覚記憶：あなたが母親を必要としたが、そこにいなかった時
2. 個人化：あなたを批判した人
3. 感覚状態：あなたの中の少年あるいは少女。自分のインナーチャイルドについて、あなたが最も好きなことは？

エクササイズ 26

パットはサムを慰めようとしている。サムは調子がよくない。

パット　あなたのために、フレンチトーストを作らせてよ。そんなひどい顔しないで、おいしいフレンチトーストを作るから。私にどうしてほしいのよ？　私は医者じゃないし、セラピストでもない。私に何をしてほしいの？　フレンチトースト

を作らせて。おいしいわよ —— 美味しいメイプルシロップ、バターをたくさん、ホッとする食べ物よ —— 助けになるかもしれないわ。他にどうしたらいいかわからないの。お願いだから泣かないで。あなたは大丈夫だろうって、救急処置室の電話で言っていたわ。私にどうしてほしいの？

感情的柔軟性のエクササイズ：

1. 感覚記憶：誰かを助けたいと思ったが、方法を知らなかった時
2. 個人化：あなたの助けを必要とする人
3. 感覚状態：トイレに行かなくてはならない

エクササイズ 27

キャメロンは、近親者に先立たれた人たちへのサポートグループで話している。

キャメロン　私の家族は全員、精神的外傷を負っています。私たちはお互いをサポートしようとしていますが、ご存じの通り、これは一人一人の旅です。一人として同じことはできないのです。そのすべては個人的なことです。ビリーが私の車を借りたいと電話をかけてきた時、私は何かがおかしいと漠然と感じました。これ見よがしだったのです、私の車はメルセデスだから。ハイウェイでの銃撃があったので、私の車にしない方がいいと言いました。でも、あの子は女の子にかっこつけたかったんです —— それで、オーケイと言いました。でも、私の最後の言葉は「ビリー、気を付けてね —— 気を付けて」でした。それはメルセデスのスポーツクーペで、目立つ高級車でした。出発する直前に私は、「お願いだから、車をレンタルさせて」と言いました。ビリーは笑って、私があ

の子のことをどれだけ愛しているか知らなかったと言いました。それから猛スピードで走り去りました……私たちは痛みに耐えなくてはならないとここで言っていることも、私は知っています。今日はあの子が亡くなってから2年目の命日です。そして私は、警察が電話をかけてきて、高速道路でタイヤ交換をしている息子を誰かが撃ったと言った時と同じことを言います。こんにちは —— 殺した人は終身刑で刑務所に入っています、出てくることはないでしょう。そして私は地獄にいます。なんで、あの子に車の鍵を渡したのか、まだ考えています。どうして、車の前で立ちふさがらなかったのか？　どうして私じゃないの？　代わりに私を死なせてよ！

感情的柔軟性のエクササイズ：

1. 感覚記憶：強い罪の意識を感じた時
2. 個人化：あなたが失った人
3. 感覚状態：あなたの胸にのしかかる重さ

エクササイズ28

ニックは俳優で、インスタントコーヒーのコマーシャルを撮影している。
ニックが小道具のコーヒーの瓶を開けると、気分が悪くなるようないやな臭いがする。

ニック　蓋を開けて、自慢の黄金の香り<ruby>ゴールデンアロマ</ruby>をかいでください。（蓋を開けると悪臭がする。ニックは満面の笑みで隠す）
　このゴージャスな香りを味わって、感覚を超えた経験に備えてください。

感情的柔軟性のエクササイズ：

1. 感覚記憶：やりたくないことをやるように強制された時
2. 個人化：あなたに圧力をかける人物
3. 感覚状態：ひどい臭い

エクササイズ 29

ボビーは、手の移植手術を受けたばかり。
ボビーは自分の新しい手を抱くように持ち、記者会見でレポーターに発言する。

ボビー　手短に言うと、とてもうれしいです。皆さんに、手の移植を受けた最初の人になるという想像ができるのか、私にはわかりません。すばらしい、なんていうのを超越しています。私はこの奇跡的で、科学的なプロセスを受け入れようとしています。なぜなら、私は自分の手が欲しいからです、本当に！　最後に、すばらしいドクターたちに —— 特にドクター・ジョーンズに感謝したいと思います。それに優しくて、親切なナースの皆さんにも。そして、私のすばらしい家族には言葉もありません。ありがとうございます。

（男女ともに可能です）

感情的柔軟性のエクササイズ：

1. 感覚記憶：あなたがとても特別な何かを成し遂げた時
2. 個人化：あなたのことをとても助けてくれた人
3. 感覚状態：生まれたばかりの赤ん坊を抱いている

エクササイズ 30

　　チャーリーはミュージシャンで、トークショーに出演している。
　　チャーリーは、気難しいという自分の評判について質問されている。

チャーリー　私は、気難しいんだと思います。皆さんは四六時中、その評判を耳にしているでしょう。だからいいんです、私は気難し屋です。私に何ができますか？　私は自分の音楽をやるだけです、毎日、1年365日。私は何も変える気はありません ―― それが今日の私を作ってきたのです ―― 「気難しさ」とそれ以外のすべて。えーと、うーん、最後にこれだけは言わせてください。私は一度も妥協したことはありません。私と一緒に仕事をしてきた人たち ―― エンジニアや他の人すべてが、私のことをやっかいな人と言っているのは知っています。いいでしょう、それは真実かもしれない ―― でも、私は自分がいい奴だと知っています。気難しいと思われることで傷ついています。（涙があふれる）ちくしょう、なんて弱虫なんだ！　どうして涙が出てくるんだ？

（訳者注：女性でも可能。語尾の変更も可能です）

　　感情的柔軟性のエクササイズ：

1.　感覚記憶：あなたが自分自身について正直な告白をした時
2.　個人化：あなたのことをひどく骨が折れる、または問題を抱えていると思っている人
3.　感覚状態：温かい2本の腕があなたを抱きしめている

エクササイズ 31

　　サルは、恋人にすっぽかされた後、電話している。

サル 昨日の夜はどうしたの？　家に立ち寄ったんだけど、君は
いなかった。終わったはずじゃなかったの？　ああ、そうだ
よ。明日の夜とはっきりと言ったよ、でもそれは2日前のこ
とだろう。とにかく、僕は今夜、両親と夕食を食べているん
だ、君も来るかい？　でも、今夜は私たちの夜だと思ってい
るって、君が言ったばかりだろう。えっ ── それはもっと
大事かもしれないね。気にしなくていいよ。ねえ、大丈夫か
い？　最近、なんか変わったような気がするんだけど。もち
ろん、わかってるよ。世紀の大事件をじゃましたくない……
皮肉でも性差別でもないよ。ああ、そうだね。僕も愛してる
よ。(サルは電話を切る) いったい何なんだ?!　セントラル
パークウエスト方面が、なんだか怪しいなあ！

　感情的柔軟性のエクササイズ：

　　1.　感覚記憶：誰かがあなたに嘘をついた時
　　2.　個人化：あなたが愛する人
　　3.　感覚状態：ぬるぬるした虫たちがあなたの体中をはってい
　　　　ます。一匹一匹の虫は疑いです。

エクササイズ 32

　**すさまじい二日酔いと戦いながら、ジャッキーはどうにか電話に
出る。**

ジャッキー　もしもし？　うるさいよ！　小声でしゃべって！
　　なに？　問題はね、二日酔いはね、クエン酸回路[*13]を動かすた

---

*13　クエン酸回路：脂肪、炭水化物、タンパク質が酸素と反応してエ
　　ネルギーを作り出す、エネルギー代謝においてもっとも重要な経路。
　　ミトコンドリアの中で行われ、酸素呼吸を行う生物全般に見られる。

めの十分な水分が不足しているんだって、きみ知ってた？
渇きで死ぬ時、まさにこれが起こるんだよ。だから、そう、
渇きで死ぬのはね、最終的に、二日酔いで死ぬような感じな
んだろうな。（ジャッキーは電話を切り、死んだように床に
横になる）

　感情的柔軟性のエクササイズ：

1. 感覚記憶：ひどく具合が悪いと感じた時
2. 個人化：あなたの頭痛の原因となる人
3. 感覚状態：頭痛と口の渇き

エクササイズ 33

**サミーは、アメリカ領事館のパスポートとビザの申請窓口で係員
に話している。**

サミー　あのね、あなたは細かいところにとらわれすぎていま
　　　　すよ。完全に全体像を見失っています。第一に、そのクソ
　　　　女（クソ野郎）、つまりその人物が結婚していたという事実
　　　　が、僕にとっては非常にショックなんです。スイス政府にと
　　　　ってよりも、僕にとってショックなのは確かです。いいです
　　　　か、彼女（彼）は完全に僕をかもにしました。僕のお金、正
　　　　確には4000ドルを奪ったんです。彼女は、完全に僕に嘘を
　　　　ついたんです。それから、この夫、前の配偶者がみんなに電
　　　　話をかけ始め、この騒ぎを引き起こしたんですよ。だから教
　　　　えてください、いったい僕がどうしたらいいかを？
　　　　（訳者注：女性も可能、主語と語尾の変更も可能です）

感情的柔軟性のエクササイズ：

1. 感覚記憶：人生において、不当に扱われていると感じた時
2. 個人化：あなたから何かを盗んだ人、またはあなたを利用した人
3. 感覚状態：神経が逆立っている ── 虫があなたの身体をはい上っている

エクササイズ 34

テリーのボスが、テリーに対するセクシャルハラスメントの示談を持ちかけてきた。

テリー　あなたが私を口説いたのよ。そして、いいえ、私はそのことに対しては何もしないつもりです。私は、あなたに事実だと認めてほしいの。それから、この小さなかわいらしい包みの ── 現金。なにこれ、何千ドル？　100万ドルくれるか、でなければいらないわ。そうよ、数千ドルだなんて、あなたみたいなゲス野郎じゃあるまいし！　最後に、あなたが私に誘いをかけたのよ。黙ってるってことは、あなたは現金の封筒を私につかませて、自分のしたことについて、本当は悔いてるって言うつもりがないのね。それじゃ、その数千ドルは、そのままあなたが持っていて。それから、私の弁護士からの連絡はないと思ってね。私はこの会社のここに居続けます、そしてあなたは、毎日自分自身に尋ねるの、私が欲しいものは何かって。アディオス、アミーゴ。

<u>感情的柔軟性のエクササイズ：</u>
1. 感覚記憶：あなたが自分自身のために立ち上がった時
2. 個人化：あなたを冒涜(ぼうとく)した人
3. 感覚状態：アニマルワーク ── キツネ

エクササイズ 35

マキシーは、酒気帯び運転で証言台に立っている。

マキシー　息子が自分のマットレスに火をつけたと連絡がきて、私はバーを飛び出しました。バーテンダーが、私は運転すべきじゃない、飲みすぎていると言うのを聞いた記憶があります。しかし、私に考えられることといえば、マイキーのことだけでした。息子はまだ4歳です。私はアクセルをめいっぱい踏み込み、ずっと叫んでいました！　次に覚えているのは、息子のことを叫びながら病院で目覚めたことです。息子は大丈夫だと告げられました。それから、私が二人の人をはねて、殺したとも告げられました。息子は大丈夫です。私は地獄にいます。そして、二人の方が亡くなりました。正義？　正義なんてありません！　息子には父親（母親）がいなくなるのです！　そのカップルは、とても若くして、命を失いました！　私を死刑にしてください！　もう、わけがわかりません！

感情的柔軟性のエクササイズ：
1. 感覚記憶：あなたが間違いを犯した時
2. 個人化：あなたが無事でいてほしいと思う人
3. 感覚状態：ひどい味と自分自身の嫌いなところ

エクササイズ 36

パットは、自分のエージェントと電話しながら、激しく怒っている。

パット　明らかに彼らは、マチネと夕方の公演の間に飲みすぎたんだ。だから最初に、リチャードソンがふらつきながら舞台に上がってくる。僕が彼を助けようと走り寄ると、彼は自分

の腕を僕から引き離し、舞台の張り出し部分へ行って、4番目の壁を壊し、それから観客に言うんだ、「僕がひどい有様だと思うなら、まだ何も見ていませんよ！」って。僕は、舞台監督が何をするか確かめようと舞台袖に走る。他の酔っ払ったバカどもが僕に襲いかかる、それとも痴漢行為を働くって言うべきか。ゲイ、ストレート、それに何の関係が？　僕の衣装は引き裂かれる。僕はキスされて、やられている。僕は命がけで叫んでいる！　リチャードソンは笑いすぎて舞台から落ち、そして観客が僕たちにスタンディングオベーションを贈る！

（訳者注：女性も可能、主語と語尾の変更も可能です）

感情的柔軟性のエクササイズ：

　1.　感覚記憶：あなたが恥をかかされた時
　2.　個人化：あなたが助け、あるいは導きを求める人
　3.　感覚状態：誰かの息のアルコールの臭い

エクササイズ 37

リンジィは、被害を最小限に食い止めるための対策をしている。

リンジィ　それで、いつまで黙っているの？　それとも、もう二度と私と話さないつもり？　いい、私が大口をたたくことは知っているでしょ。生まれつきのフィルターがないの。私は非ユダヤ人社会で育ってないのよ。私がどこから来たかなんて、見たまま名付ければいいわ！　それに、ええ、何千回でも言うわよ。私は、割礼[*14]は残酷で野蛮な行為だと思

＊14　割礼：男子の性器の包皮の一部を切除する風習。

う！　オーケー、私はそれを言うべきじゃなかったかもしれ
ない。（ユダヤ教の）導師（ラビ）がそれを始めようという時になっ
てね。でも、それで事態が好転したわ。そうね。あなたのお
姉さん（妹）は、「あなたは私の子供を傷つけるつもり？」
って感じになっていたわ。そうよ、割礼は傷つけるの。ねえ、
ねえ、待って、どこに行くの？

感情的柔軟性のエクササイズ：

1. 感覚記憶：自分が正しいとあなたが確信していた時
2. 個人化：あなたが味方でいてほしいと思う人
3. 感覚状態：耐えがたいほどの痛み

エクササイズ 38

**サルは、スポーツ・イラストレイテッド[15]のインタビューを受けて
いる。**

サル　絶対にないね。自分の子供にテニスをするようには勧めま
せん。ありえない！　僕はテニスのトーナメントツアーを弁
護するつもりはありません。確かに、すべて文明化されて、
適切に見えるけど、熾烈（しれつ）な競争の世界だ。もしも、僕の言っ
ていることが厳しく聞こえるとしたら、そうだな、僕は愚か
にも、テニスというスポーツが自分の面倒を見てくれると考
えていたんだ。大間違いだったよ。それは、彼ら対僕一人の
試合で、サッカーのようにチームと一緒ではないんだ！　い
いかい、僕はデビス・カップで優勝した最年少プレイヤーで、

---

[15]　スポーツ・イラストレイテッド：アメリカで最もポピュラーなス
ポーツ週刊誌。

ウィンブルドンでも優勝した。それから負傷して、引退した。僕は試合のコメントをするのは好きだ —— 特にウィンブルドン —— でも、僕は嘘をつくつもりはないし、テニスの世界はすばらしいとあなたに言うつもりもないね。

感情的柔軟性のエクササイズ：

1. 感覚記憶：あなたが大好きなことをやっている時の辛い経験
2. 個人化：あなたの夢から喜びを奪った人
3. 感覚状態：ひどい味

エクササイズ 39

ティファニーで結婚指輪を購入しているカップル。

ジャッキー　私たちは指輪に大金を払うつもりはないって言ったの。私たちは、費用を分担して、ちょっとだけお金を使って、それでティファニーをぶらぶらして楽しむつもりだって言ったの。結局、これでは楽しくないってことがわかったわ、ちっとも楽しくない。それから、私に「シーッ！　お静かに」なんて言わないで！　私はニューヨークっ子なのよ。借りる人なの、買う人じゃないの！　大きな買い物なんてできないわ。私を怖がらせないで！　神に誓うわ、私はいつか……。
（ジャッキーは泣き始め、店から走って出ていく）

感情的柔軟性のエクササイズ：

1. 感覚記憶：自分の意志に反して何かをするよう強制されたと感じた時
2. 個人化：残りの人生を一緒にいたいと思う人
3. 感覚状態：深い嫌悪感

エクササイズ 40

ツール・ド・フランスで、フランス人の見物客がアメリカのTV
のインタビューを受けている。

見物客　ダメ、ダメ、私を撮り続けて。ランス・アームストロ
ングを称賛する唯一のフランス人が私なんだから。彼はマ
イケル・ジョーダンやタイガー・ウッズと同じカテゴリー
に入るよ。他のフランス人で、そんなこと言う人はいない
よ。ほとんどのフランス人は、病状に関して彼が本当のこ
とを言っていないと思っている。そんなの信じられる？
私にはわからないよ……。最後に一言 ―― 来年も彼を見た
いね！

（訳者注：女性も可能、主語と語尾の変更も可能です）

感情的柔軟性のエクササイズ：
　1.　感覚記憶：誰かに畏敬の念を抱いた時
　2.　個人化：あなたが何かを証明したい人
　3.　感覚状態：混雑や騒音に負けずに聞いてもらうための奮闘

エクササイズ 41

サムは、恋人とロゲンカの真っ最中。

サム　これは、アーティストの与太話なんかじゃない！　僕は完
全に人々と一体化するんだ。実際、それが僕の才能だと言う
ことさえするつもりだ。勝手にしろ！　いいさ、あきれた顔
でもしてろ！　これが僕の才能なんだ！　僕は人々と一体
になるから、離れると怖く感じるんだ。精神異常とでも言え
ばいいさ、でもこれが僕の感じ方なんだ。僕には自分がない。

僕はその人に入り込む、そしてそこから何かをつかむ。多くの人、あるいは多くのアーティストがつかまないものをつかむんだ。そう言った瞬間でさえも、僕は疎外感を克服する。それが僕の現実へのチケットなんだ！　だから、僕を共依存で責めないでくれ。僕のことを話す時には、僕たちは才能のことについて話しているんだ！　さよなら、ダーリン──君と同じスペースを共有できないなんて悲しいよ！

感情的柔軟性のエクササイズ：

1. 感覚記憶：友好的でない別れ
2. 個人化：あなたがとても親密でいたい人
3. 感覚状態：馬鹿にされたと感じている ── 顔に卵を投げつけられた

エクササイズ 42

ダニーは、英語を話せないオペレーターに、ルームサービスの注文をしている。

ダニー　ルームサービス？　そう、部屋番号は337。そう、お願いします。グリルしたサーモン、でもソースはいらない。ノーソースでお願いします。コンプレンド[*16]？　違う、ソースはいらない。何もなし、ナーダ[*17]。そう、ソースはなし、グレービーソースもドレッシングもなし！　ナーダ！　サーモンにはなにもかけない。それには、ナーダ！　シー、シー、シー[*18]。

---

*16　コンプレンド：Comprendo（スペイン語）理解する、の意味。
*17　ナーダ：nada（スペイン語）ない、の意味。
*18　シー：si（スペイン語）はい、の意味。

あー、そう、コーヒー、アメリカンで。アメリカーノ。シー。[*19]
全粒粉のパンだけ。ロール、全粒粉、全粒小麦。違う、茶色
のパンだよ。白いパンはいらない。違う、白じゃなくて、茶
色！　シー！　シー！　ありがとう！（ダニーは電話を切る）

感情的柔軟性のエクササイズ：

1. 感覚記憶：あなたが完全に誤解されていると感じた時
2. 個人化：あなたの言うことを聞こうとしない人
3. 感覚状態：（自分のことを）馬鹿だなと感じている

エクササイズ 43

**シスゴは、全身レザーのポップスター。彼はトークショーでもっ
たいぶって話している。**

シスゴ　それはフェアじゃないよ、ジェイ。いいかい、僕はそう
いったネガティブなことすべてから距離を置いているんだ。
僕は本当に、男性に対するバッシングや女性に対するバッ
シングに興味がないんだ。僕が思うに —— これは、もし何
かを台なしにした時に、何か言う一つの方法なんだ —— 言
いたいことはわかるだろう？　そう、失敗した、単にそうシ
ンプルに言うんだ。いいかい、もしも、きついなら、それは
きついんだ。ジェイ、僕のことは古くさいって言ってくれれ
ばいい。この革を着て、僕はとてもシンプルなんだ。本当に
しっかりとした神との関係を築いているみたいに。僕は、人
生におけるほとんどすべてを神聖なる介在に任せているんだ。
（観客が拍手し、シスゴは称賛の拍手を返す）

＊19　アメリカーノ：Americano（スペイン語）アメリカン、の意味。

感情的柔軟性のエクササイズ：

1. 感覚記憶：あなたが注目の的であった時
2. 個人化：自分自身であることを説得しなくてはならないと感じる人
3. 感覚状態：自分自身について感じているポジティブなこと

エクササイズ 44

トニーは、大規模な政治的集会で、演台から候補者を紹介する。

トニー　同志であるアメリカ国民のみなさん、私は世界で最もすばらしい政治家の子供として、みなさんの前に立っています。全世界の前で自分の面目をつぶした男の子供として、私はみなさんの前に立っています。よくも悪くも、この男を愛している女性の子供として、私はみなさんの前に立っています。自分の父を許すことを学んだ子供として、私はみなさんの前に立っています。許しと完全な心の平穏と共に、私はみなさんの前に立っています。そして私はいまここに立ち、みなさんに、私が行ったようにしていただくようにお願いします。人間の弱さによる過ちに固執することで、この会の成功を妨げないよう、心からお願いします。その代わりに、人間の精神、魂、そして心による輝かしい成果に固守するよう、切に願います。ありがとう！　神の祝福を！

感情的柔軟性のエクササイズ：

1. 感覚記憶：あなたが信じる何かのために戦う時
2. 個人化：愛する人が非難されているが、あなたはその人を許している
3. 感覚状態：場所 —— 巨大な、反響のする公会堂

エクササイズ 45

ある野球チームのオーナーが、ロッカールームで自分のチームの選手たちに話しかけている。

オーナー　どうすれば私は満足できるだろうか。一番だ！（ベスト）　一番なら私は十分に満足だ！　最高の野球選手、最高のチーム、そしてすべての試合において、チームが最善の努力をすることで、私は満足する！　ベストだよ！　さて、この試合は今まで君たちがプレイした中でも最高の試合ではなかった！実際、ゴミみたいな試合、考えるまでもなく最低の試合だった。さて、君たちが私を見ているのは知っているし、私が若すぎて、自分が何を話しているのか理解できていないと、決めつけているだろうことも知っている。すべてに関して、若すぎると！　さて、ここで少し私に言わせてもらいたい。君たちが、私が何も知らないと考慮するのと同じように、私が君たちに年棒を支払うただ一人の人間だということも考慮に入れていただきたい。小切手にサインするのは私だ。私がこのチームを所有しているんだ。私はすべて知っているし、自分が求めるものもわかっている。私はベストを求めている！君たちがベストではないと私が思うなら、君たち全員が楽しみにできることは、この球団から放り出されて、球場の外の歩道に尻もちをつくことだけだ！

感情的柔軟性のエクササイズ：

1. 感覚記憶：あなたが裏切られたと感じた時
2. 個人化：あなたを失望させる人
3. 感覚状態：アニマルワーク ── 檻に入れられたライオン

エクササイズ 46

クリスは、ロニーとの結婚に同意する。

クリス　こんなことが起きるなんて、信じられない。本当に、私があなたにふさわしいか自信がないの。あなたをずっと、満足させられるかどうか、わからないわ。あなたが私にしてくれるくらい、あなたに尽くすことができるかわからないけど、やってみるわ、本当にやってみる。試してみるわ。(間)　もう！　これって最悪の不安の発作だわ！　想像できる？　あなたにふさわしくないって感じているなんて！　まったく、私ったらどうかしているわ！

感情的柔軟性のエクササイズ:

1. 感覚記憶:あなたが深い不安感をさらけ出した時
2. 個人化:あなたが愛する人
3. 感覚状態:自分自身に関して最も不安に感じること、そして自分の肉体に関して最も不安を感じること

エクササイズ 47

デイナは、自分の最新の傑作を親しい友人に見せたところ。

デイナ　君は僕の家に来て、僕の新作を目にして、軽蔑しきった顔で、「この幼稚な落書きはなに？」なんて聞ける神経の持ち主なんだね。それじゃあ、君の幼稚で無知な見識のために言っておくと、これはね、モダンネイティブアメリカンのアーティストの作品なんだ。時の始まりにまで遡る、先祖伝来の真実を証明する貴重なものなんだよ。これはね、収集家が欲しがる作品なんだ！　なんでわからないのかな、この作品

を見て気づかないなんて —— ここには君が求めていた答え
があるんだよ。どうして僕は、君と話をしているんだろう？
それから、これだけは確かだけど、僕は君なんかと死んでも
寝ないから、自分で玄関まで行って出てってくれ。それと、
この決定は調整不可で、交渉の余地もないからね。さような
ら！

（訳者注：女性も可能、主語と語尾の変更も可能です）

感情的柔軟性のエクササイズ：

1. 感覚記憶：誰かがあなたを、暴力を振るう寸前まで怒らせた時
2. 個人化：無教養だけれど、肉体的に性的魅力があるとあな
   たが思う人
3. 感覚状態：ケタ外れのアート作品のヴィジョン

エクササイズ 48

バルとトニーは、トニーの依存症をめぐって対立している。

バル　私の言うことをよく聞いて、トニー —— 私たち、10万ド
ルの賭け金なんて払えないわよ！　ベッドに死んだ馬の頭を
入れられるくらい、あいつらが私たちにすることに比べたら
何でもないわ！　いい、あなたがすべてを手に入れたいのは
わかっている。そしてあなたはすぐに手に入れたい —— 車
も、家も、たくさんの服も —— 今すぐ手に入れたいの！
どうしてかって、トニー、あなたは問題を抱えているの。あ
なたはコカイン中毒なの。あなたは依存症なのよ！　いい、
私はあなたを愛しているから、ここであなたに二つの選択肢
をあげるわ、二つだけよ。一つ —— 今すぐに私の人生から
出てって、二度と振り返らない。そして、二つ目、この封筒

を受け取ること。中には、アリゾナのリハビリセンターへの
エアチケットが入ってるわ。それに、センターあての小切手
と、飛行場までと飛行場からのタクシー代に使う現金が入っ
ている。で、どうするの？

感情的柔軟性のエクササイズ：

1. 感覚記憶：友人を手放さなくてはならないとわかった時
2. 個人化：依存症の人
3. 感覚状態：恐怖

エクササイズ 49

チャーリーは記者で、自分の新聞社の弁護士と会っている。

チャーリー　僕が正しいと証明する？　そんなことができます
か？　いいえ。そんな必要はない、そうでしょう？　いいで
すか、僕は自分の情報源から聞いたことを書いただけです。
それが何かそれ以外のものだなんて、主張したことは一度も
ないんです。いったい僕に、どうしてほしいんですか？　僕
は弁護士じゃない、弁護士はあなたでしょう！　もし、僕が
あやふやな根拠を基にしたとあなたが考えたのなら、どうし
てその話を承認したんですか?!　いいですか、もしもあなた
が名誉毀損だと考える記事を新聞がすべて削除したら、新聞
なんかできないですよ！　よく聞いて下さい。僕は自分が書
いたことを支持します。

感情的柔軟性のエクササイズ：

1. 感覚記憶：あなたが信じることのために戦った時
2. 個人化：あなたを邪魔する人
3. 感覚状態：口の中の酸っぱい味

エクササイズ 50

ロニーが、警察に自白する。

ロニー　俺がサツに協力しているなんて。ちくしょう！　簡単な
ことだよ。いいか、木曜か金曜だ。あんたはたぶん二人の人
間を見る。大抵は、変な奴と着飾った男だ。そいつら二人は、
銀行を出ていく。二人ってことは、2〜3千ドル持ってるっ
てことだ。俺が言ったように、俺たちは銃を使わない、ナイ
フだけだ！　そういった強盗は俺たちじゃない、俺たちは銃
を使わないんだ、ナイフで十分なんだよ。俺たちがすること
と言えば、そいつらがオフィスか工場へ戻る道をつけて行く
ことだけだ。それで、奴らが車から降りる時に、金を持った
奴を捕まえる。ナイフを喉に突きつけるだけで、本当に怖が
らせることができる。そいつらは金を落とすから、俺たちは
そいつを拾い上げる。最後の瞬間まで、その男をつかんで離
さない。そして、俺たちは去っていく。誰も撃たれない。俺
は本当に、そういった物騒な連中とは違うんだよ。

感情的柔軟性のエクササイズ：

1. 感覚記憶：自分自身について恐ろしい真実を話した時
2. 個人化：いつもあなたのことを批判する人
3. 感覚状態：恐れ

終わりに
ジ・エンド

　サークルで、とてつもない感情的な生命を持っていた俳優、
ショーン・ディーンを覚えていますか？　彼は、少し前に亡く

なりました。彼には、自らを伝説にするだけの才能があると、私は思っていました。私は、ショーンやメルセデス、そして自分の夢を実現する前に亡くなってしまう、その他の若い俳優たちの死を悼みます。彼らは銃弾や、私たちの社会に存在する、多くの悪魔によって殺されるのです。もしかしたら、彼らの若さゆえでしょうか、私には彼らが生き続けているように思えるのです。舞台やスクリーンの一瞬に、あるいは情熱を持った新しい生徒の輝く二つの瞳の中に、私は彼らを見るのです。私が彼らの美しさや夢、情熱を手放すことができない、ということなのかもしれません――彼らの真実に対する探求は、忘れるにはあまりに深く、私の心の奥底に触れたのです。

参考文献

Fishburne, Laurence. *Riff Raff*. New York: Dramatist's Play Service, 1997.

Hagen, Uta (with Haskel Frankel). ***Respect for Acting***. New York: Wiley, 1973.

Hagen, Uta. *A Challenge for the Actor*. New York: Scriber, 1991.

Hansberry, Lorraine. *A Raisin in the Sun*. New York: Random House, 1995.

Kazan, Elia. *Elia Kazan: A Life*. New York: Da Capo, 1997.

Le Gallienne, Eva. *The Mystic in the Theater Eleonora Duse*. New York: Arcturus, 1973.

McKee, Robert. *Story: Substance, Structure, Style and the Principles of Screenwriting*. New York: Regan Books, 1997.

Miller, Alice. *The Drama of the Gifted Child*. New York: Basic Books, 1996.

Olivier, Laurence. *Confessions of an Actor*. New York: Orion, 1994.

Olivier, Laurence. *On Acting*. New York: Simon & Schuster, 1987.

O'Neal, Tatum. *A Paper Life*. New York: Harper, 2004.

Parks, Rosa and Jim Haskins. *Rosa Parks: My Story*. New York: Puffin, 1999.

Parks, Rosa. *Quiet Strength*. New York: Zondervan, 2000.

Sheehy, Helen. *Eleonora Duse: A Biography*. New York: Knopf, 2003.

Stanislavski, Konstantin. *An Actor Prepares*. New York: Routledge, 1964.

Strasberg, Lee. *A Dream of Passion: The Development of the Method*. New York: Penguin, 1987.

Wallach, Eli. *The Good, the Bad, and Me*. New York: Harcourt, 2005.

Weddle, David. *"If They Move...Kill 'Em!": the Life and Times of Sam Peckinpah*. New York: Grove, 1994

映画作品目録（例として挙げた映画の一部リスト）

EYES ON THE PRIZE（1987）　監督：ヘンリー・ハンプトン

アイズ ワイド シャット（1999）　監督：スタンリー・キューブリック

赤ちゃん教育（1938）　監督：ハワード・ホークス

アビエイター（2004）　監督：マーティン・スコセッシ

アメリカン・ビューティー（1999）　監督：サム・メンデス

嵐が丘（1939）　監督：ウィリアム・ワイラー

イージー・ライダー（1969）　監督：デニス・ホッパー

インサイダー（1999）　監督：マイケル・マン

イン・マイ・カントリー（2004）　監督：ジョン・ブアマン

エターナル・サンシャイン（2004）　監督：ミシェル・ゴンドリー

エデンより彼方に（2002）　監督：トッド・ヘインズ

狼たちの午後（1975）　監督：シドニー・ルメット

オーシャンズ11（2011）　監督：スティーブン・ソダーバーグ

オセロー（1952）　監督：オーソン・ウェルズ

オセロー（1955）　監督：オリヴァー・パーカー

お達者コメディ／シルバー・ギャング（1979）　監督：マーティン・ブレスト

オープニング・ナイト（1977）　監督：ジョン・カサヴェテス

カサブランカ（1942）　監督：マイケル・カーティス

風と共に去りぬ（1939）　監督：ヴィクター・フレミング

カッコーの巣の上で（1975）　監督：ミロス・フォアマン

カポーティ（2005）　監督：ベネット・ミラー

Keane（2004）　監督：ロッジ・ケリガン

ギター弾きの恋（1999）　監督：ウッディ・アレン

キャッチ・ミー・イフ・ユー・キャン（2002）　監督：スティーブン・スピルバーグ

クラッシュ（2004）　監督：ポール・ハギス

グローリー（1989）　監督：エドワード・ズウィック

ケイン号の叛乱（1954）　監督：エドワード・ドミトリク

血闘（1952）　監督：ジョージ・シドニー

ケープ・フィアー（1991）　監督：マーティン・スコセッシ

ゴッドファーザー（1972）　監督：フランシス・フォード・コッポラ

ゴッドファーザー PART Ⅱ（1974）　監督：フランシス・フォード・コッポラ

こわれゆく女（1974）　監督：ジョン・カサヴェテス

こわれゆく世界の中で（2006）　監督：アンソニー・ミンゲラ

ザ・コンテンダー（2000）　監督：ロッド・ルーリー

シェフと素顔と、おいしい時間（2002）　監督：ダニエル・トンプソン

シックス・センス（1999）　監督：M・ナイト・シャマラン

17歳のカルテ（1999）　監督：ジェームズ・マンゴールド

女優フランシス（1982）　監督：グレイム・クリフォード

セックス・アンド・ザ・バディ（2007）　監督：クリス・ロック

捜索者（1956）　監督：ジョン・フォード

タクシードライバー（1976）　監督：マーティン・スコセッシ

チョコレート（2001）　監督：マーク・フォースター

TINA／ティナ（1993）　監督：ブライアン・ギブソン

ディープ・インパクト（1998）　監督：ミミ・レダー

トラフィック（2000）　監督：スティーブン・ソダーバーグ

トレーニング デイ（2001）　監督：アントニー・フュークワー

ナッシュビル（1975）　監督：ロバート・アルトマン

ノートルダムのせむし男（1923）　監督：ウォーレス・ワースリー

ハズバンズ（1970）　監督：ジョン・カサヴェテス

ハッスル&フロウ（2005）　監督：クレイグ・ブリュワー

パルプ・フィクション（1994）　監督：クエンティン・タランティーノ

ビリー・ホリデイ物語／奇妙な果実（1972）　監督：シドニー・J・フューリー

ファイト・クラブ（1999）　監督：デヴィッド・フィンチャー

ファイブ・イージー・ピーセス（1970）　監督：ボブ・ラフェルソン

フェイシズ（1968）　監督：ジョン・カサヴェテス

フォレスト・ガンプ／一期一会（1994）　監督：ロバート・ゼメキス

プリティ・ウーマン（1990）　監督：ゲイリー・マーシャル

フレンチ・コネクション（1971）　監督：ウィリアム・フリードキン

ブロークバックマウンテン（2005）　監督：アン・リー

ペーパー・ムーン（1973）　監督：ピーター・ボグダノヴィッチ

ベビイドール（1956）　監督：エリア・カザン

ボーン・アイデンティティー（2002）　監督：ダグ・リーマン

ポンヌフの恋人（1991）　監督：レオス・カラックス

マグノリア（1999）　監督：ポール・トーマス・アンダーソン

真夜中のカーボーイ（1969）　監督：ジョン・シュレシンジャー

マリー 〜もうひとりのマリア〜（2005）　監督：アベル・フェラーラ

めぐり逢えたら（1993）　監督：ノーラ・エフロン

モンスター（2003）　監督：パティ・ジェンキンス

ラストゲーム（1998）　監督：スパイク・リー

ラスト サムライ（2003）　監督：エドワード・ズウィック

レイジング・ブル（1980）　監督：マーティン・スコセッシ

レクイエム・フォー・ドリーム（2000）　監督：ダーレン・アロノフスキー

ロスト・イン・トランスレーション（2003）　監督：ソフィア・コッポラ

ワイルドバンチ（1969）　監督：サム・ペキンパー

訳者あとがき

　僕は2001年に起きた、9.11アメリカ同時多発テロ事件の1年後にNYに旅立ち、約5年間、演劇の本場NYで演技を学びました。幸いにもロベルタ・ウォラックというすばらしい先生に出会い、当時彼女がクラスを持っていたBlack Nexxus（現在のSusan Batson Studio）に通うことができました。毎週火曜日の18時から始まるクラスは、時には終わるのが深夜の2時、3時を過ぎることもありました。深夜のNYです。人気の少ないダウンタウンを警戒しながらSubwayの駅まで足早に歩き、24時間運行の地下鉄に乗って帰宅したことを覚えています。

　スーザンに初めて会ったのは、この本にも出てくるプライベートモーメントに挑戦している時でした。当時の僕は、まだNYに来て半年足らずだったので、英語もほとんどわからず、何をどうすればよいのかわからなくなっていた頃でした。きちんと自分に向き合えず、何をすればいいのかわからないままクラスに来て、考えつくままのことをしました。すると、その日のクラスを見ていたスーザンが怒り出しました。そして、"Repeat after me!"と言う彼女に続いて、誓いの言葉を繰り返したことを覚えています。「二度と自分のニードをごまかすようなことはしません！」という約束をしたのです。

　同じ日のクラスで、ドミニクというヒスパニック系のイケメン俳優が、ダニエル・デイ＝ルイスのキャラクタープライベートモーメントのワークをしました。スツールの上には、靴磨きの道具が入った小さな靴箱が一つ。そして、彼は小さな椅子に座って、うつむき加減にして鼻唄を歌いながら、靴を磨いていました。少し照明を落とした薄暗いスタジオの中で靴を磨く彼の姿を、いまでも覚えています。僕はなぜか、遠い日本の父親

のことを思い出していました。そして、ワークが終わった後で、感動したことを伝えずにはいられなかったのです。拙い英語で、「父親のことを思い出したよ。ありがとう」と話しながら、僕の目には大粒の涙がこぼれていました。するとすかさずスーザンが、「それよ！　あなたのそれが見たいの！」と言いました。僕がプライベートモーメントの本質に触れた瞬間です。これが、僕とスーザンの出会いです。

　クラスの中では、仲間たちのすばらしい瞬間に何度も立ち会うことがありました。自分と向き合うことがあまりに辛く、クラスに来なくなった俳優も数多くいました。僕自身、その後も新たなワークに進む度に、何度もつまずきながら進んで行きました。何もわからない暗闇の中を、とにかく手探りで進んで行く中での貴重な経験は、今でも僕の中で生きています。

　Black Nexxusに一年ほど通う間に、スーザンから教えを受ける機会が何度もありましたが、スーザンのクラスに在籍していたわけではありません。そんな僕が、この本の翻訳をしてよいものか？　そう思うこともありました。それでも、僕が経験した自由な感覚を、見た景色を、感じたことを伝えたい。人生を変えるような衝撃でしたし、実際に変わったと思います。大げさではなく、僕は演技に救われたと思っています。だから、その恩返しをしたい。あの経験を、多くの日本の俳優に伝えたい。その思いが、この困難な作業にくじけそうな僕を支えてくれました。

　「パブリックペルソナ」の下にある「ニード」を探し出すのは、苦痛や困難を伴いますが、ある種の解放感、自由を与えてくれることもあります。いままで隠してきた、あるいは無視してきた本当の自分に気づかされるからです。その自分の「ニード」を見つけだし、役につなげていくことは、何とも言えない

喜びがあります。この本が、皆さんの役作りだけでなく、俳優としての人生の助けになることを願っております。

　この本の出版にあたり、『TRUTH』の翻訳を提案し、辛抱強く待ちながら、時には促しながら出版へと導いてくださった中西正康氏、出版の機会を与えて下さった而立書房の倉田晃宏氏に、心より感謝の意を表します。

　ロベルタ・ウォラック氏、ボビー中西氏、水島ジャン氏、米倉リエナ氏、米倉裕子氏には、NY時代から今まで本当にお世話になりました。その経験が、この『TRUTH』の翻訳本という一つの形になりました。翻訳の作業をしながら、NY時代、Black Nexxusのスタジオを思い出していました。変わらぬ友情と協力に深く感謝しております。

　重ねて尚玄、青木美冴、大谷真弓、大濱龍忠、久保山智夏、鈴木知尋、妹尾理映子、竹内優、浜田紫帆里、藤本紗也香、山下りみ、山下里紗、山田帆風、瀧内公美（敬称略）のサポート、アドバイスにも感謝しております。

　広田敦郎氏には、翻訳の先輩として多くのアドバイスを頂き、相談に乗って頂きました。深く感謝しております。

　大高岳彦、大高洋子夫妻には、出版において様々な相談に乗って頂き、粘り強く校正作業に関わって頂きました。お二人の協力がなければ、この本は生まれなかったと思います。心より感謝しております。

　最後に、休日にもパソコンに向かう僕を辛抱強く支えてくれた妻と笑顔で励ましてくれた娘に最大の感謝を捧げたいと思います。

2020年8月

青山 治

［著者略歴］

スーザン・バトソン（Susan Batson）
　1943 年生まれ。俳優、ディレクター、プロデューサー、アクティングコーチ。8 歳よりボストン子供劇団で演技を始め、リー・ストラスバーグ等、多くの伝説的演技教師から学ぶ。ニコール・キッドマンやジュリエット・ビノシュなど数多くのハリウッドスターの演技コーチとして活躍中。スーザン・バトソン・スタジオの芸術監督。

［訳者略歴］

青山 治（あおやま・おさむ）
　1974 年生まれ。東京薬科大学在学中に芝居を始める。2002 年 9 月〜2007 年 8 月 NY で俳優修業、ストラスバーグ・メソッドやマイズナー・テクニックなど本場の演技を学ぶ。現在は、BNAW（ボビー中西アクティングワークショップ）にて後進の指導にもあたる。

TRUTH〔トゥルース〕［真実］　「俳優養成」と「キャラクター創造」の技術
　　　　　　　　　　　　　　　ペルソナ、ニード、トラジックフロー

2020 年 10 月 10 日　初版第 1 刷発行

著　者　スーザン・バトソン
訳　者　青山 治
発行所　有限会社而立書房
　　　　東京都千代田区神田猿楽町 2 丁目 4 番 2 号
　　　　電話 03（3291）5589 ／ FAX03（3292）8782
　　　　URLhttp://jiritsushobo.co.jp
印刷・製本　中央精版印刷株式会社

ボビー中西　　　　　　　　　　　　　　　　　　　　　　　2018.5.25 刊
　　　　　　　　　　　　　　　　　　　　　　　　　　　　四六判並製
リアリズム演技　想像の設定の中で真実に生きるために　　　336 頁
　　　　　　　　　ニューヨークで学んだこと　　　　　　　定価 2000 円
　　　　　　　　　　　　　　　　　　　　　　ISBN978-4-88059-406-4 C0074

　　　コント赤信号に弟子入り後、1990 年単身渡米。数多のハリウッド俳優を輩出する
　　ネイバーフッド・プレイハウスに学び、米国の TV、映画に出演。全身全霊で役作り、
　　芝居作りに取り組んできた著者が、本場仕込みの演技術を開陳する演技の教科書。

S・マイズナー、D・ロングウェル／仲井真嘉子、吉岡富夫 訳　　1992.6.25 刊
　　　　　　　　　　　　　　　　　　　　　　　　　　　　四六判上製
サンフォード・マイズナー・オン・アクティング　　　　　　424 頁
　　　　　　　　　　　　　　　　　　　　　　　　　　　　定価 2500 円
　　　　　　　　　　　　　　　　　　　　　　ISBN978-4-88059-170-4 C0074

　　　俳優になるな。想像上の状況の中に存在するものに感応する人間になれ。演技し
　　ようとするな。演技は自然にされるんだ…。スタニスラフスキー理論をアメリカ
　　で積極的に実践し、多くのプロ俳優を輩出した演劇学校の 1 年間のドキュメント。

キース・ジョンストン／三輪えり花 訳　　　　　　　　　　2012.2.25 刊
　　　　　　　　　　　　　　　　　　　　　　　　　　　　四六判並製
インプロ　自由自在な行動表現　　　　　　　　　　　　　　368 頁
　　　　　　　　　　　　　　　　　　　　　　　　　　　　定価 2000 円
　　　　　　　　　　　　　　　　　　　　　　ISBN978-4-88059-361-6 C0074

　　　即興演劇教育の第一人者キース・ジョンストンの主著にして、インプロ界のベス
　　トセラーの待望の邦訳。最高の演技とプレゼンテーションを生み出す方法がぎっ
　　しり詰まった、人を惹きつける表現者のためのバイブル。

アリソン・ホッジ／佐藤正紀ほか 訳　　　　　　　　　　　2005.11.25 刊
　　　　　　　　　　　　　　　　　　　　　　　　　　　　四六判上製
二十世紀俳優トレーニング　　　　　　　　　　　　　　　　512 頁
　　　　　　　　　　　　　　　　　　　　　　　　　　　　定価 4000 円
　　　　　　　　　　　　　　　　　　　　　　ISBN978-4-88059-302-9 C0074

　　　スタニスラフスキイなど 20 世紀を代表する演劇思想を俯瞰して、21 世紀の演劇を
　　展望する――他にアドラー、バルバ、ブルック、チェーホフ、コポー、グロトフスキ、
　　リトルウッド、マイズナー、ストラスバーグ、メイエルホルド、スタニェフスキなど。

ジーン・ベネディティ／松本永実子 訳　　　　　　　　　　2008.7.25 刊
　　　　　　　　　　　　　　　　　　　　　　　　　　　　四六判上製
スタニスラフスキー入門　　　　　　　　　　　　　　　　　128 頁
　　　　　　　　　　　　　　　　　　　　　　　　　　　　定価 1500 円
　　　　　　　　　　　　　　　　　　　　　　ISBN978-4-88059-311-1 C0074

　　　「システム」というものはない。自然があるだけだ。わたしの生涯の目的は創造の
　　自然に近づくことである。――難解と言われるスタニスラフスキー・システムを、
　　その成り立ちを踏まえ簡潔に解説する。初心者に格好の入門書。

マルコルム・モリソン／三輪えり花 訳　　　　　　　　　　2003.12.25 刊
　　　　　　　　　　　　　　　　　　　　　　　　　　　　四六判上製
クラシカル・アクティング　　　　　　　　　　　　　　　　224 頁
　　　　　　　　　　　　　　　　　　　　　　　　　　　　定価 2500 円
　　　　　　　　　　　　　　　　　　　　　　ISBN978-4-88059-298-5 C0074

　　　古典劇（ソフォクレス、シェイクスピア、モリエール、イプセン、チェーホフ）
　　をどう理解し、演ずるか。マルコルムはこの難問を見事に解いてくれる。現役俳
　　優や演劇を志す人たちには必携。